Für Florian,

vielen Dank für den
Einblick in die Praxis und
die geteilten (gemeinsamen) Erfahrungen.

Hennig

Schriftenreihe

Schriften zur Sportwissenschaft

Band 131

ISSN 1435-6546

Verlag Dr. Kovač

Henning Struck

Statuspassagen jugendlicher Fußballtalente

*Kohärente Bewältigung
allgemeiner und fußballspezifischer
Entwicklungsaufgaben*

Verlag Dr. Kovač

Hamburg
2015

VERLAG DR. KOVAČ GMBH
FACHVERLAG FÜR WISSENSCHAFTLICHE LITERATUR

Leverkusenstr. 13 · 22761 Hamburg · Tel. 040 - 39 88 80-0 · Fax 040 - 39 88 80-55

E-Mail info@verlagdrkovac.de · Internet www.verlagdrkovac.de

Die Arbeit lag dem Promotionsausschuss Dr. Public Health der Universität Bremen FB 11 als Dissertation vor.

Gutachter: 1. Prof. Dr. Dietrich Milles
2. Prof. Dr. Hans-Jürgen Schulke

Das Colloquium fand am 12.03.2015 in Bremen statt.

Bibliografische Information der Deutschen Nationalbibliothek
Die Deutsche Nationalbibliothek verzeichnet diese Publikation in der Deutschen Nationalbibliografie; detaillierte bibliografische Daten sind im Internet über http://dnb.d-nb.de abrufbar.

ISSN: 1435-6546
ISBN: 978-3-8300-8584-3

Zugl.: Dissertation, Universität Bremen, 2015

© VERLAG DR. KOVAČ GmbH, Hamburg 2015

Printed in Germany
Alle Rechte vorbehalten. Nachdruck, fotomechanische Wiedergabe, Aufnahme in Online-Dienste und Internet sowie Vervielfältigung auf Datenträgern wie CD-ROM etc. nur nach schriftlicher Zustimmung des Verlages.

Gedruckt auf holz-, chlor- und säurefreiem, alterungsbeständigem Papier. Archivbeständig nach ANSI 3948 und ISO 9706.

Inhaltsverzeichnis

1. Einleitung und allgemeine Problemstellung 1
1.1. Übergänge in fußballerischen Karrieren als Statuspassagen 3
1.2. Talentförderung im Lichte der Handlungstheorie 5
1.3. Kohärente Bewältigung allgemeiner und fußballerischer
Entwicklungsaufgaben 6
1.4. Zielsetzung und Anlage der Untersuchung 7

2. Statuspassagen des Fußballtalents in salutogentischer
Perspektive 11
2.1. Die Entwicklung des Selbst in der sozialen Auseinandersetzung 12
2.2. Das Fußballtalent im Lebensabschnitt Jugend 14
2.2.1. Statuspassagen und zentrale Entwicklungsaufgaben des
Jugendalters 16
2.2.2. Das Talent in der Konfrontation mit Entwicklungsbedingungen
und -möglichkeiten im gesellschaftlichen Wandel 19
2.3. Förderung gesunder Talententwicklung – Zur positiven Bestimmung
von Gesundheit 21
2.3.1. Der „sense of coherence" im Modell der Salutogenese 25
2.3.2. Kohärenz durch und in fußballerischen Alltagspraktiken – Die
Weiterentwicklung des Kohärenzsinns bei Keupp 26
Exkurs: Gängige Handlungsmodelle zum Verständnis sportlicher Praxis.... 27
2.3.3. Integrations- und Internalisierungsprozesse des Fußballers am
Beispiel der Selbstbestimmungstheorie 30
2.4. Zusammenfassung 32

3. Talententwicklung in sportlichen/fußballerischen Statuspassagen –
Stand der Forschung 33
3.1. Die fußballerische Karriere und ihre zentralen Übergänge 35
3.2. Institutionalisierte Strukturen – Rahmenbedingungen fußballerischer
Karrieren 39
3.3. Gegebene Anforderungen und Entwicklungsaufgaben in der
Talentförderung 42
3.3.1. Auswirkungen der sportlichen Betätigung auf Identität und
Selbstkonzept des Leistungssportlers 44

V

3.3.2. Leistungsmotivation als treibende Kraft zur Bewältigung sportlicher Entwicklungsaufgaben 46

3.4. Die sozialen Beziehungen und die psychosoziale Entwicklung des Talents 48

3.4.1. Trainer und Funktionäre – Institutionelle Gatekeeper der fußballerischen Statuspassage 49

3.4.2. Die Familie des Talents in vertrauter Förderung und Erwartung 50

3.4.3. Das Talent in der Beziehung zu Gleichaltrigen 52

3.5. Zusammenfassung 54

4. Bewältigung fußballerischer Statuspassagen 57

4.1. Bewertung der allgemeinen und sportlichen Anforderung und Ressourcen – Kognitive Prozesse bei Lazarus 58

4.1.1. Der (drohende) Ressourcenverlust als zentrales Problem fußballerischer Statuspassagen 59

4.1.2. Ressourcenaufbau als Merkmal von Talententwicklung 60

4.2. Soziale Netzwerke und ihre Bedeutung für die Bewältigung der fußballerischen Anforderungen 62

4.3. Zusammenfassung 65

5. Statuspassagen jugendlicher Fußballtalente – Zusammenfassender Kenntnisstand und Fragestellung 67

6. Anlage der Untersuchung 71

6.1. Das Experteninterview als Methode der empirischen Sozialforschung 75

6.1.1. Untersuchungsinstrument und Interviewleitfaden 78

6.1.2. Visualisierungshilfen der Übergangsverläufe 79

6.2. Die Stichprobe: Auswahl der Experten 80

6.3. Der Interviewablauf 84

6.4. Die Auswertung 85

7. Ergebnisse – Gesellschaftliche, allgemeine und fußballerische Anforderungen und Entwicklungsaufgaben 87

7.1. „...was wir nicht vergessen dürfen, sind die Lebensumstände unserer Spieler..." 88

7.2. „...wir können keine Disco auf den Platz holen..." – Die Ausgestaltung allgemeiner Entwicklungsaufgaben innerhalb fußballerischer Talentförderungssysteme 90

Inhaltsverzeichnis

7.3. Anforderungen des modernen Fußballs 94

8. Talentförderung – Tendenzen und Qualitätsmerkmale 95

8.1. Spielerverpflichtungen – Gründe und Zeitpunkte zur Aufnahme in die Förderung 96

8.2. Individuell fördern und Gemeinschaftlichkeit praktizieren 97

8.3. Qualitätsmerkmale guter Talentförderung 99

8.4. Allgemeine Entwicklungsaufgaben des Übergangsbereichs 100

8.5. Das Talent im Spannungsfeld zwischen Aufgaben aus subjektiven Zielsetzungen und den Qualitätsmerkmalen der Talentförderung (Bundesligaorientierung) 109

8.6. Ressourcen 112

8.7. Soziale Beziehungen als Ressource 116

8.7.1. Der Trainer als substantiell wertschätzende Beziehung auf Distanz .. 116

8.7.2. Berater als zweckorientierte Sozialressource zur Wahrung des Spielerinteresses 121

8.7.3. Die schwierige Lösung von der Familie im Übergang 125

8.7.4. Partnerschaftliche Beziehungen als ordnende und stabilisierende Ressource 126

8.7.5. Freundschaften außerhalb des Fußballs als wertschätzende Beziehungen 127

8.7.6. Mannschaftskameraden zwischen vergleichender Konkurrenz und feindlicher Rivalität 128

9. Karriereverläufe an der Nahtstelle zwischen Junioren- und Senioren-/ Profifußball 131

9.1. „...die U23 soll Ausbildungsmannschaft sein" 131

9.2. Sequenztypen fußballerischer Statuspassagen vom Junioren- in den Seniorenbereich unterschieden nach spezifischen Entwicklungsaufgaben und Fördermöglichkeiten 136

9.2.1. Entscheidungsgrundlagen über den Eintritt in die Statuspassage ... 136

9.2.2. Sequenztypen von Statuspassagen 139

9.2.2.1. Statuswechsel 140

9.2.2.2. Statusfolge 146

9.2.2.3. Zwischenstatus 150

9.2.2.4. Sonderfall Ausleihe 160

9.2.2.5. Dropout 164

9.2.3. Zusammenfassung 166
9.3. Typische Bewältigungsmuster und deren Merkmale 170

10. Zusammenfassende Interpretation und Diskussion **181**
10.1. Sequenztypen - Widersprüche zwischen Förderanspruch und praktischer Umsetzung 182
10.2. Komprimierte Ausbildung in einer verlängerten Jugendphase 183
10.3. Die Orientierung auf den Lizenzspielerstatus – Das Dilemma in der Zielsetzung der Talentförderung 187
10.4. Das soziale Netzwerk des Talents - Sicherheitsgebende und zweckdienliche Beziehungen im unsicheren Übergang 189
10.5. Individualität in kollektiven Prozessen 193
10.6. Kohärente Entwicklungsprozesse als Leitbild gesunder Talentförderung 194

11. Kritische Einordnung und Ausblick **199**

Literaturverzeichnis **201**

Anhang **213**

Abbildungsverzeichnis

Abbildung 1 Strukturierung von Lebensphasen zu vier historischen
  Zeitpunkten 15
Abbildung 2 Tatsächliche zeitliche Muster des Übergangs vom Jugend- zum
  Erwachsenenalter 17
Abbildung 3 Merkmale und Tendenzen fluider Gesellschaft 20
Abbildung 4 Schemata des hierarchischen Aufbaus der Tätigkeit 27
Abbildung 5 Initiative, juvenile und finale sportliche Leistung als Stationen
  der Talentdiagnose 33
Abbildung 6 Übersicht der Talentbegriffe 34
Abbildung 7 RAE in der fußballerischen Talentförderung 35
Abbildung 8 Facetten der Leistungsmotivation 47
Abbildung 9 Talententwicklung in sozialen Beziehungen 48
Abbildung 10 Ressourcen produktiver Problembewältigung 57
Abbildung 11 Ressourcengewinn und Ressourcenverlust 60
Abbildung 12 Achsen der Stressbewältigung 61
Abbildung 13 Soziale Unterstützung 64
Abbildung 14 Studiendesign des abgeschlossenen Forschungsprojekts
  „Bewältigungsressourcen und Leistungsentwicklung" 71
Abbildung 15 Übergangsbereich vom Junioren- in den
  Senioren-/Profifußball 74
Abbildung 16 Beispiel Visualisierungshilfen der Übergänge 79
Abbildung 17 Heuristisches Modell der Anforderungen und Aufgaben des
  Fußballtalents 87
Abbildung 18 Karrierephasen im Wandel 184
Abbildung 19 Soziales Netzwerk des Talents 192
Abbildung 20 Kohärente Leistungsentwicklung 195
Abbildung 21 Kohärenzentwicklung des Talents 197

Tabellenverzeichnis

Tabelle 1 Übersicht theoretisches Sample 84
Tabelle 2 Statuspassagen - schematische Darstellung 139
Tabelle 3 Aufgaben und Fördermöglichkeiten des Verlaufs A→C 143
Tabelle 4 Aufgaben und Förderung des Verlaufs A→B 146
Tabelle 5 Aufgaben und Fördermöglichkeiten des Verlaufs A→B→C 148
Tabelle 6 Aufgaben und Fördermaßnahmen des Verlaufs A→C→B 150
Tabelle 7 Aufgaben und Fördermöglichkeiten im Zwischenstatus 159
Tabelle 8 Aufgaben und Fördermaßnahmen des Verlaufs „Ausleihe" 164
Tabelle 9 Aufgaben und Fördermaßnahmen des Dropouts 166
Tabelle 10 Übersicht der Aufgaben und Fördermaßnahmen der Statussequenzen 168
Tabelle 11 Bewältigungsmuster und deren Merkmale 172

1. Einleitung und allgemeine Problemstellung

Fußball gilt als die populärste Sportart Europas. Der Deutsche Fußball-Bund (DFB), als größter Sportfachverband der Welt, hat derzeit ca. 6,8 Millionen Mitglieder, die in den jeweiligen Vereinen organisiert sind (Deutscher Fußball-Bund, 2014a). Spieler[1], die in Hobbyligen und privaten Spielgemeinschaften sich dem Fußballsport widmen, sind darin nicht enthalten. In der abgelaufenen Saison 2013/2014 besuchten insgesamt 13.311.300 Zuschauer ein Spiel der Ersten Bundesliga (DFB, 2014b). Die Profifußballer, die dort in den großen Sportarenen auflaufen, in denen wöchentlich Fußball als „Event" stattfindet und verkauft wird, werden als Stars ihrer Generation verehrt. Die Nachwuchsspieler in den Leistungszentren wollen es ihren Vorbildern gleich tun und träumen von einer Karriere als Profifußballer. Dabei gelten die Karriereverläufe von jungen Spielern, wie Draxler, Meyer oder Ginter, die soeben den Sprung in die Bundesliga geschafft haben und erste Schritte Richtung A-Nationalmannschaft wagen, als Muster der eigenen Karriere. Solch direkte Übergänge aus der A-Jugend in die Lizenzmannschaften eines Bundesligavereins, wie sie die oben ausgezählten Ausnahmespieler durchliefen, sind allerdings selten. Die Möglichkeit überhaupt irgendwann über vielfältigste Karriereoptionen den Sprung in die Profiligen zu schaffen, ist im Vergleich zur Vielzahl der Aktiven in den Ausbildungsstätten sehr gering. Der nachrückenden Talentgeneration erscheint die Perspektive, das Spiel zum Beruf zu machen, mit dem Eintritt in die Institutionen der Talentförderung grundsätzlich möglich. Zumindest suggeriert dies die dortige Ausbildung, da sie auf die Bundesliga ausgerichtet ist und zum Leistungsfußball auf höchstem Niveau befähigen soll.

Wer von den Nachwuchsspielern auserwählt wurde, seine sportliche Karriere in einem der über 50 Leistungszentren zu verfolgen, ist gezwungen, sich auf dem Weg zum Bundesligaprofi mit den Anforderungen, die der Fußball, seine Strukturen und dessen gesellschaftliche Popularität stellen, auseinanderzusetzen. Zugleich sehen sich die Spieler mit allgemeinen Entwicklungsprozessen konfrontiert, die sie, wie jeder Jugendliche in ihrem Alter, durchlaufen müssen. Die sportliche und die allgemeine psychosoziale Entwicklung sind keine isolierten Sphären; vielmehr beeinflussen sie sich gegenseitig. Fußball kann auch als eine Art Seismograph gesellschaftlicher Entwicklungen verstanden werden. Aspekte des gesellschaftlichen Wandels finden sich in den Anforderungen des modernen Fußballspiels. Der Fußball hierzulande verweist auf Probleme, Erfahrungen und Fähigkeiten, die für westeuropäische Lebensstile kennzeichnend sind, und zugleich beispielhaft auf entsprechende Lernprozesse. Wenn in der postmodernen Gesellschaft von den Jugendlichen bspw. ein hohes Maß an Flexibilität und Selbstorganisation verlangt wird (Keupp, 2008, S. 300f.), finden sich diese Anforderungen, so der

---

[1] Nachfolgend wird ausschließlich das maskuline Genus verwendet, da die vorgestellte Arbeit einzig Statuspassagen männlicher Fußballtalente betrachtet und nur für diese Aussagen treffen kann.

Befund erfahrener Fußballexperten, im modernen Fußballspiel (vgl. Vorwort von O. Hitzfeld in Biermann & Fuchs, 1999).

Wenn Fußball für die hoffnungsvollen Sportler mehr wird als sportlicher Zeitvertreib, er sich zum beruflichen Ziel formt und alltägliche Handlungen durch die Bedingungen und Anforderungen der Talentförderung und ihren sozialen Implikationen bestimmt werden, hat das Sportspiel unmittelbare Auswirkungen auf die psychosoziale Entwicklung des Spielers. Die soziale Rolle „Ich als (professioneller) Fußballer" wird Teil der eigenen Person und in das Gesamtbild, das der Spieler von sich entwickelt, eingebettet.

Eine Förderung in einem der Leistungszentren zu erfahren und evtl. später die Möglichkeit zu erhalten, den Beruf des Fußballers zu ergreifen, ist von vielen Einflüssen, nicht zuletzt von sich zufällig ergebenden, günstigen Konstellationen abhängig. Notwendige Bedingung ist ein gewisses Maß an fußballerischem Talent. Der Talentbegriff ist selbst jedoch komplex und hat nach Radtke (2001) einen mehrdimensionalen Charakter. Das Talent, verstanden als die Summe aus Begabung und Umwelteinflüssen (ebd., 2001), enthält eine eigene Dynamik, ist also eine positive Option der Veränderung. Dass der Begriff des Talents keine konstante Variable darstellt, zeigt die Praxis der Talentförderung. Eine Vielzahl hochgelobter junger Fußballer, ausgewiesen mit dem Prädikat „Talent", konnte die Prognose, die sich zugleich hinter dem Begriff verbirgt, nicht verwirklichen. Andererseits gibt es Beispiele dafür, dass sich Spieler, die in frühen Jahren unauffällig waren und evtl. schon aus der elitären Förderung der Leistungszentren heraus fielen, später zum Nationalspieler entwickelten, wie die Karrieren von Christoph Kramer oder Kevin Großkreutz zeigen. Dass liegt vor allem darin begründet, dass die Leistungsentwicklung in den seltensten Fällen linear verläuft (U. Harttgen, Milles, & Struck, 2010, S.20). Wenn die gewöhnlichen Amplituden der Leistungsentwicklung in jungen Jahren bei der Auswahl und Förderung der Talente keine Berücksichtigung finden, ist es wenig verwunderlich, wenn Spieler, die zunächst als Talent galten, in schwierigen Entwicklungsphasen ausselektiert werden. Denn Begabung, psychische und konstitutionelle Anlagen sind Vorgaben, die keine gradlinige Entwicklung implizieren. Die Umwelteinflüsse, insbesondere Sozialisationsvorgänge prägen die tatsächliche Entwicklung des Talents. Sie sind daher die wichtigen Stellschrauben, an denen Talentförderung ansetzen kann.

Die Leistungsanforderungen des Fußballtalents betreffen Kompetenzen in den Bereichen Konstitution, Kondition, Technik und Taktik. Diese sind in unterschiedlicher Gewichtung in sportwissenschaftlichen Studien hinlänglich aufgegriffen worden. Die genannten Bereiche haben ihre Berechtigung, sind elementar und werden als Grundvorrausetzungen jeglicher fußballerischer Leistung und somit als Einflussgröße auf die sportliche Karriere anerkannt. Weniger Aufmerksamkeit erhalten psychologische und soziale Aspekte in der Talententwicklung. Hier zeichnet sich das Desiderat sowohl der analytischen Forschung als auch der anwendungsorientierten Förderung ab. Ulitsch,

Feichtinger und Höner (2010) haben aus verschiedenen psychologischen Tests ein Instrument zur Diagnostik psychischer Talentmerkmale für die wissenschaftliche Begleitung des DFB-Talentförderprogramms entwickelt und erprobt. Es beinhaltet vor allem Aspekte der Motivation, Volition, Handlungsregulation, des physischen Selbstkonzepts, der Selbstwirksamkeit und der Wettkampfsangst. Die so ins Auge gefassten Leistungsfaktoren werden den entwicklungspsychologischen und sozialpsychologischen Aspekten der sportlichen Karriere allerdings nur bedingt gerecht. Komplexere und langfristige Ansätze werden nur vereinzelt verfolgt (Gerlach, 2008). Insbesondere bleiben die Bedeutung unterstützender Netzwerke für eine positive Entwicklung und deren Einfluss auf den Karriereverlauf unzureichend beachtet. Aus der Lebenslauf- und Biografie-Forschung ist bekannt, dass sich deren Bedeutung in entscheidenden Übergängen der sportlichen Karriere zeigt und dort erforscht werden kann (Heinz, Huinink, & Weymann, 2009). Primär können die verantwortlichen Trainer und Funktionäre, die die sportliche Karriere des Spielers maßgeblich beeinflussen und den Übergang zwischen den Karrierephasen steuern und anleiten, Auskunft über die psychosozialen Einflussgrößen geben. Denn sie sind die Personen, die auf Grundlage ihrer Beobachtungen zu den Fähigkeiten und Kompetenzen des Spielers, die sich in der sozialen Praxis des Spiels zeigen, über den weiteren Verlauf entscheiden und zugleich deren Aufbau in Lernprozessen fördern.

Die potentiellen Karriereverläufe sind vielfältig. Vor allem die Passage vom Junioren- zum Seniorenspieler beinhaltet verschiedene, richtungsweisende Optionen. Neben dem direkten Weg in eine Lizenzmannschaft der Bundesliga, Ausleihgeschäften, Vereinswechseln, Einsätzen in der zweite Mannschaften gibt es die Möglichkeit, die Leistungssportkarriere zu beenden und andere Berufsperspektiven zu fokussieren bzw. die Notwendigkeit, sie mit Leistungsfußball in unteren Ligen zu verknüpfen. Einfluss auf den Verlauf der Passage haben aufgebaute Fähigkeiten und Kompetenzen des Talents, seine sozialen Beziehungen aber auch die Rahmenbedingungen und Strukturen, die sich aus verbandlichen Regularien (Local-Player-Klausel, Aufhebung der verpflichtenden Unterhaltung Zweiter Mannschaften für Lizenzvereine) und vereinsinternen Konzeptionen (Ausleihkooperationen, Stellenwert der Zweiten Mannschaft usw.) zusammensetzen. Deren Berücksichtigung verlangt eine vertiefende Analyse der Karriereverläufe hinsichtlich komplexerer Wirkungszusammenhänge.

1.1. Übergänge in fußballerischen Karrieren als Statuspassagen

Übergänge sind in Lebenszusammenhängen allgegenwärtig und mehr oder weniger klar formuliert. Sie verbinden verschiedene, auch sportliche Lebens- und Entwicklungsphasen. Insbesondere in der soziologischen und sozialpädagogischen Forschung hat die Betrachtung von Übergängen eine bedeutende Tradition (Menz, 2009; Sackmann & Wingens, 2001; Stauber, Pohl, & Walther, 2007; Strauss, 1991; Weinhold & Nestmann, 2012). Die Übergänge in sportlichen Karrieren stehen seit rund 15 Jahren zunehmend im wissenschaftlichen Fokus, da sie als Weichenstellungen für die sportliche Entwicklung gelten (Lavallee & Wylleman, 2000; Schwarzer, 2007). Unterschieden werden im Laufe der sportlichen Karriere verschiedene Übergänge, die die Entwicklungsphasen miteinander verknüpfen. Der Übergang vom Junioren- in den Seniorenbereich ist für die fußballerische Karriere der zentrale. In ihm zeigt sich vorerst, welcher Spieler sich in den höchsten Spielklassen etablieren kann; welche Spieler sich in untere Ligen einordnen oder ggf. auch aus dem Leistungsfußball ausscheiden und andere Orientierungen vornehmen. Entscheidend ist, dass sich die Anforderungen an die Spieler mit dem Fortschreiten der sportlichen Karriere verändern. So erhöht sich bspw. mit steigender Karrierephase die Trainingsintensität (Stoll, Pfeffer, & Alfermann, 2010, S.177). Zudem verändert sich im Übergang zum Seniorenfußball die Zusammensetzung der Mannschaften. Die Spieler werden dort erstmals mit wesentlich älteren Spielern konfrontiert, die schon Jahre im Leistungsfußball tätig sind und über einen anderen Erfahrungshorizont verfügen als die Gleichaltrigen in den Juniorenmannschaften.

Der Übergang in den Seniorenfußball wird in der vorgestellten Arbeit als Statuspassage gefasst. Das Konzept der Statuspassage wird in sozialwissenschaftlichen und soziologischen Ansätzen genutzt, um Lebenläufe zu strukturieren (Sackmann & Wingens, 2001). Hingegen ist das Konzept in der Betrachtung und Systematisierung sportlicher, insbesondere fußballerische Karrieren eine Ausnahme. Gleichwohl bietet sich das Konzept geradezu an, weil strukturelle Aspekte mit subjektiven Bewältigungsabläufen verknüpft werden können (Mozygemba, 2011). Zudem ist die sportliche Karriere, ähnlich wie bspw. die Statuspassage von der Erwerbsarbeit in die Rente/Pensionierung, stark institutionalisiert, sprich durch die Regularien der Sportverbände vorgegeben. Ein weiteres Merkmal von Statuspassagen sind professionelle Gatekeeper (Trainer und Funktionäre), die die Statuspassage anleiten und mitentscheiden. Darüber hinaus entstehen und verankern sich Erwartungshaltungen, sowohl beim Statuspassanten, der die Statuspassage (Spieler) durchläuft, als auch bei den Gatekeepern bezüglich der zeitlichen Dauer, die die Statuspassage einnimmt. Weiterhin verweist die Betrachtung des sportlichen Status, neben einer deskriptiven Beschreibung des Übergangsverlaufs, auf eine normative Einbeziehung der sportlichen Leistung. Viel wesentlicher als die theoretische Konzeption der Statuspassage ist zuweilen die inhaltliche Orientierung der Beteiligten auf den Status des Lizenzspielers. Der Status manifestiert sich in der Art des Vertrages als Lizenzspieler. Der Lizenzspielerstatus ist zum einen Ausrichtung und Qualitätsmerkmal der Talentförderung, denn an der Anzahl der hervorgebrachten Lizenzspieler lässt sie ihre Ergebnisqualität messen; zum anderen ist er Zielprojektion und Ausrichtung der sportlichen Entwicklung des Nachwuchsspielers selbst, denn der offizielle Vertragsstatus eines Bundesligaprofis ist das, was die Spielern anstreben und worauf sie hinarbeiten. Dies bestätigen die Erfahrungen der Verantwortlichen.

Sportliche Statuspassagen werden durch konstituierende Institutionen und zugehörige Akteure geplant. Sie agieren mit dem Talent-Subjekt selbst, das sich entscheidet, in der Statuspassage zu verweilen und in ihr Lernprozesse betreibt (vgl. Heinz in Mozygemba, 2011, S. 30). Zu diesen Lernprozessen gehört auch die Übernahme sozialer Rollen und die Erweiterung der eigenen Identität, welche in den sozialen sportlichen Kontext der Talentförderung eingebunden sind (vgl. Zhun-Hohenstein in Mozygemba, 2011, S.30). Das Konzept sportliche Karriereübergänge als Statuspassage zu fassen, bettet die Rahmenstrukturen der Talentförderung in gesellschaftliche Bedingungen ein, bringt sie mit subjektiven Bewältigungshandlungen in Verbindung und ermöglicht eine komplexe Betrachtung. Subjektive Bewältigungshandlungen werden in die Bedingungen der Talentförderung eingebunden und können mit Annahmen der entwicklungspsychologischen Handlungstheorie analysiert werden.

1.2. Talentförderung im Lichte der Handlungstheorie

Obwohl der Schwerpunkt dieser Arbeit auf dem empirischen Gehalt liegt, wird dieser durch plausible theoretische Positionen bewertet und verdeutlicht. Gegenstand und Analyse der empirischen Daten stehen im Wechselbezug zum theoretischen Grundgerüst, und der theoretische Rahmen wird durch die Empirie erweitert bzw. präzisiert. Empirische Befunde, die nicht in allgemeine theoretische Konzeptionen eingeordnet werden, fehlt es an Substanz und ebenso an Tragweite, da ohne Verallgemeinerung in bestimmten Teilen nur der situative, letztlich kontingente Einzelfall bleibt. Eine empirische Untersuchung benötigt ein theoretisches Fundament, denn jede sprachliche Aussage beinhaltet eine Abstraktion, also einen gewissen, wenn auch minimalen, Theoriegrad (vgl. Joas & Knöbl, 2011, S.24). Daher geraten rein induktive Vorgehensweisen an theoretische Grenzen. Für den komplexen Forschungsgegenstand der Statuspassagen sportlicher Karrieren im Fußball wird ein integratives Theoriesystem benötigt. „Die integrative Theoriebildung wird hier vor allem damit begründet, dass die komplexe Alltagswelt nur über komplexe Theorien adäquat beschreibbar ist, die möglichst viele Komponenten eines lebensweltlichen Phänomens berücksichtigen" (Höner, 2005, S.164). Das übergeordnete Konzept der Statuspassage ermöglicht eine theoretische Vertiefung der Entwicklungsvorgänge, die innerhalb der präzisierten Passage stattfinden.

Es wird davon ausgegangen, dass sich das Selbst in der sozialen Auseinandersetzung mit allgemeinen Entwicklungsaufgaben und spezifischen Anforderungen der Statuspassage entwickelt (Erikson, 1970; Havighurst, 1979). Die Bearbeitung und Bewältigung dieser Aufgaben und Anforderungen findet nicht im Vakuum, sondern innerhalb sozialer Beziehungen statt. Soziale Beziehungen sind zugleich Teil (interpersonaler) Entwicklungsaufgaben. Zusätzlich wird mit Fend (Fend, 2000) angenommen, dass die Auseinandersetzung in dem sozialen Umfeld allgemein als Sozialisation oder Lernprozess beschrieben werden kann. Konkretisierend können Sozialisationsvorgänge und Lernprozesse mit der für sportliche Leistungen besonders nützlichen, motivationalen Handlungstheorie der Selbstbestimmung gefasst werden (Deci & Ryan, 1993). Die Selbstbestimmungstheorie der Motivation von Deci & Ryan (1993; 1985) findet ihren Ausgangspunkt im Konzept der Intentionalität. Es geht demnach um ein bewusstes, auf einen bestimmten Zweck zielendes Verhalten, welches auf die menschliche Fähigkeit zurückgeht, Zielprojektionen zu entwickeln. Die Theorie beschreibt, welche Bedeutung der empfundene Grad der Selbstbestimmung bei der Auswahl von (sportlichen) Handlungszielen und deren Verfolgung einnimmt und wie sich Selbstbestimmung durch Internalisierungs- und Integrationsprozesse in der motivationalen Ausrichtung als treibende Handlungskraft konstituiert. Die Selbstbestimmungstheorie ist durch die Zentralität des Selbst und die organismischen und dialektischen Grundannahmen anschlussfähig an das Konzept der Entwicklungsaufgaben. Zudem gibt es eine Vielzahl sportbezogener Forschungsarbeiten aus den letzten Jahren, die sich auf die Selbstbestimmungstheorien beziehen (Bortoli, Bertollo, Comani, & Robazza, 2011; Conroy, Kaye, & Coatsworth, 2006; Curran, Appleton, Hill, & Hall, 2011; DeFreese & Smith, 2013; Gucciardi, 2010; Hodge, Allen, & Smellie, 2008). Es zeigt sich darin, dass es gerade sportlichen Leistungen förderlich ist, wenn sie vom Subjekt selbst als eigenständig erwählt und freiwillig verfolgt, bewertet und weniger als von außen erzwungen, empfunden werden. Darüber hinaus steht der Grad der Selbstbestimmung in Handlungen in Verbindung mit verschiedenen gesundheitlich relevanten Aspekten, insbesondere des Wohlbefindens (Ryan & Deci, 2000), und weist Bezüge zu Sinnhaftigkeit, Verstehbarkeit und Handhabbarkeit der kohärenten Bewältigung auf.

1.3. Kohärente Bewältigung allgemeiner und fußballerischer Entwicklungsaufgaben

Der Verweis auf kohärente Bewältigung stellt den Bezug zur gesundheitlichen Dimension von Entwicklungsvorgängen in Statuspassagen her und hebt die Dimension der Kohärenz in den Bewältigungsprozessen hervor. Der Kohärenzsinn (sense of coherence), ein generalisiertes Konstrukt, gilt bei Antonovsky als Moderatorvariable der Gesundheit (Antonovsky & Franke, 1997). Er moderiert den Aufbau und Erhalt der Gesundheit einer Person, welcher in stresstheoretischer Anlehnung (Buchwald, Schwarzer, & Hobfoll, 2004; Lazarus, 1991) als dynamischer Prozess der Auseinandersetzung mit Anforderungen (Stressoren) und deren Bewältigung mittels (generalisierten) Widerstandsressourcen verstanden wird. Keupp überträgt das Konzept der Kohärenz und die Bedeutung von Ressourcen auf die gesunde Entwicklung von Identität und Selbst in postmodernen Gesellschaften und setzt dadurch Annahmen der entwicklungspsychologischen Handlungstheorie in einen gesundheitlichen Kontext. Stabile, kohärente Selbstentwicklung unterliegt in seinem Ansatz zwei Dimensionen. Zum einen der alltäglichen Identitätsarbeit mit dem Ziel und Bedingung der Schaffung von Lebenskohärenz, in dem biographische Aspekte sinnhaft eingeordnet werden (vgl. Keupp, 2008, S.301), und zum anderen einem eher generalisierten Kohärenzsinn, der ein relativ stabiles Gefühl der

Kapitel 1 Einleitung

Handhabbarkeit, Sinnhaftigkeit und dem Verständnis des eigenen Daseins beinhaltet, wie er bei Antonovsky angelegt ist. Kohärenz entsteht bei Keupp durch Synthesearbeit, in Form der Konstruktion und Aufrechterhaltung der Kohärenz und des Gefühls von Sinnhaftigkeit und Authentizität, aber ebenso durch eine äußere Dimension der Passungsarbeit, welche auf soziale Integration und Anerkennung und somit auf Handlungsfähigkeit hinausläuft.

Dass die kohärente Passung und Synthese des Selbst im Alltag der jungen Nachwuchsspieler äußerst schwierig ist, haben die Ergebnisse der eigenen Forschungsarbeiten gezeigt. Denn die jungen Spieler bewegen sich ständig in der Spannung zwischen der eigenen und häufig auch von außen transportieren Erwartung, Bundesligaspieler zu werden bzw. es aufgrund ihres fußballerischen Potentials werden zu können (Bundesligaorientierung), und den alltäglichen Erfahrungen, die sie in Spielen und Training machen und die schwankende Leistungen zwischen Kreis- und Weltklasse einschließen. Die öffentliche Wahrnehmung ihrer Person und das mediale Bild, welches von Ihnen gezeichnet wird, stimmen häufig mit ihrem Bild von sich selbst nicht überein. Innerhalb ihrer Peergroup werden sie für ihre sportlichen Leistungen bewundert und geschätzt, zugleich für ihren Ruhm und ihre privilegierte Stellung beneidet oder gar missachtet.

Das Konzept der Kohärenz eignet sich als Zugang, die Bewältigungshandlungen der jugendlichen Spieler in der Auseinandersetzung mit solchen konkreten Alltagsproblematiken zu verstehen, zu systematisieren und zu interpretieren. Es kann davon ausgegangen werden, dass Spieler, die in der Lage sind, in alltäglicher Passungs- und Synthesearbeit Kohärenz zu erzeugen, die Anforderungen der Lebenswelt „Leistungssport" erfolgreich bewältigen können. „Gesunde" Talentförderung muss eine kohärente Entwicklung ermöglichen und systematisch und strukturell unterstützen, was mit dem Begriff des „Empowerments" gefasst werden kann. Ob die geschaffenen Umwelten der Talentförderung entwicklungsförderlich für die Sportler sind, zeigt sich besonders deutlich innerhalb der Statuspassagen. Entwicklungsförderlich in dem Sinne, dass die Umwelten als „Stützung produktiver Bewältigungsprozesse zu psychischen Strukturbildung führen, die Ausgangspunkt für die Bewältigung noch anspruchsvollerer Aufgaben werden können" (Fend, 1990, S.41).

1.4. Zielsetzung und Anlage der Untersuchung

Die vorgestellte Arbeit verfolgt das Ziel Karriereverläufe des Leistungsfußballs mit dem Konzept der Statuspassage zu systematisieren, spezifische Entwicklungsaufgaben in den verschiedenen Sequenzen herauszuarbeiten, psychosoziale Ressourcen zu benennen, Bewältigungsmuster der Statuspassagen in Bezug auf die enthaltene Kohärenz zu beschreiben und Fördermöglichkeiten aufzuzeigen. Fokussiert wird auf die Wahrnehmung und die Bewertung sportlicher Leistung und psychosozialer Entwicklung und den resultierenden Karriereentscheidungen, wie sie die Trainer und Funktionäre in der Ausei-

Kapitel 1 Einleitung

nandersetzung mit dem Talent vornehmen.[2] Sie sind die Experten, die über die Beobachtung der sozialen Praxis in der Statuspassage einen tiefen Einblick gewinnen, selber Teil des Entwicklungsprozesses des Spielers sind und zudem eine Vielzahl von Verlaufssequenzen begleiten. Die tatsächliche Entwicklung der Spieler zeigt sich im eigentlichen Spielgeschehen und des Spielers Umgang damit. Zwar gibt es Entwicklungsaufgaben in der Talentförderung, die über das Spiel selbst hinausgehen, der Fortschritt des Bewältigungsprozess wird jedoch insbesondere im Spiel selbst den Beobachtern zugänglich.

„Die für die adäquate Ausführung der Praktik relevanten Schemata des Fußballspielenkönnens (Bewegungsmuster, Techniken der Ballbehandlung, dem Geschehen folgende Aufteilung im Raum etc.) haben ihren Ort also weder in den Köpfen noch in den Körpern der Spieler. Sie sind vielmehr den Praktiken selbst immanent. Sie sind in den praktischen Vollzügen enthalten und liegen im Spielgeschehen offen zu Tage. Professionellen Beobachtern (etwa Trainerinnen oder Wissenschaftlern), kundigen Zuschauern und nicht zuletzt den Spielerinnen sind sie über die Beobachtung zugänglich" (Schmidt, 2012, S.219).

Dadurch, dass die Schemata über die adäquate Ausführung des Fußballspielens in den Praktiken enthalten und sichtbar sind, können die Experten beobachten, inwieweit der Spieler die entsprechenden Fähigkeiten und Kompetenzen im praktischen Vollzug aufbaut und aufgebaut hat. Diese Beobachtungen der Praktiken innerhalb der Statuspassage, die die Trainer und Funktionen tätigen, werden durch qualitative Interviews erfasst. Die Gatekeeper sind der Zugang zu den verschiedenen Verläufen der Statuspassage, denn sie haben eine Vielzahl von Karriereübergängen begleitet. Sie sind durch ihre institutionalisierte Funktion innerhalb der praktischen Vorgänge der Statuspassage, prädestinierte Informationsquellen für eine kritischen Analyse und Systematisierung der Übergangsverläufe.

Präzise werden zur Erfassung der Wissensbestände, Wahrnehmung und Bewertung der Karriereverläufe teilstrukturierte Experteninterviews geführt (Bogner, 2009). Es wurden neun Experten, die an unterschiedlichen Schnittstellen der Statuspassage tätig sind, befragt. Die Interviewgruppe setzte sich

---

[2] In der ursprünglichen Anlage der Untersuchung lag der Fokus der Arbeit darauf, in einer über drei Jahre dauernden, triangulativen Längsschnittstudie die wesentlichen Statuspassagen der fußballerischen Karriere und die Bedeutung und den Einfluss des sozialen Netzwerks zu erfassen. Ein entsprechender Antrag wurde beim Deutschen Fußball-Bund eingereicht. Dieser wurde leider nach vorheriger Zusage und einer mehrjährigen Begutachtungsdauer, aufgrund einer Finanzierungslücke schlussendlich nicht bewilligt. Dementsprechend wurde eine andere Anlage der Untersuchung gewählt, die mittels der kurzfristigen bereitgestellten Fördermittel von Werder Bremen und der Universität Bremen innerhalb des verkürzten Zeitraumes zu leisten war und einen effizienten Erkenntnisgewinn verspricht. Die subsidiären Fördermittel wurden in Folge der langatmigen Verhandlungen ab 2013 immer nur für wenige Monate bewilligt und fielen ab Januar 2014 komplett aus.

aus Leitern und Direktoren der Leistungszentren und der Lizenzmannschaften, Trainern Zweiter Mannschaften und Profitrainern der Lizenzmannschaften zusammen. Die Experten zeichnet aus, dass sie in Vereinen tätig sind, die innerhalb der Branche für herausragende Jugendarbeit und für die Heranführung junger Spieler an den Profifußball stehen. Besondere Aufmerksamkeit wurde darauf gelegt, wie die Gatekeeper ihre eigene Beziehung zu den Spielern und einhergehende Aufgaben einschätzen, wie sie die anderen Beziehungsgeflechte des sozialen Netzwerks des Spielers wahrnehmen und deren Einfluss in der Talentförderung berücksichtigen.

Die Experteninterviews wurden durch Visualisierungshilfen zu den potentiellen Übergangsverläufen methodisch angereichert. Die Auswertung fand in Anlehnung an das Verfahren des Thematischen Codierens (Hopf, 1993) statt und wurde als deduktives-induktives Wechselspiel organisiert.

Der praktische Beitrag für die Talentförderung liegt darin, die unübersichtlichen Verflechtungen im Übergangsbereich zu entzerren, die Widersprüchlichkeiten, mit denen die Spieler konfrontiert werden, zu verdeutlichen und Ansätze für eine systematische Begleitung und Förderung anzustoßen.

2. Statuspassagen des Fußballtalents in salutognetischer Perspektive

Auch der Lebenszyklus des Fußballspielers gliedert sich in verschiedene Lebensphasen, die mit unterschiedlichen biologischen Vorgängen, sozialen Rollen, einhergehenden Aufgaben und Privilegien verknüpft sind und durch einen zugehörigen Status gefasst werden. Der Statuswechsel – sprich der Übergang zwischen den sozialen Positionen- verbindet die Lebensabschnitte miteinander. Der Status im jeweiligen Lebensabschnitt ist geformt und gefestigt durch zuständige Institutionen. So wird der Lebensabschnitt Jugend vor allem bestimmt durch die Institution der Schule, die den Status des Schülers prägt. Der Übergang in die berufliche Ausbildung oder in das Studium geht mit einer Veränderung der sozialen Stellung und der entsprechenden Rolle einher, was Ausdruck im Status des Lehrlings oder Studenten findet.

In archaischen Gesellschaften und Naturvölkern finden sich kollektive ritualisierte Übergänge. In diesem Zusammenhang wurde der Begriff der Statuspassage im Zuge ethnologischer Forschungsarbeiten ursprünglich „rites des passage" (Gennep, 2010) entwickelt. Die Aufnahme der nachrückenden Generationen als vollwertige Mitglieder in die Gesellschaft, die bis zu dem Zeitpunkt als Kind galten und so behandelt wurden und handeln durften, wurde durch rituelle Weihung symbolisch vollzogen. Solche kollektiven Vorgänge gibt es heutzutage nur noch vereinzelt und sie sind, sofern noch vorhanden, von weniger praktischer Bedeutung im gesellschaftlichen Umgang. In stark strukturierten Institutionen wie bspw. der Kirche (Kommunion, Firmung, Konfirmation) und Bildungseinrichtungen (Aufnahme- und Entlass-Feiern) sind kollektive Initiierungsrituale weiterhin anzutreffen.

Nach Glaser und Strauss finden sich in Statuspassagen zumeist zweiseitige Beziehungen zwischen Jemandem, der den Prozess durchläuft (Passagee) und Jemandem, der den Prozess anleitet (Agent) (Glaser & Strauss, 1971). „Oft finden sich in diesen Prozessen auch Unwägbarkeiten, die das Individuum koordinieren muss. Individuen in Statusübergängen sind teilweise besonders empfindlich und krisenanfällig. Sie suchen häufig nach Orientierung in Bezugsgruppen, müssen die vorhandenen Ressourcen (Wissen, Zeit, Rollenkonfigurationen, Handlungsoptionen etc.) handhaben und die Gestalt der Statuspassage mit institutionellen Gatekeepern arrangieren" (Mozygemba, 2011, S.30). Zur zeitlichen Struktur von Statuspassagen wird auf das Konzept der „socially expected durations" von Merton verwiesen. Es besagt, dass kollektive Erwartungen über die Dauer einer Statuspassage die biographischen Handlungen einer Person beeinflussen, da sie sich in den sozialen Beziehungen zwischen Gatekeepern und Passanten niederschlagen (vgl. Mozygemba, 2011, S.33). Je stärker die Passage systemisch festgeschrieben ist, desto weniger ist die zeitliche Dimension durch Aushandlungsprozesse zwischen den Beteiligten regulierbar. Zu den Aushandlungsprozessen, die in der Statuspassage stattfinden, gehören neben der zeitlichen Dauer, Lernprozesse in Form der Übernahme sozialer Rollen und die einhergehende Erweiterung der eigenen Identität (vgl. Zhun-Hohenstein, 2005 in Mozygemba, 2011, S.30). Von Felden weist darauf hin, dass die Begriffsbestimmung der Statuspassage, so wie sie bei Strauss und Glaser angelegt ist, die Einbeziehung der Subjekte beinhaltet muss, was in unserem Fall das Talent selbst ist (von Felden, 2010, S. 32). Diese Implikation verlangt eine theoretische Fundierung zum Selbst des Talents und den Vorgängen der Selbstentwicklung.

In der soziologischen Forschung kann man eine Verdrängung des Statuspassagenkonzepts durch die allgemeinere Bezeichnung „Übergänge" ausmachen.

„Der Begriff der „Übergangs" erfuhr erst in den 1990er Jahren eine breitere Verwendung und hat seitdem sukzessive den Begriff der Statuspassage ersetzt, da die Ungewissheit, die Dauer und Richtung von Übergängen zugenommen hat, wie auch die Mitwirkung und Beteiligung der Subjekte, die von einer Lebensphase in eine andere, übergehen" (Stauber et al., 2007, S. 24).

Ein weiterer Begriff, der in die deutsche Übergangsforschung Einzug gehalten hat, ist die Transition. Dieser zielt auf die Veränderung eingelebter Zusammenhänge. Er beinhaltet sowohl strukturelle Bedingungen als auch Bewältigungsstrategien der Subjekte (von Felden, 2010). Eingelebtes muss aufgebrochen und der neuen Situation angepasst werden, so wie sie sich darstellt. Transitionen werden als nicht-linear und nicht-kausal verstanden. Sie bezeichnen gesellschaftliche Bewegungssequenzen, die ineinander übergehen und sich überblenden. Für den Begriff der Statuspassagen sprechen im dargestellten Forschungszusammenhang der hohe Grat der Institutionalisierung, die eindeutige hierarchische Struktur der Talentförderung, ziemlich eindeutig feststehende Ausgangs- und Endpunkte und die zeitlichen Einschränkungen und Richtung sportlicher Leistungsentwicklung (siehe Kapitel.3.1).

2.1. Die Entwicklung des Selbst in der sozialen Auseinandersetzung

Mead konnte in seiner Theorie der Kommunikation zeigen, dass das Selbst erst durch kommunikative Handlungen zu einem einheitlichen Selbst wächst. Somit ist das Selbst vor allem Produkt kommunikativer Aushandlungsprozesse. Die Kommunikation ist die Basis jeglicher sozialen Auseinandersetzung bzw. Sozialität. Mead unterscheidet zwischen dem „I", das den aktiven-kreativen Eigenanteil des Selbst bildet und dem „Me", das durch die Vorstellungen der Anderen, bzw. durch das, was das Subjekt von diesen Vorstellungen wahrnimmt, entsteht. Da der kommunikative Umgang mannigfaltig ist, entstehen viele „Me´s", welche in das Selbst verwoben werden. Sehr anschaulich wird dieser Vorgang von Joas & Knöbl beschrieben:

„Eine einigermaßen klar erkennbare Identität bildet sich somit aus, eben weil im Umgang mit verschiedensten Menschen durch deren Reaktionen das eigene Ich zurückgespiegelt wird, weil die Perspektive vieler anderer gleichzeitig eingenommen werden kann, die Perspektive der nahen Mutter ebenso wie

Kapitel 2 Statuspassagen des Fußballtalents in salutogenetischer Perspektive

die des mir relativ unbekannten rechten Verteidigers, des Polizisten oder der Verkäuferin" (Joas & Knöbl, 2011, S. 192).

Die Begriffe des Selbst, der Identität und der Persönlichkeit werden in den verschiedensten wissenschaftlichen Disziplinen und Kontexten verwendet, zumeist ohne eine nähere theoretische Klärung. Es wird beanstandet, dass die Begriffe zu einem nichtssagenden unendlich vielschichtigen Konglomerat verkommen, denen beliebig viele Deutungen angeheftet werden können (Kaufmann, 2005). Der Befund ist nicht nur auf die defizitäre theoretische Einordnung der Begrifflichkeiten zurückzuführen, sondern hängt auch damit zusammen, dass die psychosoziale Entwicklung einer Person schlecht in solch zunächst statische Begriffe zu fassen ist. In den gängigen Theorien werden daher die Termini Persönlichkeit, Identität und Selbst prozessual verstanden. Anselm Strauss bspw. versteht Identität so, dass die Vergangenheit stets neu interpretiert wird und somit die Identitätsentwicklung kontinuierlich verläuft. Vergangenheit ist nie endgültig in der Identität abgeschlossen (vgl. Joas & Knöbl, 2011, S.206). Das Selbst ist auch bei Mead veränderlich, was er in dem Konzept des „role-taking" beschreibt. Damit ist die Übernahme gesellschaftlich erwarteter Funktionen, die mit einer bestimmten Rolle verknüpft sind (Sohn, Schüler, Fußballer), gemeint, welche sich beim Durchschreiten von Statuspassagen verändern. Die Erfüllung sozialer Rollen erscheint als Teil der Sozialisation. Normen und Werte in bestimmten Gesellschaftsteilen werden transportiert in Rollenerwartungen, die zu erfüllen sind. Sozialisation findet dahingehend auch in sportlichen Spielen statt, in denen Verhaltensweisen übermittelt und eingenommen werden.

„Und auf einer weiteren Stufe – etwa mit Hilfe von Spielen (games), in denen abstrakte Regeln befolgt werden müssen wie dem Fußballspiel- ist er bald dann auch in der Lage, nicht nur die Rollen der Personen in seiner unmittelbaren Umgebung zu verstehen und die Erwartungen dieser Personen an ihn selbst, sondern auch die etwas allgemeineren Erwartungen einer größeren Gemeinschaft (der Mannschaft!) oder gar der Gesellschaft (der genaralisierte Andere)" (Joas & Knöbl, 2011, S.192).

Merton erweitert das Rollenverständnis, das ursprünglich auf Talcott Parsons zurückgeht, durch Rollenkonflikte. Er unterscheidet zwischen Inter – und Intrarollenkonflikten. Die Rolle als Sohn und die des Fußballers und die darin enthaltenen Erwartungen an das jeweilige Verhalten können sich bspw. stark unterscheiden. Aber auch die Erwartungshaltungen des Vaters, wie auch die des Trainers können konfligieren (vgl. Joas & Knöbl, 2011, S.254). Turner beschreibt hingegen Interaktion in Rollen vielmehr als „role making" - also einen suchenden Prozess, in dem auch der Handelnde Einfluss auf die Ausgestaltung der Rolle hat und somit die Einflussnahme des Subjekts auf gesellschaftliche Prozesse betont (vgl. Joas & Knöbl, 2011, S.223).

Auch in gesundheitsbezogenen Überlegungen wird das prozessuale Wesen dessen hervorgehoben, was in den Begriffen Identität, Persönlichkeit und Selbst betont und als kontinuierliches Projekt angesehen wird. Das Projekt wird immer weiter fortgesetzt und ist der konsequenten Bearbeitung der Gesundheit förderlich (Meyer-Abich, 2010, S.385). Die definitorischen Schwierigkeiten der Begriffe Identität, Selbst und Persönlichkeit soll und kann in dieser Arbeit nicht aufgelöst werden. Die kontroverse und doch eher unnütze Debatte über die Termini eignet sich nicht, um sportliche Handlungsmuster und Entwicklung zu erklären und aufzudecken. Vielmehr wird im Folgenden davon ausgegangen, dass in der spezifischen Erfassung sozialer Praxis die Facetten und Schwierigkeiten psychosozialer Entwicklung veranschaulicht und hinreichend gefasst werden können, ohne die definitorischen Schwierigkeiten selbst zu lösen.

In Abgrenzung zu anderen entwicklungspsychologischen Paradigmen (endogen, exogen, autonom) kann die vorgestellte Arbeit in das handlungstheoretische Paradigma eingeordnet werden. Dieses sieht das Subjekt in der psychosozialen Entwicklung als aktiv an seiner eigenen Entwicklung beteiligt. Das handelnde Subjekt ist also wesentlich an seiner eigenen Entwicklung beteiligt. Zugleich werden die faktischen Bedingungen des Kontextes akzeptiert und mit einbezogen (vgl. Fend, 2000, S.207). Dieses Paradigma ist leitend für nachstehende Ausführungen.

2.2. Das Fußballtalent im Lebensabschnitt Jugend

Zwar wird mittlerweile davon ausgegangen, dass Identitätsentwicklung ein kontinuierlicher Prozess ist, der über alle Lebensphasen hinweg stattfindet (Schneider, Lindenberger, Oerter, & Montada, 2012; Keupp, 2008). Als prägende Phase wird jedoch die Jugend angesehen (Fend, 2000). Das trifft ebenfalls auf die fußballerische Entwicklung zu. In dieser Phase werden die wesentlichen technischen Fertigkeiten erlernt, die entsprechende Physis erlangt und ein taktisches Verständnis des Spiels erworben. Dass die psychische Entwicklung und die entscheidende sportliche Entwicklung in diesem Abschnitt zusammentreffen, ist nicht zufällig, beide Bereiche sind vielmehr eng miteinander verknüpft und bedingen einander. Daher ist eine genauere Betrachtung der Lebensphase zwingend.

Das Jugendalter ist ein Lebensabschnitt, der in westlichen Gesellschaften noch nicht lange deutlich in Erscheinung getreten ist. Noch vor gut 100 Jahren ging die Kindheitsphase ziemlich direkt in das Erwachsenenalter über (siehe Abb. 1). Mit zunehmender Lebenserwartungen und Ausdifferenzierung der Erwerbsarbeit und den entsprechenden Qualifizierungsvorgängen entstand ein längerer Zeitabschnitt, in dem die nächste Generation mehr eigene Handlungsspielräume und soziale Rollen übernahm, ihr jedoch nicht die völlige Autonomie und Rollenvielfalt eines Erwachsenen zugestanden wurde. Der Lebensabschnitt Jugendalter dehnte sich immer weiter aus und differenzierte sich. Dazu trägt bei, dass die psycho-sexuelle Reife immer eher eintritt und sich dadurch die Kindheitsphase verkürzt. Auch sind gewisse Symbole des

Kapitel 2 Statuspassagen des Fußballtalents in salutogenetischer Perspektive

Erwachsenenstatus (ökonomische Unabhängigkeit und Auszug aus dem Elternhaus) immer später aufzufinden (vgl. Hurrelmann, 2007).

Abbildung 1 Strukturierung von Lebensphasen zu vier historischen Zeitpunkten (Hurrelmann, 2007, S.17)

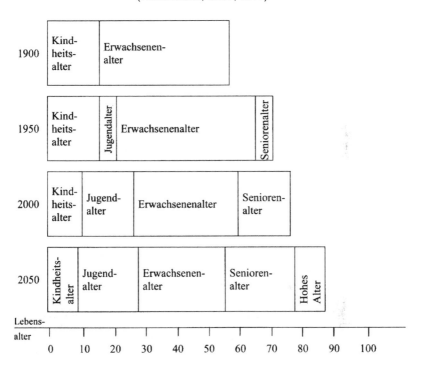

Die psychosoziale Entwicklung, die im Lebensabschnitt Jugend stattfindet, ist zunächst eng an die physische Entwicklung der Pubertät geknüpft. Organische Veränderungen des Körpers bedingen und implementieren auch psychische Veränderung. Ein gutes Beispiel dafür ist, dass durch organische Veränderungen des Gehirns das Individuum im Jugendalter in der Lage ist, eigenes Handeln aus der Perspektive eines Dritten zu reflektieren (Fend, 2000; Schneider et al., 2012). Pubertäre Veränderungen haben auch Einfluss auf die Sexualität des Menschen. Freud korrigierte das Verständnis der Jugendphase dahingehend, dass die Sexualitätsentwicklung nicht erst mit der Pubertät im Menschen erwacht, sondern er damit auf die Welt kommt (Freud, GW Bd. VIII. in Göppel, 2005, S.16f). Er versteht Jugend als Ablösung der Sexualität, die auf die kindlichen Objekte (Eltern) gerichtet ist, hin zu außerfamiliären Personen.

Kapitel 2 Statuspassagen des Fußballtalents in salutogenetischer Perspektive

Über Dauer und inhaltliche Verortung der Jugendphase herrscht keine Einigkeit. Manchmal gilt Jugendalter als Überbegriff (Remplein, 1962) und manchmal Adoleszenz (Schneider et al., 2012). Für Fend sind die Begrifflichkeiten eher als Produkt unterschiedlicher Forschungstraditionen zu erklären (Fend, 2000). Eine klare Einteilung der Jugendphase in einen bestimmten Altersbereich erscheint schwierig. Das Gesetzesbuch definiert recht eindeutig Jugend, Kind, Volljähriger und junger Mensch (bspw. in §1 des Jugendschutzgesetzes JuSchG). Eine Einschränkung erfahren die Definitionen dadurch, dass die Schuldfähigkeit und die Verurteilung nach Erwachsenenstrafrecht zwischen dem 18. und 21. Lebensjahr abhängig von dem Entwicklungsstand des Beschuldigten ist. Dies kann als gesetzliches Eingeständnis verstanden werden, dass Jugend sich nicht in die biologischen Altersschranken pressen lässt. In gängigen entwicklungspsychologischen Lehrbüchern (Schneider et al., 2012) wird die Jugendphase im Altersbereich zwischen 12 und 19 Jahren verortet. Jugendliche und Kinder können dadurch unterschieden werden, dass Jugendliche für bestimmte Bereiche mehr Freiheitsgerade haben. Dies ist mit Handlungsoptionen gleichzusetzen, die sie selbst ausgestalten müssen (vgl. Silbereisen, 1986, S.31). Negativ formuliert ist Jugend nicht nur als Entwicklung zu einer höheren Reife durch die Erfüllung und Ausgestaltung eigener Handlungsoptionen zu sehen, sondern auch als Verlust, Verarmungs- und Verhärtungsgeschichte, wie bspw. der Verlust an idealen Träumen etc. (vgl. Göppel, 2005, S.77f.).

So nähert sich mit andauernder Karriere der Kindheitstraum vom Bundesligaprofi der realen sportlichen Entwicklung und den tatsächlichen Möglichkeiten, den Traum zu erfüllen bzw. diesen zu verwerfen und andere Perspektiven auszuloten. Das Jugendalter ist die Entwicklungsphase, in der sich das Subjekt sukzessive Vorstellungen über eine kohärente Ausgestaltung des anvisierten Lebens erarbeiten muss. Die Annährung und Justierung der Vorstellungen geschieht in der der Auseinandersetzung mit den allgemeinen Entwicklungsaufgaben des Jugendalters.

2.2.1. Statuspassagen und zentrale Entwicklungsaufgaben des Jugendalters

Im Jugendalter treffen verschiedene Statuspassagen aufeinander. So übernehmen die Adoleszenten in unseren marktwirtschaftlichen Wirtschaftsstrukturen sukzessive die Rolle des Konsumenten, der durch seine Kaufentscheidungen am Markt partizipiert, sie erlangen den Status als Wahlberechtigte und somit als politische Bürger, gehen in den Status des Berufstätigkeit über und gründen schließlich eigene Familien. Statuspassagen allgemein betrachtet lassen sich im Grad ihrer Institutionalisierung unterscheiden. Stark institutionalisierte Statuspassagen weisen eine stärkere und verpflichtende Anforderung auf, die Statuspassage entsprechend zu bewältigen (vgl. Lemmermöhle, 2006, S.37f)..

Abbildung 2 Tatsächliche zeitliche Muster des Übergangs vom Jugend- zum Erwachsenenalter (Hurrelmann, 2007, S.39)

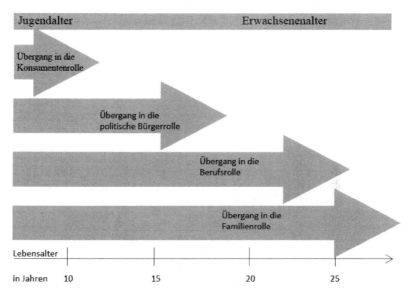

Wie schon beschrieben wird mit Mead angenommen, dass sich das Selbst in sozialen Kommunikationsprozessen und der einhergehenden Perspektivübernahme Anderer entwickelt. Darauf aufbauend findet die Ausdifferenzierung des Selbst in der Auseinandersetzung mit allgemeinen Entwicklungsaufgaben und spezifischen Anforderungen statt (Erikson, 1970; Havighurst, 1979). Diese sind für jede Lebensphase unterschiedlich und sind eng mit den Statuspassagen verknüpft. Entwicklungsaufgaben können als soziokulturelle Anforderung verstanden werden, welche eine normative Zielprojektion beinhalten (Silbereisen, 1986).

Fend (2000) klassifiziert drei Bereiche, in die er die Entwicklungsaufgaben des Jugendalters unterteilt:

- *„der erste Bereich ist intrapersonaler Art, er ergibt sich aus den inneren (biologischen bzw. psychischen) Veränderungen in der Adoleszenz;*

- *der zweite Bereich ist interpersonaler Natur, wenn man darunter das gesamte soziale Beziehungsgefüge einer Person subsumiert;*

- *der dritte Aufgabenbereich ist kulturell-sachlicher Natur, er wird durch die Gesamtheit der kulturellen Ansprüche, Vorgaben und Entwicklungsmöglichkeiten repräsentiert"* (ebd., 2000, S.211).

Zum intrapersonalen Bereich gehört bspw. den eigenen Körper und auch seine Veränderungen zu akzeptieren, Selbstständigkeit in Bezug auf alltägliche Handlungen zu erlangen (alleine die Trainingsfahrt gestalten, Arzttermine abwickeln, eigenes Geld verwalten und verwenden), ein eigenes Wertesystem und Normen für eigene Handlungen aufzubauen und insbesondere auch Selbstbewusstsein zu entwickeln, sich der eigenen Stärken und Schwächen bewusst zu werden. Zum interpersonalen Bereich gehören Aufgaben wie die emotionale Distanzierung zu den Eltern, der Aufbau von Freundschaften zu Gleichaltrigen sowie partnerschaftlicher Beziehungen. Soziokulturelle/institutionelle Aufgaben sind bspw. die Beendigung der Schulkarriere bzw. die Vorbereitung auf den Beruf und die Auseinandersetzung mit eigener Familienplanung/-vorstellung.

Diese Bereiche und Aufgaben beeinflussen einander und sind in ihrer praktischen Bearbeitung inhaltlich und praktisch nicht isoliert. Zudem prägt das soziale Umfeld nicht nur die Anforderungen an die Jugendlichen, sondern in wechselseitiger Wirkung sind die Jugendlichen Teil der sozialen Umwelt und gestalten diese hinsichtlich der Aufgaben und Anforderungen mit, die an sie gestellt werden (Brinkhoff, 1998). Neuere entwicklungspsychologische Befunde zeigen, dass die Aufgaben gleichsam kleingearbeitet werden in der Auseinandersetzung mit Alltagskonflikten, wobei vor allem personale Ressourcen mit einer erfolgreichen Bewältigung assoziiert sind (Ecirli, 2012). Für Oerter (1980, S.30) ist vornehmlich entscheidend, welche „Entwicklungsziele sich das Individuum im Spannungsfeld zwischen seinen Leistungsmöglichkeiten und den kulturellen Normen" selbst setzt. Demzufolge geht es um den Aufbau einer langfristige Motivation und kontinuierlichen Zielverfolgung eigener Aufgaben.

Die Entwicklungsaufgaben sind keine starren Konstrukte. Sie sind an die gesellschaftlichen Wandlungsprozesse geknüpft und entsprechend veränderlich. Die Entwicklungsaufgabe der emotionalen Loslösung von den Eltern bspw., die Freud noch als unbedingt konflikthaft ansah, muss nach neueren Befunden zur Entwicklung und Veränderung der Eltern-Kind-Beziehung im Jugendalter differenziert verstanden werden. Es wird in den Individuationstheorien von einer kontinuierlich anhaltenden Eltern-Kind Beziehung ausgegangen, die unterschiedliche Ausprägung haben kann. Hinsichtlich moralischer und konventioneller Aspekte bleiben Eltern häufig autoritäre Kräfte. In anderen Bezügen werden Eltern eher zu einer ratgebenden Instanz (Schuster & Uhlendorff, 2009).

Weitere typische Probleme bei der Entwicklung sieht Silbereisen (Silbereisen, 1986, S.32) in einem Übermaß an Fremdbestimmung, im Erleben von Sinnverlust, im Mangel an Passung, in Widersprüchen in der Planung und in Schwierigkeiten der Verständigung. Da allgemeine Entwicklungsaufgaben und auch die eigenen Zielsetzungen nicht losgelöst von gesellschaftlichen (Veränderungs-)Prozessen sind, müssen wesentliche gesellschaftliche Entwicklungen skizziert werden.

Kapitel 2 Statuspassagen des Fußballtalents in salutogenetischer Perspektive

2.2.2. Das Talent in der Konfrontation mit Entwicklungsbedingungen und -möglichkeiten im gesellschaftlichen Wandel

Neben den eigenen Anteilen des Subjekts in der Bearbeitung von Entwicklungsaufgaben kommt dem Kontext ein ebenso wirksamer Part zu. In der interaktionistischen Konzeption müssen daher die wesentlichen Wirkungszusammenhänge westlicher, postmoderner (oder auch als zweite Moderne bezeichnete) Gesellschaften beschrieben und eingeordnet werden. Statuspassagen sind stark beeinflusst von gesamtgesellschaftlichen Modernisierungsprozessen, die das Jugendalter strukturieren und rekonstruieren. Veränderungen der wesentlichen Statuspassagen in den westlichen Industrienationen werden am Beispiel der Bundesrepublik Deutschland durch Helmut Schröder zusammenfassend aufgezeigt (Schröder, 1995).

Ulrich Becks Verdienst ist die Herausstellung der gesellschaftlichen Konzentration und Orientierung auf Risiken (Beck, 2006). Die Risiken sind keine natürlichen (wie Erdbeben oder Überflutungen) sondern Modernisierungsrisiken, die durch den technologischen Fortschritt in die Welt treten. Risiken werden als potentielle Gefährdung verstanden, die nicht eintreten müssen, aber können und somit Unsicherheit erzeugen. Die Orientierung auf die Vermeidung und Verhinderung von Risiken führt dazu „zu sagen, was nicht zu tun ist, nicht aber, was zu tun ist. ... Wer die Welt als Risiko entwirft, wird letztlich handlungsunfähig." (Beck, 2006, S.48). Im Hinblick auf Modernisierungsrisiken liegt die Konzentration und Anstrengung darin deren Eintreten zu vermeiden ((Volkmann, 2007, S.27). Diese Verlustorientierung wird uns bei der Handlungsorientierung im Sport später wieder begegnen. Die Individualisierung des Subjekts erfolgt nach Beck im Leben unter den von diesen Risiken verursachten Bedingungen. Dieser Prozess zeichnet sich durch schwindende Wirkungen traditioneller Lebensweisen aus. Die festen Strukturen und Klassen, die als Orientierung und Bindung für den eigenen Lebensentwurf dienten, brechen auf. Dies führt zu einem Autonomiezwang für das Individuum, der durch die reflexiven Modernisierungstendenzen entsteht und sich auf die eigene Ausgestaltung der Biographie und deren Organisation bezieht (Beck, 2006). Die Normalbiographie der Industriegesellschaft nimmt an Bedeutung ab und die Risikogesellschaft, das Leben unter Unsicherheit, verlangt zunehmend eine individuelle „Bastelbiographie" (Volkmann, 2007).

Zu ähnlicher Erkenntnis gelangt Zygmunt Baumann (2003), der die Postmoderne im Wesentlichen als fluide oder flüssige Gesellschaft sieht. Keupp fügt den starken Individualisierungs- vor allem Pluralisierungstendenzen, die unmittelbar mit der Enttraditionalisierung bzw. „disembedding" in Verbindung stehen, hinzu (Keupp, 2008, S.298f.).

Kapitel 2 Statuspassagen des Fußballtalents in salutogenetischer Perspektive

Abbildung 3 Merkmale und Tendenzen fluider Gesellschaft (Keupp, 2008, S.298)

	Grenzen geraten in Fluss, Konstanten werden zu Variablen.
Individualisierung	Wes entliche Grundmus ter der FLUIDEN GES ELLSCHAFT:

	Entgrenzung	Fusion
Pluralisierung	•EntgrenzteNormalbiographien	•Arbeit~Freizeit (mobiles Büro)
	•Wertepluralismus	•Hochkultur~Popularkultur
Dekons truktion von Geschlechtsrollen	•Grenzenloser Virtueller Raum	(Reich-Ranicki bei Gottschalk)
	•Kultur/Natur: z.B. durch Gentechnik, Schönheitschirurgie	•Cr os s over, Hybrid-Formate
	•‚Echtes'/‚Konstruiertes'	•Medientechnologien konvergieren
Wertewandel		
	Durchlässigkeit	Wechselnde Konfigurationen
Disembedding	•Größere Unmittelbarkeit: Interaktivität, E-Commerce	•Flexible Arbeitsorganisation
	•Fernwirkungen, Realtime	•Patchwork-Familien, befristete Communities(z.B. Szenen)
	•Öffentlich/Privat (z.B. WebCams)	•Modulare Konzepte (z.B. Technik)
Globalisierung	•Lebensphasen (z.B. ‚Junge Alte')	•Sampling-Kultur (Musik, Mode)

In der Tendenz implizieren Pluralisierungen auch größere Handlungsmöglichkeiten, was das Handeln nicht einfacher macht. Die übergeordnete Aufgabe besteht darin klare Rahmenbedingungen, eigene Werte und Normen zu entwickeln, also eine Art *Boundary Management* zu betreiben. Der Weg dorthin in Form aktiver Ausgestaltung bleibt aber unklar; die Chance zu scheitern wird erhöht. Mit wachsender Unsicherheit werden zugleich das Verlangen und der Wunsch nach Sicherheit verstärkt.

Zur Expansion „globalisierter Erfahrungen der Entgrenzung" beigetragen hat der virtuelle Raum, in dem sich auch die Wahrnehmung von Raum und Zeit verändert. Die Virtualität erlaubt einen Zugriff auf Handlungen ohne physischen Bezug. Das führt dazu, dass ohne die vermittelnde Körperlichkeit der Raum als Netzstruktur und die Zeit als Gleichzeitigkeit erlebt und wahrgenommen werden (Keupp, 2009). Das wiederum zeigt sich auch in der Veränderung des Fußballspiels, wie Theweleit herausstellt (siehe Kapitel 3.3).

Unsere Gesellschaft befindet sich diesen Gegenwartsanalysen zu Folge in einem dynamischen offenen Prozess, in dem sich Werte, Strukturen, Institutionen und die soziale Praxis selbst wandeln. Der Begriff der Statuspassage erscheint zur Beschreibung von allgemeinen Übergängen in einer solchen Gesellschaft als immer weniger angemessen (vgl. Lemmermöhle, 2006, S.32). Denn dieser bezieht sich auf eine soziale Vorstrukturierung von Lebensläufen und Biographien, welche so nicht mehr gegeben ist. Zu prüfen bleibt, ob das Konzept zur Systematisierung von sportlichen Karrieren so geeignet ist, wie es sich andeutet.

Die gegenwärtige offene Dynamik der Gesellschaft erfordert einen ständigen Anpassungsprozess des Subjekts, der nicht mit dem Abschluss des Jugendalters endet, sondern als lebenslanger Vorgang der Sozialisation verstanden werden muss.

„Sozialisation erfolgt durch Anleitung und Anforderung, Information und Belehrung, durch Beobachtung und Nachahmung von Vorbildern, durch Strafen und Belohnungen usw. Die Familie, die Schule die Gruppe der Freunde, die Medien sind an diesem Prozess beteiligt" (Schneider et al., 2012, S.49).

Neben diesen prägenden Personen und Institutionen kommen für den Fußballspieler weitere bedeutsame Beziehungen zu Trainern, Mitspielern und anderen Personen im Verein hinzu (Hoffmann, 2008). Es stellt sich die Frage, wie Entwicklungsprozesse in einer Gesellschaft, die von Unsicherheit geprägt ist, von diesen Sozialisationsagenten unterstützt und gefördert werden können. Handlungsorientierungen, die auf Vermeidung ausgelegt sind, schaffen keine positive Vorstellung von dem, was gefördert werden soll. Die Einbindung einer salutgenetischen Perspektive ermöglicht jedoch eine positiv ausgerichtete Herangehensweise.

2.3. Förderung gesunder Talententwicklung – Zur positiven Bestimmung von Gesundheit

Der Leistungsfußball wird zumeist auf das Risiko für körperliche Schädigungen reduziert und mit einem rein pathogenetischen Gesundheitsverständnis (als Abwesenheit von Krankheit) interpretiert. Wenn man in dieser Perspektive den Fußball bewertet, ist der Befund problematisch, da dauerhafte sportliche Höchstleistungen selten ohne bleibende körperliche Schäden erbracht werden können (vgl. Stoll et al., 2010, S.329). Im Zuge der öffentlich verhandelten psychischen Erkrankungen von Deisler, Bengtson, Enke, Biermann und Buffon wurde die Diskussion um psychische Aspekte der gesundheitlichen Gefährdung erweitert. Soziale Aspekte werden im Leistungssport eher in Einzelsportarten unter dem Label der „Sozialen Isolation" diskutiert (Richartz, 2000). Der Handlungsauftrag für beteiligte Akteure ergibt sich nach vorherrschendem pathogenetischen Verständnis erst dann, wenn Krankheit eintritt. Zuvor muss sich um die „Gesundheit" des Sportlers nicht gekümmert werden. Denn Ziel einer Intervention ist vorrangig die Kurration durch Therapie, also die Wiederherstellung der „Normalität". Häufig wird dabei nur bipolar in Zuständen gedacht, in denen der Spieler (Patient) einen Status einnimmt, also entweder „gesund" oder „krank" ist.

Die Betrachtung der gesundheitlichen Dimension im Leistungssport wird ergiebiger und differenzierter, wenn einem Gesundheitsverständnis gefolgt wird, dass nicht nur die Abwesenheit von körperlichen und geistigen Erkrankungen beachtet, sondern ebenso physisches, soziales und psychisches Wohlergehen einbezieht (World Health Organization, 1948). Die Definition von Gesundheit in der Präambel der WHO stellt die Dimension des Wohlergehens ausdrücklich in den Vordergrund.³ Hierin liegen die Grundlage und der Anknüpfungspunkt der Gesundheitsförderung, die eine defizitäre Orientierung überwindet und im Gegensatz zur Medizin nicht ausschließlich nach Risikofaktoren und Ursachen für Krankheiten fahndet. Gesundheitsförderung fragt, wie solche Ressourcen und Bewältigungsfähigkeiten gestärkt werden können, die maßgeblich mit dem Wohlergehen einer Person in Verbindung stehen.

Der Ansatz der Gesundheitsförderung wurde 1986 in der Ottawa-Charta der Weltgesundheitsorganisation definiert und auf den Weg gebracht. Demnach zielt Gesundheitsförderung „auf einen Prozess, allen Menschen ein höheres Maß an Selbstbestimmung über ihre Gesundheit zu ermöglichen und sie damit zur Stärkung ihrer Gesundheit zu befähigen." (WHO, 1986, S.1). Der wesentliche Unterschied, der Bruch zu pathogenen Vorstellungen, besteht darin, dass sich mit der Ottawa Charta der Handlungsauftrag für die beteiligten Akteure verschiebt. Er wird positiv. Die Selbstbestimmung und der Aufbau von Fähigkeiten des Subjekts sollen und können gefördert werden, ohne dass zuvor eine Störung vorgelegen haben muss, die dann einer Therapie bedarf. Auch ist das Ziel nicht nur die Störung präventiv zu verhindern, sondern das Subjekt grundsätzlich zu stärken.

Wenn sich der Handlungsauftrag in Folge der Ottawa Charta verschiebt, stellt sich die Frage, ob das auch zu einer Veränderung der Machtverhältnisse zwischen den Akteuren führt, die über die Gesundheit des Athleten bestimmen. Teil von Gesundheitsförderung ist es, Empowermentprozesse zu initiieren. Der Begriff bezeichnet ursprünglich „Strategien und Maßnahmen, die geeignet sind, das Maß an Selbstbestimmung und Autonomie im Leben der Menschen zu erhöhen und sie in die Lage zu versetzen, ihre Belange (wieder) eigenmächtig, selbstverantwortet und selbstbestimmt zu vertreten und zu gestalten" (Heesen et al., 2006, S.233). Im gesundheitlichen Zusammenhang umfasst der Empowerment-Begriff „sowohl Geborgenheit und Verwurzelung in einer unterstützenden sozialen Umwelt, den Zugang zu allen wesentlichen Informationen, die Entfaltung von praktischen Fertigkeiten, als auch die Möglichkeit, selber Entscheidungen in Bezug auf ihre persönliche Gesundheit treffen zu können. Menschen können ihr Gesundheitspotential nur dann weitestgehend entfalten, wenn sie auf die Faktoren, die ihre Gesundheit beeinflussen, auch Einfluss nehmen können" (WHO, 1986, S.3). Es gilt das Subjekt selbst an seiner eigenen gesundheitlichen Entwicklung zu beteiligen, ohne es dabei zu überfordern. Wenn Gesundheit hingegen ausschließlich als Abwesenheit funktionaler Störungen (Krankheit) verstanden wird, entscheidet in erster Linie der Mediziner über den Gesundheitsstatus, deren Ursache und Therapie. Zumindest wird dem Arzt diese Funktion in unserer durch Erwerbstätigkeit geprägten Gesellschaft zugesprochen. Er eröffnet durch seine Diagnose

---

³ In einschlägigen Public Health Büchern und Publikationen wird „well-being", wie es dort im Original heißt, mit „Wohlbefinden" übersetzt. Doch der englische Begriff geht über das reine „Befinden" hinaus und betrifft eher das „Sein". Mit dem Begriff „Wohlergehen" wird vielmehr die tatsächliche Existenz der Person in der Verbindung zur äußeren Umwelt betont.

Kapitel 2 Statuspassagen des Fußballtalents in salutogenetischer Perspektive

den Zugang zu Sozialversicherungsleistungen. In Empowermentprozessen wird angestrebt, einen Teil der Kontrolle über die eigene Gesundheit zurück in die Hände seines eigentlichen Eigners zu bringen, denn das eigene Wohlergehen hängt zwar durchaus mit dem Vorhandensein einer funktonalen Störung zusammen, kann aber ebenso keinen Einfluss haben und ist von vielen weiteren Umständen, vor allem den subjektiven Einstellungen und dem eigenen Erleben abhängig (vgl. Kapitel 4.1.). Im Ansatz der Gesundheitsförderung wird der Spieler zum Subjekt und somit Teil der eigenen gesundheitlichen Entwicklung. Das Wohlergehen der Subjekte ist jedoch maßgeblich durch die Bedingungen beeinflusst[4]. Gesundheitsförderung zielt auf ein fortwährendes Streben nach Gesundheit, was die Befähigung des Subjektes ebenso wie die Veränderung der gesellschaftlichen Verhältnisse und konkreten Umgebungsbedingungen beinhaltet. Der Begriff der Gesundheitsförderung ist somit teleologisch angelegt.

In unserer auf Leistung ausgerichtete Gesellschaft, in der Zusammenleben im Kern durch Erwerbsarbeit geprägt ist, sind Gesundheit und Leistungsfähigkeit eng verwoben (Franke, 2007). In Leistungsfähigkeit schimmert die immense Fokussierung auf Erwerbstätigkeit mit, ist aber nicht deckungsgleich. Leistungsfähigkeit spielt auch in anderen Lebensbereichen eine wesentliche Rolle und schließt Fähigkeiten mit ein, die für eine erfolgreiche Alltagsbewältigung benötigt werden. Dazu zählen laut Franke: Anpassungsfähigkeit, Kommunikationsfähigkeit, Kompetenz zur Befriedigung der eigenen Bedürfnisse, soziale Kompetenz, Durchsetzungsfähigkeit, Liebes- und Arbeitsfähigkeit (ebd., 2007, S. 43). Im Kern verweist der Zusammenhang zur Leistungsfähigkeit auf ein funktionalistisches Verständnis als soziale Rollenerfüllung, wie Parsons es entwickelte (Parsons, 2005). Die Leistungsfähigkeit besteht darin, die gesellschaftlichen Funktionen, die sich in den verschiedenen Rollenbildern zeigen, wie die des Arbeitnehmers, des Sohns oder des Fußballers, auszufüllen.

Die Wertigkeit, die in gesellschaftlichen Diskursen über Gesundheit als Leistungsfähigkeit mitschwingt, ist schwierig zu fassen. Problematisch wird ein Gesundheitsverständnis, das auf Leistungsfähigkeit zielt, wenn es kollektive Zielvorstellungen gibt, an denen Leistungen gemessen werden, ohne sie bezogen auf das Subjekt (und seine Möglichkeiten) zu relativieren. Die Leistungsfähigkeit eines einzelnen Menschen wird in einem solchen Verständnis nach dem jeweiligen Anteil an einer kollektiven Leistung bewertet. Und diese Bewertung verleitet u.U. dazu, sie auf den gesamten Menschen auszudehnen. Menschen, die aufgrund von Behinderungen oder auch anderen Einschränkungen (chronischen Erkrankungen) dem kollektiven Maß an Leistungsfähigkeit nicht gerecht werden, können so schnell eine Abwertung erfahren. Daher

---

[4] Als Bedingungen und konstituierende Momente von Gesundheit werden in der Ottawa Charta Frieden, angemessene Wohnbedingungen, Bildung, Ernährung, ein stabiles Öko-System, eine sorgfältige Verwendung vorhandener Naturressourcen, soziale Gerechtigkeit und Chancengleichheit benannt.

kann und darf eine Bewertung von Leistungsfähigkeit immer nur relativ an den subjektiven Leistungsmöglichkeiten gemessen werden. Die Zielsetzungen, die Leistungen immer beinhalten und an deren Erreichung Leistungen bewertet werden, müssen ebenso den Möglichkeiten und Potentialen des Einzelnen entsprechen, folglich kongruent entwickelt werden. Eine einfache Gleichsetzung von Gesundheit mit Leistungsfähigkeit berücksichtigt nicht die enthaltene relative Anstrengung des Subjekts und ist abzulehnen.

Im besonderen Fall der fußballerischen Leistungen ist die einfache Gleichsetzung von Gesundheit und Leistungsfähigkeit ohne relativierende Subjektivierung noch problematischer. Denn in den Leistungszentren der Talentförderung existieren kollektive Zielvorstellungen von Leistungsfähigkeit, die sich an der Bundesliga orientieren (Harttgen & Milles, 2004). Aber auch hier gilt es, die relative Leistungsfähigkeit und das Wohlergehen des Talents in die Bewertung einfließen zu lassen und im Entwicklungsprozess zu berücksichtigen. Nicht für jeden, der sich in die Talentförderung begibt oder erwählt wird, ist und kann die Bundesliga der Maßstab für die eigene Entwicklung sein. Aus gesundheitlicher Sicht ist vielmehr die kohärente Entwicklung entscheidend, die von den eigenen Fähigkeiten und deren Entwicklungspotential, den jeweiligen Entwicklungsbedingungen und den entsprechenden realistischen Zielsetzungen abhängig ist. Gesundheitsförderung in diesem umfassenden Sinn muss also den langen und langwierigen Weg einschließen, auf dem die menschlichen Fähigkeiten in der Auseinandersetzung mit der Umwelt entwickelt werden.

„Gesundheitsförderung unterstützt die Entwicklung von Persönlichkeit und sozialen Fähigkeiten durch Information, gesundheitsbezogene Bildung sowie die Verbesserung sozialer Kompetenzen und lebenspraktischer Fertigkeiten. Sie will dadurch den Menschen helfen, mehr Einfluss auf ihre eigene Gesundheit und ihre Lebenswelt auszuüben, und will ihnen zugleich ermöglichen, Veränderungen in ihrem Lebensalltag zu treffen, die ihrer Gesundheit zu gute kommen." (WHO, 1986, S.4).

Zwangsläufig geraten so biographische Aspekte leistungssportlicher Karrieren in den Fokus des Interesses. Die anfängliche gesundheitliche Bewertung des Leistungsfußballs wird durch die differenzierte Einbeziehung langfristiger Entwicklungsprozesse und, von psychosozialen Aspekten von Gesundheit und Leistungsfähigkeit komplexer. Die breite Berücksichtigung gelang im deutschsprachigem Raum zunächst Richartz & Brettschneider (Richartz & Brettschneider, 1996) und Conzelmann (Conzelmann, 2001), die biographische und somit entwicklungspsychologische Betrachtungen von Leistungssportkarrieren vornahmen (vgl. Amesberger, 2003).

Doch worauf ist zu schauen, wenn unter gesundheitlichen Aspekten die langfristige Entwicklung von Ressourcen und Fähigkeiten im Leistungsfußball betrachtet wird? Meyer-Abich (Meyer-Abich, 2010) führt breit aus, dass eine der wichtigsten Bedingungen von gesunder Entwicklung die Sinnhaftigkeit des eigenen Lebens, dementsprechend die Sinnhaftigkeit des eigenen Handelns in seiner Umwelt ist. Da der Habitus in den Körper des Menschen eingegangen und zur Identität des Menschen geworden ist, haben die Menschen die (unbewusste) Neigung, diese Identität zu wahren. Wir wollen demnach unsere vertraute Welt immer wieder bestätigt sehen und haben kein Interesse an der Zerstörung dieses Vertrauens in die Sinnhaftigkeit der Alltagswelt (Joas & Knöbl, 2011, S. 547f.). Sinnhaftigkeit ist auch die übergeordnete Dimension des Kohärenzsinns in Antonovskys Konzept der Salutogenese, auf den sich der Ansatz der Gesundheitsförderung bezieht.

2.3.1. Der „sense of coherence" im Modell der Salutogenese

Der sense of coherence, zumeist als Kohärenzsinn übersetzt, ist das Kernkonstrukt der Salutogense, die als Modell zur Entstehung von Gesundheit einen Gegenentwurf zur Pathogenese - der Entstehung von Krankheit - darstellt. Antonovsky (1997) konzipierte das Modell in der Tradition von Stresstheorien, insbesondere in der Auseinandersetzung mit dem Transaktionalen Stressmodell von Lazarus. Der Kohärenzsinn fungiert in dem Modell als moderierende Variable hinsichtlich der Entstehung und Erhaltung von Gesundheit. Menschen mit ähnlichen objektiv verfügbaren Ressourcen, gehen abhängig von ihrem Kohärenzsinn unterschiedlich effektiv mit Anforderungen (Stressoren genannt) um. Das zugrunde liegende Gesundheitsverständnis entspricht einem Kontinuum, auf dem sich der Mensch, je nach Situation, unterschiedlich stark in Richtung Gesundheit oder Krankheit bewegt. Dabei wirken Stressoren eher in Richtung Krankheit und Widerstandsressourcen in Richtung Gesundheit. Der „sense of coherence" ist keine genetische Ausstattung, also nicht entweder vorhanden oder nicht, sondern er muss in eigenen Erfahrungen und eigenem Handeln ein Leben lang aufgebaut und erlernt werden vgl. (Schnabel, 2007, S.81ff.).

Der Kohärenzsinn enthält drei Dimensionen, die in ähnlicher Weise bereits oben im Zusammenhang mit der Darstellung der Auffassung Meyer-Abichs angesprochen wurden. Die erste Dimension ist die Verstehbarkeit. Dem Menschen müssen sich die Handlungen seiner Mitmenschen und Ereignisse in seiner Lebenswelt erschließen, was zunächst eine differenzierte Wahrnehmung erfordert. Die zweite Dimension bezieht sich auf die Wirksamkeit eigener Handlungen, verbunden mit einem Moment der Kontrolle. Antonovsky bezeichnet sie als Handhabbarkeit und bezieht sich darauf, dass Aufgaben, Anforderungen, Probleme als lösbar und erfolgreich durch eigene Anteile zu bearbeiten sind. Die übergeordnete dritte Dimension nimmt Bezug auf die herausgestellte Sinnhaftigkeit. Es geht darum, inwieweit das Individuum sein eigenes Leben und sein Handeln als sinnvoll erlebt (Antonovsky & Franke, 1997). .

Kritik wird an der Salutgenese vor allem dahingehend geübt, dass zum einen der Kohärenzsinn mit standardisierten Instrumenten schlecht zu operationalisieren ist und die Testgüte solcher Instrumente (SOC) dementsprechend nicht das erforderliche Maß erreicht. Zum anderen gibt es starke Überschneidungen zu anderen psychosozialen Konstrukten, wie dem der Kontrollüberzeugung und der Selbstwirksamkeit. Die Stärke der Salutogenese wiederum liegt darin, den Kohärenzsinn als analytischen Zugang für die Analyse von Handlungen zu verwenden. Das Konzept der Kohärenz eignet sich, um die Bewältigungshandlungen der Spieler und deren Auseinandersetzungen mit den allgemeinen und gegebenen Anforderungen in der Lebenswelt der Talentförderung zu analysieren und zu interpretieren. Dazu muss der Kohärenzsinn jedoch auf wirksame Vorgänge von Alltagspraktiken heruntergebrochen werden.

2.3.2. Kohärenz durch und in fußballerischen Alltagspraktiken – Die Weiterentwicklung des Kohärenzsinns bei Keupp

Eine verknüpfende Interpretation lässt sich bei Heiner Keupp finden. Keupp und Kollegen verwenden den Begriff der Kohärenz in einem prozessualen Sinne, in dem alltägliche Identitätsarbeit als Ziel und als Bedingung die Schaffung von Kohärenz hat (Keupp, 2008). Mit dem Kohärenzkonstrukt kann der Prozess der Identitätsarbeit beobachtet und bewertet werden. Zugleich ist eine innere Dimension der Synthesearbeit angesprochen, mit der das Gefühl von Sinnhaftigkeit und Authentizität entwickelt und stabilisiert werden kann. Damit ist auch die äußere Dimension der Passungsarbeit gemeint, welche auf Integration und Anerkennung und auf die Aufrechterhaltung der Handlungsfähigkeit hinausläuft. Der innere Bezug der Kohärenz kann nicht ohne die äußere Dimension gedacht werden. Wenn alltägliche situative Selbsterfahrungen widersprüchlich sind, wenn die Trainingsleistungen nicht zu dem löblich heroischen Zeitungsbericht zum Spiel passen, dann müssen diese wieder in einer Metaebene stimmig werden, was jedoch nicht automatisch sinnvoll funktioniert, sondern wiederum durch alltägliche Handlungen in sozialer Umwelt erzeugt und erarbeitet werden muss.

Wenn wir das Handeln unserer Mitmenschen nicht einordnen können und ihnen keinen Sinn zuschreiben bzw. kein Verständnis dafür aufbringen können, was wir jedoch unentwegt versuchen, dann führt dies zur Irritation. Das Handeln anderer und unser eigenes Handeln, das durch Interaktion und Perspektivübernahme geprägt ist, müssen für uns verstehbar und sinnhaft sein. Nur dann sind wir in der Lage, in unserem Alltag erfolgreich zu agieren.

Wenn die Kohärenz in alltäglicher Identitätsarbeit hergestellt werden muss, gilt es, zentral gängige Handlungsmodelle zu betrachten, mittels derer die wesentliche sportliche Handlung gefasst werden kann. Denn der Kern der Talentförderung ist die sportliche Praxis in Training und Wettkampf.

Kapitel 2 Statuspassagen des Fußballtalents in salutogenetischer Perspektive

Exkurs: Gängige Handlungsmodelle zum Verständnis sportlicher Praxis

Allmer stellte schon 1985 fest, dass es sich bei den psychologisch diskutierten handlungstheoretischen Ansätzen um heterogene, geringfügig übertragbare und empirisch überprüfbare Konzepte handelt. Trotzdem geht er von einem Nutzen für entwicklungspsychologische Theoriebildung aus (Allmer, 1985, S.182). Grundsätzlich kann zwischen einem weiten und einem engen Handlungsverständnis unterschieden werden. Im engen Sinne gelten nach Thomas (1995) Handlungen als eine nahzielgerichtete Aktivität, deren Motive, Ziele und Folgen dem Menschen voll bewusst sind. Weiter gefasste Begriffsdefinitionen gehen auch von ziel- und erwartungsgesteuertem Verhalten aus, wobei aber nicht jeder Handlungsbereich bewusstseinsfähig bzw. bewusstseinspflichtig ist.

Die gängigen Handlungstheorien der Sportpsychologie legen enge Handlungsverständnisse zu Grunde. Die kritische Auseinandersetzung, die darauf erfolgt, bezieht sich weniger auf die detaillierten Unterschiede in den Handlungsstrukturen und Handlungsabläufen, sondern auf die enthaltenen Prämissen, daher kann auf eine vertiefende Beschreibung verzichtet werden.

Abbildung 4 Schemata des hierarchischen Aufbaus der Tätigkeit (Hacker, 1973, S. 70)

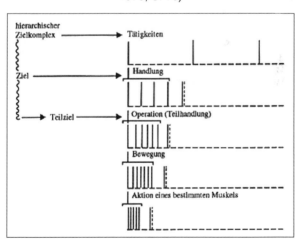

Entscheidend für die Handlungsverständnisse ist die Frage, wann eine Handlung beginnt und aufhört bzw. wann sie vollständig vollzogen ist und wie eine Handlung von einer anderen abgegrenzt und unterschieden werden kann. Nitsch geht von der interaktionalen Integration von Handlungen aus (Nitsch, 2004), in der jede Handlung unmittelbar mit der vorrangegangenen und nachfolgenden verknüpft ist, sie jedoch voneinander scharf abzugrenzen sind. Der im Fußballspiel häufig zu hörenden Apell „Ballan- und mitnahme müssen eine Bewegung sein" verweist darauf, dass zumindest eine Bewegung mehreren Teilhandlungen zugeordnet werden kann. Damit lässt sich die sichtbare Bewegung, die zur Ballannahme und -mitnahme führt, nicht mehr eindeutig trennen. Die Schwierigkeit eindeutiger Zuordnung von Bewegungsabläufen zu Teilhandlungen zeigt, dass eine präzise Trennung zwischen einzelnen aufeinanderfolgenden vollständigen Handlungen womöglich mehr theoretische Konstruktion als empirische Wirklichkeit ist. Zunehmende Virtualität und Digitalisierung begünstigen zudem die gleichzeitige Durchführung mehrer Handlungen (Multitasking). Vor diesen Überlegungen wird hier von einem dynamischen Prozess von Handlungen ausgegangen, deren Auswirkungen und Vorprozesse in anderen Handlungen wirken und somit so komplex verflochten sind, dass sich keine klare Trennungslinie zwischen einzelnen Handlungen identifizieren lässt.

„Handlungen – das ist die Kernidee der modernen Handlungstheorie – sind Verhaltensweisen, die sich unter propositional gehaltvollen Absichten (Intentionen) beschreiben lassen" (Detel, 2007, S.15). Erst durch das „Willentliche" könne Handlung von anderen menschlichen Verhaltensweisen abgegrenzt werden. Dies hängt mit der menschlichen Fähigkeit zusammen, Zielprojektionen für sich selbst zu entwickeln und deren Verwirklichung durch eigenes Agieren in sozialer Umwelt anzustreben. Voraussetzung dafür ist in kognivistischen Handlungstheorien, dass sich das handelnde Subjekt seinen Zielen bewusst ist und eigenes Verhalten reflektieren kann.

Im deutschsprachigen Raum werden vor allem zwei Handlungskonzeptionen diskutiert. Erstens das „Rubikonmodell der Handlungsphasen" von Heckhausen und Gollwitzer (Heckhausen & Gollwitzer, 1987), welches zu den motivations- und volitionspsychologischen Theorien gehört. Es unterscheidet die vier Handlungsphasen des Abwägens, Planens, Handelns und Bewertens. Die Genese von Handlungen und Zusammenhänge der verschiedenen Handlungsphasen sind Gegenstand dieser Theorie. Der Prozess von dem Entstehen relativ unspezifischer Wünsche über die konkrete Zielauswahl, die konsequente Zielverfolgung bis zur schlussendlichen Zielerreichung wird unter kognitiven Aspekten des Planens und Zielens als bewusste Vorgänge menschlichen Verhaltens untersucht. Dabei werden Motivation und Volition in diesen Handlungsphasen miteinander verknüpft und Bezüge hergestellt. Die Willentlichkeit und Wissentlichkeit (Intentionalitätspostulat) sind, ebenso wie bei dem triadischen Handlungsmodell (Nitsch, 2004), Prämissen und somit von konstituierender Funktion für den Gegenstand der Handlung (Höner, 2005).

Das triadische Handlungsphasenmodell von Nitsch (Nitsch, 2004) ist das zweite Modell. Es kann wie der „Handlungstheoretische Bezugsrahmen" Parsons, der in der Sozialtheorie als Ausgangspunkt moderner Handlungstheorie gilt (Joas & Knöbl, 2011), als strukturalistisches Handlungsmodell eingeordnet werden. Die Grundannahmen des triadischen Handlungsphasenmodells beinhalten neben dem beschriebenen Intentionalitätspostulat, einerseits das funktionale Primat der Handlung, das besagt, dass alle psychischen Vorgänge eine handlungsregulierende Funktion besitzen, und andererseits das genetische Primat der Handlung, das besagt, dass sich Psychisches erst „im und aus dem Handeln" entwickelt (Nitsch, 2004, S.26). Zudem geht Nitsch davon aus, dass Handeln Ausdruck der Person als individuell strukturierte Ganzheit ist (Systempostulat) und Handeln durch eine Zeitperspektive immer mit vorrangegangenen und nachfolgenden Handlungen verknüpft wird. Einzelne Handlungen können aber nur in aktuellen, subjektiven Situationen gefasst werden (Situationspostulat). „Die Situations-Handlungs-Kopplung wird somit durch eine mehrperspektivische Situationsdefinition vermittelt..., in der die drei Situationskomponenten (Person, Umwelt und Aufgabe) jeweils unter dem Doppelaspekt der Erforderlichkeit (Handlungsvalenz) und Möglichkeit eigenen Handelns (Handlungskompetenz) bewertet werden" (Nitsch, 2004, S.28).

Die Modelle von Nitsch & Heckhausen sehen aber keine weitere Annäherung oder konkrete Verbindung zu dem für Leistungssport zentralen Begriff der Entwicklung bzw. „Talententwicklung" vor. Gleichfalls spielt Persönlichkeits- und Identitätsentwicklung in diesen Handlungsmodellen keine größere Rolle. Persönliche Dispositionen werden im Rubikonmodell bspw. nur zur Erklärung und Auswahl von Motivationen herangezogen. Wie die eigentliche Handlung als soziale Auseinandersetzung mit der persönlichen Entwicklung des Individuums zusammenhängt, bleibt vage. Die relativ eng gefassten Handlungsmodelle von Nitsch und Heckhausen, sind auch nicht dazu konzipiert, die psychosoziale und sportliche Entwicklung durch Handlung zu erklären, sondern untersuchen die Genese, Struktur und enthaltenen psychischen (motivationale) Prozesse einzelner Handlungen. Rationales Handeln geht von einem übergeordneten Zweck, der unter Verwendung von zur Verfügung stehenden Mitteln erreicht werden soll, aus. Die Mittel, die zur Zielerreichung eingesetzt werden, werden bewusst ausgewählt und unter abwägenden effizienten Gesichtspunkten eingesetzt. Ein Hinweis darauf, dass menschliches Handeln nicht einzig auf Grundlage kognitiver, also bewusst rationaler Denkprozesse verläuft, sind neurowissenschaftliche Untersuchungen, die gezeigt haben, dass Handlungen unbewusst im Gehirn vorbereitet werden, bevor Entscheidungen bewusst getroffen werden (vgl. Soon, Brass, Heinze, & Haynes, 2008).

„Das Handeln – so Bourdieu – folgt zumeist einer praktischen Logik, die oft von Routineanforderungen geprägt ist und die deshalb die von den Rational-Choice-Theoretikern geforderte Reflexionsfähigkeit gar nicht erst braucht. In unseren Körper prägen sich, bedingt durch die Sozialisation, frühere Erfahrungen usw., bestimmte Handlungsdispositionen ein, die zumeist ohne Bewusstsein abgerufen werden können und dann die Form des Handelns vorbestimmen." (Joas & Knöbl, 2011, S. 533).

Dass es diese Prozesse gibt, erkennt auch Nitsch an, in dem er in die Handlungsregulierung das automatische System miteinbezieht, er geht jedoch zugleich davon aus, dass Verhaltensweisen, die ohne kognitive Prozesse ablaufen, keine Handlungen sind (Nitsch, 2004).

„Der Begriff der automatisierten Handeln [unterstellt jedoch] bewusste Kognitionen, die in einer vorausgegangenen Lernepisode für die Handlungssteuerung erforderlich waren und auf die nunmehr verzichtet werden kann. Die Automatisierung der Handlung erfolgt dabei durch ein Überlernen – und zwar in einer dynamischen Veränderung aus einer zuvor bewusst kontrollierten Steuerung..." (Kibele, 2006, S.10f.)

Es bleibt festzuhalten, dass für sportliche und personale Entwicklung relevante Sozialisations- und Lernprozesse in engen Handlungsverständnissen nur defizitär gefasst werden können.

Die Selbstbestimmungstheorie von Deci & Ryan (siehe Kapitel 2.3.2) zählt zwar ebenfalls zu den relativ eng gefassten Handlungsmodellen, eine tiefere Auseinandersetzung ist allerdings lohnenswert, da zumindest für bestimmte motivationale Faktoren Vorgänge der Selbstentwicklung erklärt werden.

2.3.3. Integrations- und Internalisierungsprozesse des Fußballers am Beispiel der Selbstbestimmungstheorie

Neben den beiden im Exkurs skizzierten Handlungsmodellen findet die Selbstbestimmungstheorie der Motivation von Deci & Ryan (1993) international (mittlerweile auch national) immer mehr Beachtung. Die Selbstbestimmungstheorie (1993; 1985) zählt, wie die Rubikonmodell der Handlungsphasen von Heckhausen, zu den motivationalen Handlungstheorien und findet ihren Ausgangspunkt ebenfalls im Konzept der Intentionalität. Es geht demnach um ein bewusstes, auf einen bestimmten Zweck zielendes menschliches Verhalten, welches auf die menschliche Fähigkeit zurückgeht Zielprojektionen zu entwickeln. Die Selbstbestimmungstheorie ist durch die Zentralität des Selbst und die organismischen und dialektischen Grundannehmen anschlussfähig an das Konzept der Entwicklungsaufgaben. Zudem gibt es eine Vielzahl sportbezogener Forschungsarbeiten aus den letzten Jahren, die sich auf die Selbstbestimmungstheorien beziehen (Bortoli et al., 2011; Conroy et al., 2006; Curran et al., 2012; DeFreese & Smith, 2013; Gucciardi, 2010; Hodge et al., 2008). Als organismisch kann die Theorie deshalb bezeichnet werden, weil eine „fundamentale Tendenz zur stetigen Integration der menschlichen Entwicklung postuliert wird" (Deci & Ryan, 1993, S.223). In der permanenten Interaktion zwischen Integrationsprozess und sozialer Umwelt können in dialektischer Logik die Beziehungen neue Qualitäten erhalten.

In der Theorie der Selbstbestimmung geht es um die motivationalen Prozesse im Zusammenhang mit Selbstbestimmung und ihre Bedeutung für die Entwicklung des Selbst. Sie erklärt entsprechend, inwieweit Handlungen und somit auch Handlungsziele als von außen auferlegt bzw. intern als frei gewählt erlebt werden. Dabei stellen extrinsische und intrinsische Motivation keine grundsätzlichen Gegensätze dar, sondern unterscheiden sich in ihrem Grad der Selbstbestimmung. So können durch Internalisierungsprozesse extrinsisch motivierte Verhaltensweisen in eigene selbstbestimmte Handlungen überführt werden. Deci & Ryan sind der Auffassung, dass...

„...*der Mensch die natürliche Tendenz hat, Regulationsmechanismen der sozialen Umwelt zu internalisieren, um sich mit anderen Personen verbunden zu fühlen und Mitglied der sozialen Umwelt zu werden. Durch die Integration dieser sozial vermittelten Verhaltensweisen in das individuelle Selbst, schafft die Person zugleich die Möglichkeit das eigene Handeln als selbstbestimmt zu erfahren. Im Bemühen, sich mit anderen Personen verbunden zu fühlen und gleichzeitig die eigenen Handlungen autonom zu bestimmen, übernimmt und integriert die Person Ziele und Verhaltensnormen in das eigene Selbstkonzept. Vorrausetzungen dafür sind Angebote und Anforderungen in einem akzeptierten sozialen Milieu, das die entsprechenden Verhaltenstendenzen verstärkt*" (Deci & Ryan, 1993, S.227).

Ein Beispiel für eine Form der extrinsischen Motivation, die mit einem hohen Selbstbestimmungsgrad einhergeht, ist die integrierte Regulation. Darin enthalten sind Ziele Normen und Handlungsstrategien, mit denen sich das Subjekt identifizieren kann „und die es in das kohärente Selbstkonzept integriert hat" (Deci & Ryan, 1993, S.228).

Ein gesundheitswissenschaftlicher Nutzen der Selbstbestimmungstheorie liegt darin, dass in Bezug zur psychosozialen Gesundheit interessante Befunde vorliegen. So konnte gezeigt werden, dass Menschen, die eher selbstbestimmt motiviert sind, im Gegensatz zu anderen, deren Motivation eher extern kontrolliert ist, mehr Interessen haben, selbstbewusster und kreativer sind, sich vitaler fühlen und ein generell höheres Wohlbefinden äußern (Ryan & Deci, 2000).

Allgemein haben die Forschungen von Deci & Ryan veranschaulicht, dass „die Prozesse der Internalisierung und Integration gefördert werden, wenn signifikante Erwachsene das Autonomiebestreben der Heranwachsenden unterstützen und ihre innere Beteiligung zum Ausdruck bringen" (Deci & Ryan, 1993, S.232). In Bezug auf die Gesundheit der Sportler konnte die positive Wirkung von Selbstbestimmung auf das allgemeine Wohlbefinden und die vermittelnde Wirkung auf Burnout gezeigt werden (Curran et al., 2012). Die positiven Befunde für das Wohlbefinden konnten auch allgemein bestätigt werden (Ryan & Deci, 2000).

Auf den Fußball und die Talententwicklung bezogen erscheint der Grad der erlebten Selbstbestimmung für die langfristige Verfolgung der sportlichen Karriere, die ein enormes Leistungspensum von den Spielern verlangt, eine zentrale Rolle zu spielen. Wenn die jungen Spieler nur das Gefühl haben in ihren fußballerischen Handlungen den Wunschvorstellungen der Eltern oder

der Trainer zu entsprechen, ist anzunehmen, dass konstante und langfristige sportliche Leistungen, die eine Bewältigung der einhergehenden hohen Anforderungen verlangen, nicht möglich bzw. auch vom Talent selbst nicht gewollt sind.

2.4. Zusammenfassung

Das Statuspassagenkonzept eignet sich, um Biographien und Lebensläufe zu erfassen. Es kann auf Übergänge in sportlichen Karrieren, aufgrund der starken Institutionalisierungstendenzen übertragen werden. Die sportliche Karriere fällt in ihrer wesentlichen Entwicklungsphase mit der prägenden psychosozialen Entwicklung im Lebensabschnitt Jugend zusammen. In der Jugendphase durchläuft der Spieler verschiedene Statuspassagen, in denen sich gesellschaftliche Anforderungen mit eigenen Bewältigungsfähigkeiten verbinden und beobachten lassen. Mit Havighurst u.a.(Havighurst, 1979) wird angenommen, dass die Leistungsfußballer neben den selbstgesetzten Aufgaben allgemeine Entwicklungsaufgaben zu bewältigen haben. Zusätzlich wird mit Fend (2000) angenommen, dass deren Bearbeitung in dem jeweiligen sozialen Umfeld, allgemein in Form von Sozialisation, stattfindet. In Anlehnung an Antonovskys Konzept der Salutogenese wird davon ausgegangen (Antonovsky & Franke, 1997), dass für eine gesunde Entwicklung die Ausprägung eines generellen Kohärenzgefühls, welches die Dimensionen Verstehbarkeit, Handhabbarkeit und Sinnhaftigkeit vereint, wesentlich ist. Die Salutogenese erlaubt eine positive Bestimmung von Gesundheit, die durch Empowermentprozesse gefördert werden kann. In Keupps Weiterentwicklung und Übertragung des Kohärenzbegriffs auf die enthaltenen Schwierigkeiten in heutigen gesellschaftlichen Strukturen wird davon ausgegangen, dass Kohärenz in alltäglicher Identitätsarbeit immer wieder hergestellt werden muss (Keupp, 2008). Durch innere Syntheseprozesse der verschiedenen Selbsterfahrungen und äußere Passungsprozesse der sozialen Rollen wird durch narrative Vorgänge Kohärenz erzeugt. Der praktische Alltag ist für die jugendlichen Nachwuchssportler durch fußballerische Handlungen und die Anpassung und Vorbereitung darauf geprägt. Die Selbstbestimmungstheorie ermöglicht einen Zugriff auf Vorgänge der Internalisierung und Integration im motivationalen Bereich (Deci & Ryan, 1993). Die Einbeziehung der Selbstbestimmung als treibende Kraft (Motivation) leistungsfußballerischer Handlung und den einhergehenden hohen Anforderungen verbindet sportliche Praxis mit gesundheitlicher Relevanz.

3. Talententwicklung in sportlichen/fußballerischen Statuspassagen – Stand der Forschung

Die Auswahl der Nachwuchsfußballer, deren Förderung und schließlich die sportlichen Karrieren sind nicht nach Faktoren kausal zu erklären. Sie sind abhängig von den Leistungsvorrausetzungen und Entwicklungspotentialen des Spielers selbst, den materiellen Bedingung der Förderung, seinem sozialen Umfeld, den Entscheidungen und vor allem den Handlungen der sportlichen Akteure in der praktischen Talentförderung. In der Sportwissenschaft und in der Praxis existieren unterschiedliche Vorstellungen von dem, was ein sportliches Talent auszeichnet. Dies bestimmt, worauf bei der Auswahl und Förderung geachtet wird. Talentdiagnose und Talentförderung kann als Wechselspiel verstanden werden, das in der gegenseitigen Abhängigkeit die sportliche Karriere des Talents maßgeblich steuert und beeinflusst. So finden zu jedem Zeitpunkt der Karriere Sichtungs-, Auswahl- und Prognoseverfahren statt, die zur Selektion der Spieler und einer spezifischen Talentförderung (passend zur jeweiligen Phase der sportlichen Karriere) dienen.

Abbildung 5 Initiative, juvenile und finale sportliche Leistung als Stationen der Talentdiagnose aus (Hohmann, 2009, S.17)

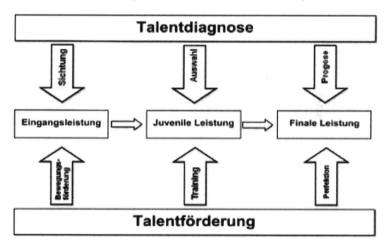

Nicht alle Konzeptionen der Talentförderung berücksichtigen die verschiedenen Einflussgrößen der Leistung gleichermaßen. Grundsätzlich wird differenziert zwischen engem und weitem, dynamischem und starrem Talentverständnissen (Hohmann, 2009). Enge Talentverständnisse zielen einzig auf die sichtbaren Leistungsresultate, hingegen schließen weite Definitionen konstituierende Aspekte wie soziale, psychische und physische Dispositionen und Umweltbedingungen mit ein. Die dynamische Sichtweise des Talents berücksichtigt insbesondere den Aspekt der Leistungsentwicklung, wohingegen statische Konzepte nur einen bestimmten Zeitraum betrachten. Ein weites, dynamisches Talentverständnis, das sowohl die Entwicklungsfähigkeit als auch die Bedeutung sozialer Einflussfaktoren berücksichtigt, entspricht den Ausführungen zu einem handlungstheoretischen Verständnis von psychosozialer Entwicklung (siehe Kapitel 2.1.) und ist damit anschlussfähig und weiterhin für die Arbeit konstituierend.

Abbildung 6 Übersicht der Talentbegriffe (Hohmann, 2009, S.10)

	ENG	WEIT
STATISCH	• Person mit auf einen bestimmten Entwicklungsabschnitt bezogenen überdurchschnittlichen *Leistungsresultaten* (vgl. M. Letzelter, 1981)	• Person mit körperlichen, motorischen und psychischen *Dispositionen*, die bei günstigen *Umweltbedingungen* spätere Höchstleistungen gestatten (vgl. Gabler, 1990) • mit der *Bereitschaft*, solche Leistungen auch zu vollbringen (vgl. Carl, 1988) • mit den für Höchstleistungen notwendigen sozialen und materiellen *Umweltbedingungen* (vgl. Carl, 1988)
DYNAMISCH	• Person mit auf den Entwicklungsverlauf bezogenen überdurchschnittlichen *Leistungszuwachsraten* (vgl. Siris, 1974; M. Letzelter, 1981; Bulgakova, 1978; Kupper, 1993)	• Person mit *entwicklungsfähigen Leistungsresultaten* aufgrund eines pädagogisch begleiteten und trainingsgesteuerten *Veränderungsprozesses* in Richtung späterer hoher Leistungen (vgl. Joch, 1997)

In der bisher vorherrschenden Praxis der Talentförderung scheint die aktuelle Leistung des Juniorenspielers das dominante Kriterium der Talentauswahl zu sein. Allerdings führen überdurchschnittliche Leistungen im Jugendalter nicht zwangsläufig zu überdurchschnittlichen finalen Leistungen in der Karriere (vgl. Krause, 2013, S.29).

„Die geringere Relevanz der juvenilen Wettkampfleistung lässt sich durch die Unwissenheit über bereits realisiertes Training, genetisches Potenzial oder auch den individuellen biologischen Entwicklungsstand erklären. Diese Einschränkung trifft vor allem auf komplex determinierte Sportarten zu" (Krause, 2013, S.56).

Ein Hinweis darauf, dass in den Leistungszentren und Nationalmannschaften die Talentauswahl und deren Förderung auf einem engeren Talentverständnis beruht, ist der Relativ-Age-Effekt (RAE). Der RAE besagt, dass Spieler, deren Geburtstag näher am Stichtag der jeweiligen Alterskohorte liegt und die somit zu den im Vergleich älteren Spielern eines Jahrgangs gehören, überdurchschnittlich häufig in Leistungszentren und Nationalmannschaften vertreten sind. Die älteren Spieler sind in ihrer psycho-physischen Entwicklung zumeist weiter fortgeschritten als diejenigen, die zu späteren Zeitpunkten eines Jahrgangs geboren sind. Sie sind dementsprechend in ihren aktuellen Leistungen den Spätgeborenen überlegen. Tatsächlich sind sowohl in den Juniorennationalmannschaften als auch in den Leistungszentren diese Spieler überproportional vertreten (Schott, 2010).

Abbildung 7 RAE in der fußballerischen Talentförderung aus (Schott, 2010, S.13)

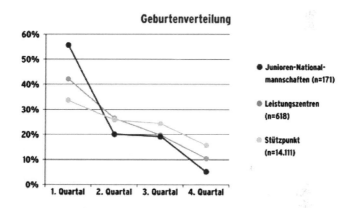

Selektionsprozesse, die ausschließlich auf den aktuellen Entwicklungsstand und die derzeit erbrachte Leistung begründet sind, führen dazu, dass Spätentwickler, die vielleicht vergleichsweise über ein größeres Entwicklungspotential verfügen als ihre frühreifen Pendants, nicht ausgewählt werden und dementsprechend weiterhin keine gleichwertige Förderung erfahren. Das Leistungs- und Entwicklungspotential wird demnach, gemessen an den prinzipiell zur Verfügung stehenden Ressourcen, nicht erschöpfend gefördert. Wie die Förderung ausgestaltet wird, ist maßgeblich von den Regularien der Verbände abhängig. Zusammen mit den Konzeptionen der Vereine bilden sie die Rahmenbedingung der Talentförderung.

3.1. Die fußballerische Karriere und ihre zentralen Übergänge

Die sportliche Karriere ist ein Teil der Sportlerbiographie und kann in vier Karrierephasen eingeteilt werden: den Beginn, die Entwicklung, die Meisterschaft und die Nachkarriere (Wylleman, Alfermann, & Lavallee, 2004). Diese sind nicht unmittelbar an ein bestimmtes Alter gebunden und die Alterspannen variieren von Sportart zu Sportart. Die Karrierephasen in der fußballerischen Talentförderung werden national durch die strukturgebenden Organe, dem DFB und der DFL feingliedriger als im Konzept von Wylleman & Lavallee gefasst. Grundsätzlich unterscheidet der DFB in der Jugendordnung zwischen Junioren- und Herrenmannschaften. Die Juniorenmannschaften beginnen mit den G- Junioren (U7) und enden mit den A-Junioren (U18/U19). Danach beginnen die Herrenmannschaften (DFB, 2014c).

Eine weitere Differenzierung in drei Phasen wird im DFB-Talentförderprogramm vorgenommen. Im Bereich der Basisförderung im Kindesalter, U11 und jünger, werden die Spieler an den Fußball herangeführt, wobei der Fokus hier auf spielerischen Elementen liegt. Anschließend beginnt das systematische Talentförderungsprogramm des DFB, welches mit der Sichtung und Förderung in den Stützpunkten ab der U12 bis zur U14 beginnt und den Bereich des Grundlagentrainings umfasst. Mit den Institutionen der Leistungszentren, Eliteschulen, Landesauswahlmannschaften und Junioren Nationalmannschaften wird die Spezialisierung fortgeführt (Schott, 2010).

In den Leistungszentren wird auf Grundlage des Anhangs V der DFL „Richtlinien für die Errichtung und Unterhaltung von Leistungszentren der Teilnehmer der Lizenzligen" weiterhin unterschieden zwischen dem Aufbaubereich von der U12 an bis zur U15, in dem die fußballspezifischen Grundlagen gelegt werden, und dem Leistungsbereich ab der U16, in dem spezifische fußballerische Kompetenzen erworben und die Spieler auf hohem Niveau an den Seniorenbereich herangeführt werden (DFL, 2014a). Die ersten Seniorenmannschaften U21/U23 werden noch zum Leistungsbereich gezählt. Auf den Leistungsbereich folgen in höchster Instanz die Lizenzmannschaften der Lizenzvereine (Profimannschaften der 1. und 2. Bundesliga). Da die Karrierewege der Spieler hauptsächlich durch die Leistungszentren im Deutschen Fußball geprägt sind, wird nachfolgende Phaseneinteilung übernommen:

- Bis einschließlich der U11: Grundlagenbereich
- Bis einschließlich der U15: Aufbaubereich
- Bis einschließlich der U19: Leistungsbereich
- Alle Mannschaften nach der U19: Seniorenbereich

Von großer sportspsychologischer Bedeutung sind die Übergänge der Karrierephasen, da sie oft als Krisen erlebt werden (Stoll et al., 2010, S.30). Wylleman & Lavallee (2004) sehen insgesamt vier Übergänge:

1. Übergang in den organisierten Sport.

2. Übergang zu intensivem Training/ Wettkampf

3. Übergang in den Spitzensport

4. Übergang heraus aus dem Wettkampfsport

Kapitel 3 Talententwicklung in sportlichen/fußballerischen Statuspassagen

Mit diesen Veränderungen in der sportlichen Karriere gestalten sich auch die Anforderungen an die Spieler um. So wird bspw. mit steigender Karrierephase die Trainingsintensität erhöht, die Anzahl der durchgeführten Spiele steigt und das Leistungsniveau in den Wettkämpfen erhöht sich. Zudem findet eine Spezialisierung auf nur eine Sportart statt (Stoll et al., 2010, S.178).

Übergänge im Sport lassen sich nach geplanten und nicht-geplanten unterscheiden. Bei der Betrachtung von geplanten sportlichen Übergangsverläufen reicht eine rein deskriptive Ebene nicht aus, denn die Übergänge innerhalb des Talentförderungssystems des DFB sind normativ behaftet. Die geplanten Übergänge sind an die sportliche Leistung, das Entwicklungspotential bzw. an das kalendarische Alter des Talents gekoppelt. Ungeplante Übergänge bspw. in den sportlichen Ruhestand kommen aufgrund von Verletzungen zustande. Dabei ist der Verlauf des Übergangs davon abhängig, wie ihn der Sportler wahrnimmt und einschätzt. Je mehr der Übergang vorbereitet und als kontrolliert erlebt wird, desto weniger Schwierigkeiten treten im Bewältigungsprozess auf (Sinclair & Orlick, 1994).

„The type of transitions experienced by the athlete has a definite influence on how he or she moves through the transition process" (Sinclair & Orlick, 1994, S.45).

Für die fußballerische Talentförderung lassen sich in Anlehnung an die identifizierten Übergange von Wylleman & Lavallee (2004) vier wesentliche Übergänge auf die Einteilung der DFL übertragen:

1. Übergang in den Grundlagenbereich

2. Übergang in den Aufbaubereich

3. Übergang in den Leistungsbereich

4. Übergang in den Seniorenbereich

In dem Übergang in den Seniorenfußball zeigt sich, in welche Richtung die nachfolgende sportliche Karriere verläuft. Zwar finden in den vorherigen Übergangsphasen ebenfalls Weichenstellungen statt, die Verlaufsmöglichkeiten in diesen Bereichen sind in der Relation zum Übergang in den Seniorenfußball begrenzt und bezüglich der Zieldimension Bundesliga noch recht fern. Zudem gibt es eine hohe Anzahl an Spielern, die gegen Ende des Juniorenbereichs noch zur nationalen Spitze gehören, es jedoch im Laufe des Übergangs in den Seniorenfußball nicht schaffen, sich langfristig in eine Lizenzmannschaft zu integrieren. Die impliziten Schwierigkeiten werden allgemein als „Übergangsproblematik" bezeichnet und diskutiert (Höner & Feichtinger, 2011).

Die Verläufe in der Passage zwischen Junioren- und Seniorenfußball sind höchst unterschiedlich. Die in der Einleitung skizzierten Entwicklungswege von Talenten wie Götze oder Draxler, die direkt aus der eigenen A-Jugendmannschaft den Sprung in die Lizenzmannschaft schaffen, sind die Ausnahmen. Hingegen geschieht es häufiger, dass Spieler sowohl zunächst in der eigenen Lizenzmannschaft und der zweiten Mannschaft eingesetzt werden, bevor sie sich endgültig in der Ersten Mannschaft etablieren können (bspw. Andreas Beck). Eine Vielzahl von Spielern wie Max Kruse oder Christoph Kramer, die den Juniorenbereich verlassen, werden zunächst ausschließlich in der Zweiten Mannschaft eingesetzt, bevor sie den Verein wechseln oder ausgeliehen werden. Der direkte Wechsel nach der Jugend zu einem anderen Verein und dessen Lizenzmannschaft ist ebenfalls ein möglicher Weg, wie der zur Zweiten Mannschaft eines anderen Lizenzvereins. Der Wechsel nach der A-Jugend ins Ausland ist, wie der Wechsel vom ausländischen Nachwuchsbereich in die Bundesliga eher ein seltener Übergangsverlauf, der Wechsel aus der A-Jugend eines Leistungszentrums zu einem Amateurverein der 3. bis 5. Liga hingegen ein wahrscheinlicheres Ereignis.

Neben diesen aufgezeigten Möglichkeiten existieren noch einige weitere sowie Kombinationen aus ihnen, die in den ersten zwei bis drei Jahren nach dem Eintritt in den Seniorenfußball in Erscheinung auftreten.

Eine spezifische Förderung, die direkt auf bestimmte Übergänge zielt, ist hinsichtlich des großen und undurchsichtigen Verlaufsspektrums schwierig. Die jeweilige Entwicklung hängt von den spezifischen Wirkungszusammenhängen in der Karriere des Spielers ab. Eine systematische Untersuchung dieser Zusammenhänge, die Licht in die dunklen Verästelungen der Karrierepfade bringt, ist daher dringend angebracht.

Eine hilfreiche erste Ordnung von komplexen Übergangsverläufen, liefern Sackmann und Wingens (Sackmann & Wingens, 2001). Sie fassen Statuspassagen von Erwerbsbiographien zunächst in vier verschiedene Sequenztypen. Dabei wird zwischen dem Zwischenstatus (A→B→A), dem Wechselstatus (A→B→C), dem Brückenstatus (A→AB→B) und dem Folgestatus (A→B→AB) unterschieden. Eine solche Typologie von Sequenzabfolgen innerhalb einer Statuspassage lässt sich nicht eins zu eins auf den Fußball übertragen. Sie liefert jedoch gute Hinweise darauf, wie die Übergangsverläufe in der Talentförderung zunächst grob gefasst werden können.

Der jeweilige Status, der innerhalb der verschiedenen Sequenzen eingenommen wird, ist eng durch die institutionalisierten Strukturen und Rahmenbedingungen der Verbände definiert. Daher müssen sie zunächst einer näheren Betrachtung unterzogen werden.

3.2. Institutionalisierte Strukturen – Rahmenbedingungen fußballerischer Karrieren

Nach dem frühen Ausscheiden der Nationalmannschaft in der Vorrunde der Europameisterschaft 2000 wurde die Talentförderung des DFB neu strukturiert und aufgestellt. Die Förderung besteht aus drei wesentlichen Bausteinen, der Förderung in den lokalen Amateurvereinen, der Förderung in den Leistungszentren und als verbindendes Element der Förderung im Verband (Landesauswahlen und DFB-Stützpunkte).

Die Vereine der 1. u. 2. Bundesliga wurden verpflichtet ein Leistungszentrum zu unterhalten. Mittlerweile gibt es ca. 50 Leistungszentren in Deutschland (Tendenz steigend), da über die aktuellen 36 Lizenzvereine hinaus Vereine der unteren Ligen mit Ambitionen auf höhere Spielklassen oder einer strategischen Ausrichtung auf Nachwuchsförderung Leistungszentren errichten. Für die erfolgreiche Lizensierung durch die DFL für die 1. (seit 2001) und 2. Liga (seit 2002) müssen die Vereine bestimmte Qualitätsanforderungen in ihren Nachwuchsleistungszentren erfüllen. Zwischen 2007 und 2008 wurden die Leistungszentren durch eine vom DFB beauftragte Agentur mit dem Ziel der Qualitätssicherung und -entwicklung erstmalig zusätzlich zertifiziert. Dazu werden auf Basis von Qualitätsmerkmalen in den Bereichen „Verwaltung und Strategie", „Organisation", „Unterstützung", „Basisprodukt Fußballausbildung", „Internes Marketing und Personalverwaltung", „Externe Verbindungen und Anwerbung", „Infrastruktur" sowie „Effektivität" Punkte vergeben. Die Bewertung führt zu einem Summenscore, der wiederum die Grundlage für die Vergabe von bis zu drei Sternen ist, mit denen die Leistungszentren ausgezeichnet werden (Krause, 2013).

Neben der Förderung in Leistungszentren findet eine flächendeckende Sichtung und Förderung über die ganze Republik ab der U11 bis zur U15 (vereinzelt auch U16 u.U17) in 366 DFB-Stützpunkten statt. Dort werden die besten Spieler des Kreises einmal die Woche in Trainingsgruppen von bis zu 12 Spielern durch entsprechend ausgebildetes Personal trainiert. Aus diesen Stützpunkten heraus gelangen die Jugendlichen in die Leistungszentren. Spieler, die sich zuvor schon in der Förderung eines Leistungszentrums befanden, erhalten keine zusätzliche Förderung in den Stützpunkten. In höheren Altersgruppen findet die Sichtung und zusätzliche Förderung der Verbände in den Landesauswahlmannschaften statt, wobei dort auch Spieler der Leistungszentren zum Einsatz kommen. Für eine bessere Vereinbarkeit von schulischen und sportlichen Qualifizierungsprozessen wurden Eliteschulen des Sports eingeführt, mit denen die Leistungszentren kooperieren. Der Nutzen solcher Einrichtungen ist allerdings nicht unumstritten (Prohl & Emrich, 2009).

Mit der Einführung der U19- und U17-Juniorenbundesligen wurde das Leistungsniveau im Wettbewerb erhöht. Die besten Spieler eines Jahrgangs in den Leistungszentren versammeln sich in den U-Nationalmannschaften, die sukzessive ausgebaut wurden. Mittlerweile finden Sichtungslehrgänge und internationale Vergleiche bis in den Altersbereich der U15 statt. Auf der Ebene der Leistungszentren findet äquivalent zur Champions League neuerdings die UEFA Youth League statt, in der die A-Juniorenteams in der Gruppenphase gegen den gleichen Verein wie ihre Lizenzmannschaft in der CL antreten.

Die Förderstrukturen beschränken sich vom Eintritt in den Seniorenbereich an auf die Leistungszentren und Juniorennationalmannschaften. Die Förderung in den Landesauswahlmannschaften der Landesverbände wird mit dem Verlassen der A-Jugend eingestellt.

Rosenthal bescheinigt aufgrund seiner Untersuchung der Zeiträume vor und nach der Einführung 2002 der DFB-Talentförderung eine hohe Wirksamkeit, gemessen an der Anzahl der Bundesligaspieler (1. u. 2. Bundesliga), die eine Förderung erhalten haben (Rosenthal, 2013). Die Untersuchung weist allerdings erhebliche methodische Mängel auf. Es ist nicht klar definiert, wer als gefördert gilt. Zudem lässt sich über die Wirksamkeit in der gewählten Form der Untersuchung relativ wenig aussagen, da die Chance, als Bundesligaspieler von der Förderung exponiert gewesen zu sein, im Zeitraum nach der Einführung des DFB-Talentförderungsprogramms, der Konzeption nach schon erheblich erhöht ist. Tatsächliche Wirksamkeitsaussagen zu machen ist bei diesem Forschungsgegenstand nicht zulässig, da experimentelle kontrollierte Studiendesigns nicht möglich sind. Die Untersuchung stellt lediglich fest, dass Bundesligaspieler nach der Einführung des Talentförderungsprogramms häufiger eine Förderung erhalten haben als vor der Einführung. Das ist bei einem solch flächendeckenden Programm nicht sonderlich verwunderlich.

Der Status des Spielers im Jugendbereich definiert sich zunächst über die vorgestellten Institutionen (Nationalspieler, Spieler im Leistungszentrum eines Bundesligavereins, Landesauswahlspieler, Stützpunktspieler). Er wird nochmals durch die Stellung innerhalb der zugehörigen Mannschaft (Stamm- und Ersatzspieler) differenziert. Im Übergang zum Seniorenbereich wird der Status des Spielers über die Vertragsform und die jeweilige Liga definiert, in denen die Spieler agieren.

Die Vertragsform spielt in den Jugendligen im Vergleich eine untergeordnete Rolle. Ab der U16 können Spieler Förderverträge erhalten. Solche Förderverträge sind mit dem Status des Vertragsspielers gleichgesetzt. Für die Förderverträge gilt:

„Mindestens 60% der Förderverträge müssen mit für Deutschland einsetzbaren Spielern abgeschlossen werden. Darauf angerechnet werden Spieler, die während der Vertragslaufzeit durch einen anderen Nationalverband für National- oder Auswahlmannschaften berufen werden und sich damit nach den FIFA-Ausführungsbestimmungen zu den Statuten (Art. 18) für diesen Nationalverband binden" (DFL, 2014a, S.7).

Weiterhin werden im Rahmen der vertraglichen Ausgestaltungsmöglichkeiten die Spieler im Seniorenbereich nach §8 der DFB Spielerordnung in drei verschiedene Kategorien unterteilt:

„1. Amateur ist, wer aufgrund seines Mitgliedschaftsverhältnisses Fußball spielt und als Entschädigung kein Entgelt bezieht, sondern seine nachgewiesenen Auslagen und allenfalls einen pauschalierten Aufwendungsersatz bis zu 249,99 Euro im Monat erstattet erhält. Im pauschalierten Aufwendungsersatz sind insbesondere eventuelle Kosten für Ausrüstung, Vorbereitung und Versicherungen erfasst; Auslagenerstattung erfolgt insbesondere für Reise, Unterkunft und Verpflegung im Zusammenhang mit Spiel und Training.

2. Vertragsspieler ist, wer über sein Mitgliedschaftsverhältnis hinaus einen schriftlichen Vertrag mit seinem Verein abgeschlossen hat und über seine nachgewiesenen Auslagen hinaus (Nr. 1) Vergütungen oder andere geldwerte Vorteile von mindestens 250,00 Euro monatlich erhält....

3. Lizenzspieler ist, wer das Fußballspiel aufgrund eines mit einem lizenzierten Verein oder einer lizenzierten Kapitalgesellschaft geschlossenen schriftlichen Vertrages betreibt und durch Abschluss eines schriftlichen Lizenzvertrages mit dem Ligaverband zum Spielbetrieb zugelassen ist. Er ist Vertragspartner besonderer Art eines vom Ligaverband lizenzierten Vereins oder einer vom Ligaverband lizenzierten Kapitalgesellschaft." (DFL, 2014b, S.3)

Die vereinseigenen Amateure oder Vertragsspieler können jederzeit verpflichtet und mit einem Lizenzspielervertrag ausgestattet werden. Das sind Spieler, die seit der Sommer- bzw. dem Wintertransferperiode „für Pflichtspiele der Zweiten Mannschaft des Vereins bzw. der Kapitalgesellschaft spielberechtigt sind." (DFL, 2014b, S.9)

Für den Vertragsstatus der eigenen Amateure bzw. Vertragsspieler nicht unerheblich ist die Local-Player-Klausel die 2006 eingeführt und sukzessive verschärft wurde. Ab der Saison 2008/2009 gilt für die Vereine nach §5a der LOS:

„...Es müssen mindestens acht lokal ausgebildete Spieler bei dem Club als Lizenzspieler unter Vertrag stehen, wovon mindestens vier vom Club ausgebildet sein müssen. Als Lizenzspieler ausschließlich im Sinne dieser Bestimmung gilt auch ein Spieler, der bereits mit dem Club einen der DFL vorliegenden Lizenzspielervertrag geschlossen hat, der mit Vollendung seines 18. Lebensjahrs spätestens zum 31.12. der laufenden Spielzeit wirksam wird.

Ein vom Club ausgebildeter Spieler ist ein Spieler, der in drei Spielzeiten/Jahren im Alter zwischen 15 und 21 Jahren für den Club spielberechtigt war. Ein vom Verband ausgebildeter Spieler ist ein Spieler, der in drei Spielzeiten/Jahren im Alter zwischen 15 und 21 Jahren für einen Club im Bereich des DFB spielberechtigt war." (DFL, 2014b, S.11)

Neben dem Status werden die möglichen Regeln für den Fall von Vereinswechseln und Ausleihgeschäften geregelt. Die vereinseigene Amateure und Vertragsspieler der Lizenzvereine sind in den unteren Seniorenmannschaften beheimatet. Bis zum 01.07.2014 war es für die Lizenzvereine verpflichtende Auflage, eine U23-Mannschaft zu unterhalten. Darin müssen bis zu 22 Amateur- oder Vertragsspieler spielberechtigt sein. Mit der Verabschiedung der neuen Regelung vom 25.03.2014 ist die Unterhaltung einer U23-Mannschaft ab dem 01.07.2014 optional. Für die Lizensierung gilt nun nach Anhang V der DFL „Richtlinien für die Errichtung und Unterhaltung von Leistungszentren der Teilnehmer der Lizenzligen" zur Unterhaltung der Mannschaften (DFL, 2014a):

- Grundlagenbereich (U8-U11): ohne Einschränkung, mind. jedoch 1 Mannschaft.
- Aufbaubereich (U12-U15): je 1 Mannschaft (d.h. insgesamt 4 Mannschaften)
- Leistungsbereich (U16/U17): 1 oder 2 Mannschaften
- (U18/U19): 1 oder 2 Mannschaften
- (U23): 1 Mannschaft (optional)

Die Regularien schaffen mit den institutionalisierten Strukturen die Rahmenbedingungen für den Karriereverlauf. Gleichzeitg strukturieren die Leistungszentren, Eliteschulen, Auswahlmannschaften den Alltag der jungen Talente. Exemplarisch wird dies anhand der verschiedenen alltäglichen Verpflichtungen des Talents in der Arbeit von Harttgen beschrieben (Harttgen, 2010). Im Alltag zeigen sich die Anforderungen der Talentförderung und die Entwicklungsaufgaben des Leistungssports sowie die differenzierte Ausgestaltung allgemeiner Entwicklungsaufgaben.

3.3. Gegebene Anforderungen und Entwicklungsaufgaben in der Talentförderung

Die Rahmenbedingungen der Talentförderung beeinflussen die Anforderungen und die spezifische Aufgaben, denen sich die Nachwuchsfußballer zu stellen haben. Wer erfolgreich Fußball spielen möchte, muss sich den Implikationen des Talentförderungssystems stellen. Das erfordert eine enorme Zeitinvestition, welche de facto nicht für andere Bereiche zur Verfügung steht. Die Anforderungen des Fußballs können unterschieden werden zum einen in solche, die das Fußballspiel selbst mit sich bringt, und zum anderen in solche, die sich aus den Strukturen der Talentförderung ergeben. Das Spiel selbst, in seinen modernen Ausprägungen, verlangt bspw. eine hohe Handlungsschnelligkeit (Höner, 2005), Selbstorganisation/ Selbstständigkeit und Flexibilität (Biermann & Fuchs, 1999). Theweleit zeigt beispielhaft analoge Veränderungsprozesse in Gesellschaft und Fußball anhand der Begriffe „Raum" und „Zeit" auf (Theweleit & Biermann, 2006). Die Generation der aktuellen Bundesligaprofis durchlebt einen nie dagewesenen Digitalisierungsprozess, der darin gipfelt, dass sie ihren eigenen Avatar durch die virtuellen Fußballwelten auf den Spielkonsolen lenkt. Durch Digitalisierung transformieren sich Raum und Zeit in der alltäglichen Wahrnehmung; Zeit wird als Gleichzeitigkeit erlebt, Raum erscheint als gerastertes Netz. Das bleibt im Fußballspiel nicht ohne Auswirkungen und äußert sich in der zunehmenden Schnelligkeit und strukturellen Verschiebungen von Mannschaftsteilen und Systemen (Dreiecke, Rauten etc.) (Theweleit & Biermann, 2006).

In Bezug auf die allgemeinen Strukturen und Anforderungen, die im Leistungssport verlangt werden, hat Sack (1975) schon früh allgemeine Entwicklungsaufgaben für den Leistungssport herausgearbeitet. Sie beziehen sich nicht auf eine spezifische Sportart und deren immanenten Anforderungen, sondern eher auf die allgemeinen Aufgabenstellungen für Leistungssportler. Dazu zählt er bspw. Selbstständigkeit zu erlangen, Problempersönlichkeiten zu vermeiden oder eine stabile Leistungsmotivation zu entwickeln.

Baumann (2009) stellt die Hypothese auf, je stabiler die Persönlichkeit des Sportlers ausgebildet ist, desto unabhängiger wird er in seinem Selbstwertgefühl und seinem Selbstvertrauen von schwankenden Leistungen, von Sieg und Niederlage, von Erfolg und Misserfolg. Holt und Kollegen verweisen diesbezüglich auf die Widerstandsfähigkeit, die der Leistungsfußballer entwickeln muss, damit auftretende Hindernisse im Verlauf der Karriere überwunden werden können (Holt & Mitchell, 2006).

Im Sinne sportlicher Entwicklungsaufgaben wird im Folgenden unterstellt, dass bestimmte Aufgaben bewältigt und verbundene Kompetenzen und Fähigkeiten aufgebaut werden müssen, damit erfolgreicher Leistungssport betrieben werden kann. Bezogen auf den Aspekt der Leistungsentwicklung stärkt die Bearbeitung der sportlichen Entwicklungsaufgaben die Fähigkeiten und Kompetenzen, die benötigt werden, um die Anforderungen der nächsten Karrierestufe zu meistern. Somit kann man von psychosozialen Leistungsvorraussetzungen im Sinne nachfolgender Aufgaben sprechen. Dabei werden insbesondere motivationale/ volitionale Aspekte (Leistungsmotivation, Handlungsregulation), einzelne Facetten des Selbstkonzepts (insbesondere das physische/sportliche Selbstkonzept), Selbstwirksamkeitserwartung, Kontrollüberzeugungen, Attribuierung etc. betrachtet und als bedeutsam anerkannt. Im Rahmen der sportwissenschaftlichen Begleitung des DFB- Talentförderungsprogramms wurde neben sportmotorischen Testungen auch psychologische Diagnostik eingeführt und erprobt (Ulitsch et al., 2010). Ulitsch, Feichtinger und Höner (2010) fassen verschiedene psychologische Tests zu einem Instrument zusammen. Es umfasst als relevant identifizierte psychologische Aspekte der Motivation, Volition, Handlungsregulation, des physischen Selbstkonzepts, der Selbstwirksamkeit und der Wettkampfsangst. Amesberger (Wörz & Schröder-Klementa, 2005) konnte clusteranalytisch in umfassenden psychosozialen Testungen jugendliche Fußballer lediglich in erfolgreich vs. nicht erfolgreich unterscheiden. Die nicht erfolgreichen Spieler zeigten erhöhte objektive Stressreaktionen, waren misserfolgsorientierter, schätzten ihre mentalen Fähigkeiten ungünstiger ein und hatten größere Schwierigkeiten innerhalb ihrer sozialen Gruppe.

3.3.1. Auswirkungen der sportlichen Betätigung auf Identität und Selbstkonzept des Leistungssportlers

Ein weiterer Untersuchungsansatz betrachtet die Auswirkungen sportlicher Betätigung auf psychosoziale Konstrukte des Sportlers. Allgemein konnte in Metaanalysen festgestellt werden, dass körperliche Betätigung, ohne dass sie genauer spezifiziert wird, zu einer leichten, aber signifikanten Steigerung des globalen Selbstwertgefühls führt, die Selbstwirksamkeit als bestimmender Faktor psychischen Wohlbefindens erhöht sowie zu einem positiveren Selbstkonzept beiträgt (Schulz, Meyer, & Langguth, 2012). Zum Einfluss von sportlicher Aktivität auf das Selbstkonzept werden grundsätzlich zwei verschiedene Hypothesen diskutiert. Zum einen gehen die Vertreter der Selektionshypothese davon aus, dass Jugendliche mit einem von vornherein schon positivem Selbstkonzept eher sportlich aktiv sind als Jugendliche mit negativem Selbstkonzept (Kleine, Brandl-Bredenbeck, & Brettschneider, 2002). Zum anderen wird mit der Sozialisiationshypothese angenommen, dass sportliche Aktivität sich positiv auf das Selbstkonzept auswirkt (Conzelmann & Müller, 2005). Aufgrund der unbefriedigenden Forschungslage sprechen sich Conzelmann und Kollegen dafür aus, die komplexeren Zusammenhänge und weitere Entwicklungskontexte (Familie, Peers, Schule etc.) und ihre Dynamik zu berücksichtigen (Müller, Schmidt, Zibung, & Conzelmann, 2013). Ihre Befunde im Rahmen einer personenzentrierten quantifizierenden Längsschnittstudie von 121 (recht jungen!) Heranwachsenden zu Mustern und Entwicklungstypen in Bezug des Einflusses verschiedener Entwicklungskontexte auf das Selbstkonzept wird vermutet, dass die Dynamik zwischen den Entwicklungskontexten und ihre subjektive Bedeutsamkeit wesentlichen Einfluss auf die Selbstkonzeptentwicklung haben. Zudem erscheint den Autoren die „Kongruenz bzw. fehlende Kongruenz zwischen tatsächlicher Ausprägung und subjektiver Bedeutungszuschreibung... ein wesentlicher, bislang unberücksichtigter Wirkungsmechanismus sein" (Müller et al., 2013, S.161).

Zu ähnlichen Schlussfolgerungen kommt die eigene Arbeitsgruppe auf Basis quantifizierender Ergebnisse zum Selbstkonzept (verwendet wurden FSKN-Skalen von (Deusinger, 1986)), in denen die Fußballer in den Leistungszentren in fast allen Bereichen des allgemeinen Selbstkonzepts positivere Werte als die Vergleichspopulation der männlichen Schüler aufwiesen (Milles, Harttgen, & Struck, 2011). In den psychosozialen Bereichen (Irritation durch andere und Gefühle und Beziehung zu anderen) des Selbstkonzepts lagen die Spieler auf bzw. sogar unter dem Niveau der Vergleichspopulation. Daraufhin wurden mittels qualitativer Methodik, welche grundsätzlich eher in der Lage ist, komplexere Entwicklungskontexte sowie deren subjektive Bedeu-

Kapitel 3 Talententwicklung in sportlichen/fußballerischen Statuspassagen

tungszuschreibung durch den Spieler selbst zu erfassen, die gefundenen Zusammenhänge einzelner statistischer Korrelationen subjektzentrierter beleuchtet. Gesundheitswissenschaftlich begründet standen die wahrgenommene Kohärenz, die Kongruenz der verschiedenen Lebensbereiche und ihr Einfluss auf das Selbstkonzept der Spieler im Fokus des Forschungsinteresses (Struck, 2011).

Grundsätzlich kann davon ausgegangen werden, dass die sportliche Karriere mit der Identität des Sportlers korreliert. „Je höher das Leistungsniveau, desto stärker definieren sie sich über ihren Sport" (Stoll et al., 2010, S.178). Die eigenen Befunde sprechen für enorme Widersprüche in den sozialen Rollen, die im Laufe der sportlichen Karriere eingenommen werden. Mit dem Status des Nationalspielers, Spielers im Leistungszentrum, Schüler/Auszubildender, Sohn etc., sind teilweise sehr unterschiedliche soziale Stellungen verbunden, in denen unterschiedliche Verhaltensweisen erwartet werden. So gelten Juniorennationalspieler in ihrem eigenen Verein zumeist als Leistungsträger und es werden ihnen besondere Führungsaufgaben in der Mannschaft übertragen. Hingegen kann die Rolle in der Nationalmannschaft für den Spieler eine andere sein, da er dort zum Beispiel meistens nur auf der Bank zu sitzen und sich unterzuordnen hätte. In der Schule fällt es ihm aufgrund häufigen sportbedingten Fehlens schwer mitzukommen und den Erwartungen an seine schulischen Leistungen gerecht zu werden. Bei seinen Mitschülern spürt er zum einen Neid und Missgunst aufgrund seines besonderen Status und den Sonderrechten, die ihm gewährt werden. Und zum anderen erfährt er Wertschätzung insbesondere für seine sportlichen Leistungen (Struck, 2011).

Widersprüchlich im inneren Bezug des Selbstkonzept der Fußballer ist die Bundesligaorientierung (Harttgen & Milles, 2004; Harttgen et al., 2010; Milles et al., 2011). Bundesligaorientierung als Teil des Selbstkonzepts umfasst zwei Teilbereiche:

- Den Wunsch und den Willen Bundesligaprofi zu werden.
- Die Vorstellung, aufgrund der bisherigen fußballerischen Leistungen und Fähigkeiten, den Beruf des Bundesligaprofis erreichen zu können.

Da die alltäglich erbrachten Leistungen in Training und Wettkampf phasenweise immer wieder durchaus den eigenen Vorstellungen der Karriere als Bundesligaspieler widersprechen, ist die Eingliederung nicht trivial und automatisiert sondern erfordert eine eigenständige Anstrengung in Form reflexiver Prozesse, in denen der Traum vom Bundesligaprofi in überschaubare Karriereziele heruntergebrochen und an die tatsächliche Leistungsentwicklung angeglichen wird.

3.3.2. Leistungsmotivation als treibende Kraft zur Bewältigung sportlicher Entwicklungsaufgaben

Als personale Stärke für die Bewältigung anspruchsvoller Aufgaben, wie z.B. die Bewältigung von Übergängen in der sportlichen Karriere, gilt die sportbezogene Leistungsmotivation (Frintrup & Schuler, 2007; Kämpfe, 2009; Willimczik & Kronsbein, 2005). Unter Leistungsmotivation oder achievement goal orientation bezeichnet man nach Heckhausen (1974, S.170) eine besondere Form der Zielorientierung „bei der Handlungen oder Handlungsergebnisse auf einen Tüchtigkeitsmaßstab bezogen werden, den man für verbindlich hält, so dass am Ende letztlich Erfolg oder Misserfolg steht". Die Leistungsmotivations-Forschung hat eine lange Tradition (Atkinson, 1966; Murray, 1938) und wurde stets fortgeführt, verfeinert und modifiziert (Heckhausen, 1989; Nicholls, 1984; Schuler, 1998). Traditionell wird zwischen zwei emotionalen Grundtendenzen unterschieden, zum einen der „Hoffnung auf Erfolg" (Annäherung) und zum anderen der „Furcht vor Misserfolg" (Vermeidung) (Heckhausen, 1989). Dies hängt eng mit der eigenen Zielsetzung und dem damit verbunden Anspruchsniveau (Schwierigkeitsgrad), welches eine Person an die eigene Leistung hat, zusammen. Zudem spielen Attribuierungsvorgänge eine entscheidende Rolle, also ob das Subjekt die Ursache für den tatsächlichen Erfolg oder den Misserfolg einer Handlung eher als selbstverantwortet oder extern verursacht empfindet. Dabei wird zusätzlich zwischen stabiler (konstant, dauerhaft, bspw. „eigene Veranlagung") und instabiler (situationsspezifisch, bspw. „nicht gut vorbereitet") Zuschreibung unterschieden. Diese Bereiche stehen in enger Verbindung zu den in der Selbstbestimmungstheorie bereits erwähnten Facetten des Selbstkonzepts in Bezug auf Autonomie (Unabhängigkeit und Selbstverantwortlichkeit) (Frintrup & Schuler, 2007). Nicholls (Nicholls, 1984) differenziert weiterhin eine Aufgabenorientierung und eine Egoorientierung. Dabei sind aufgabenorientierte Personen darauf ausgerichtet, Neues zu erlernen und verfolgen primär auf den Gegenstand gerichtete Anstrengungen. Die Egoorientierung äußert sich dadurch, dass Personen eher darauf aus sind, sich mit anderen zu vergleichen bzw. diese zu übertreffen. Dies ist unabhängig vom eigenen Leistungsniveau (Frintrup & Schuler, 2007). Zudem zählen Frintrup & Schuler in einem breiten Verständnis Variablen wie Ausdauer, Selbstdisziplin, Leistungsstolz und Flexibilität zu dem Bereich der Leistungsmotivation. Diese Leistungsmotivation hat im sportlichen Bereich, in dem Leistungen größtenteils freiwillig erbracht werden, Auswirkungen auf das sportliche Verhalten des Athleten und gilt als notwendige Vorrausetzung zielgerichteter (sportlicher) Handlungen. Gabler konnte schon früh zeigen, dass eine hohe Erfolgszuversicht, ein mittleres, realistisches Anspruchsniveau an die eigene Leistung und eine hohe Selbstverantwortlichkeit als Facetten des Leistungsmotives, beeinflussen, ob sich ein Sportler durchsetzen kann (Gabler, 1981).

Abbildung 8 Facetten der Leistungsmotivation (Schuler & Prochaska, 2001, S.9)

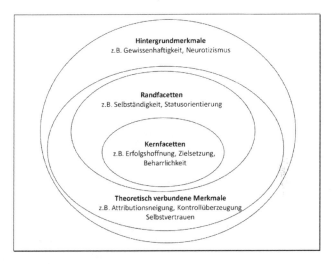

Für jugendliche australische Amateurfußballer konnte ein Zusammenhang von mentaler Stärke verbunden mit hoher aufgabenorientierter Leistungsmotivation und einem hohen Grad an Selbstbestimmtheit aufgezeigt werden (Gucciardi, 2010). In verschiedenen Sportarten im Seniorenbereich dominiert auf der Amateurebene, sowohl bei Männern als auch bei Frauen, die intrinsische Motivation die Sportpartizipation (Hodge et al., 2008). Smith, Balogue & Duda (Smith, Balaguer, & Duda, 2006) konnten vier Profile (1. high ego/low task, 2. Low ego/ high task. 3. high ego/moderate task 4. moderate ego/high task) der Leistungsmotivation bei jugendlichen Sportlern nachweisen.

Ein Ergebnis umfassender qualitativer Untersuchungen kanadischer und englischer männlicher Fußballtalente ist, dass diese eine hohe Eigenverantwortlichkeit für die eigene Leistung aufweisen und dies sowohl im privaten als auch im sportlichen Bezug (Holt & Dunn 2004). Holt & Mitchell (2006) haben auf diesen Untersuchungen aufbauend gezeigt, dass diejenigen, die tatsächlich den Sprung in den professionellen Fußball geschafft haben, diese Eigenverantwortlichkeit auf die eigene Karriereentwicklung bezogen haben. Diejenigen, die es nicht geschafft haben, bezogen ihren eigenen Einsatz nur darauf, den Anforderungen des Trainers zu entsprechen. Diejenigen mit Aufwärtskarrieren gelang es zudem die unkonkreten übergeordneten Karriereziele strategisch zu verfolgen, wohingegen bei den Erfolglosen diese Vorstellungen eher unkonkrete Träume blieben.

Zusammenfassend konnten Weigand und Kollegen (Weigand, Carr, Petherick, & Taylor, 2001) in ihrer Überblicksarbeit zeigen, dass aufgabenorientierte Sportler lernfähiger sind, bzw. sich besser anpassen können, als egoorientierte. Zudem beeinflussen bedeutsame Andere (Eltern, Trainer, Lehrer, sportliche Vorbilder etc.) die Entwicklung von Leistungsmotivation durch ihre Erwartungen, vermittelten Werte und Vorstellungen und einem entsprechenden Verhalten.

3.4. Die sozialen Beziehungen und die psychosoziale Entwicklung des Talents

Anhand eines heuristischen Modells (siehe Abb. 9) können die wesentlichen sozialen Beziehungen der Spieler veranschaulicht und erläutert werden. Im Zentrum steht das Talent, dessen Entwicklung eines stabilen und kohärenten Selbst von der Bewältigung allgemeiner und sportspezifischer Entwicklungsaufgaben des Jugendalters und Sozialisationsprozessen abhängig ist. Die sozialen Beziehungen der Spieler werden unterschieden in bedeutsame Andere (Trainer, Eltern, Lehrer, Berater) und bedeutsame Gleiche (Geschwister, Freunde, Schul- und Mannschaftskameraden). Dabei dienen die bedeutsamen Anderen in der sozialen Auseinandersetzung als Orientierung. Es werden Verhaltensweisen übernommen (nachgeahmt) oder sich von ihnen distanziert. Die Auseinandersetzung mit den bedeutsamen Gleichen erfolgt in gegenüberstellender Abwägung. Eigene Verhaltensweisen, Anschauungen, Problemlösungen etc. werden mit denjenigen verglichen, die sich auf der gleichen horizontalen Ebene befinden und somit gleiche allgemeine Entwicklungs- oder konkrete sportliche Aufgaben bearbeiten.

Abbildung 9 Talententwicklung in sozialen Beziehungen (Eigene Darstellung)

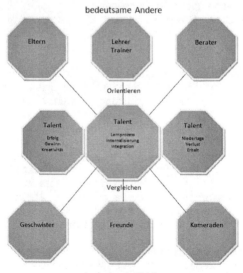

Die Beziehungen zwischen Talent und Eltern und Talent und Trainer sind relativ gut untersucht (Alfermann, Würth, & Saborowski, 2002). Hingegen sind die Gleichaltrigen im sozialen Netzwerk der Talente relativ wenig beachtet worden, was vor allem für die partnerschaftlichen Beziehungen der Talente gilt. Eine Ausnahme stellen die Arbeiten der Arbeitsgruppe um Maureen Weiss zur Qualität von Freundschaftsbeziehungen im Sport dar (Weiss & Smith, 2002; Weiss & Smith, 1999). Die Bedeutung von Lehrern innerhalb der leistungssportlichen Karriere ist ebenso wenig untersucht. Auch mit den Aufgaben, die die Berater im sozialen Netzwerk des Spielers einnehmen, gibt es keine wissenschaftliche Auseinandersetzung. Zhang Solmon & Gu (2012) konnten lediglich den hohen Einfluss von Lehrern auf die Leistungsmotivation von Schülern im Sportunterricht nachweisen. Dies gilt insbesondere für die Bereiche der Kompetenz- und Autonomieunterstützung.

3.4.1. Trainer und Funktionäre – Institutionelle Gatekeeper der fußballerischen Statuspassage

Die Trainer und Funktionäre im Verein nehmen einen besonderen Part in der sportlichen Entwicklung ein. Neben der Funktion als Förderer haben sie ebenfalls im Sinne der Talentauswahl eine Selektionsfunktion inne. Sie ermöglichen den Sprung in die nächsthöhere Mannschaft oder treffen die Entscheidung, den Spieler aus ihrem Talentförderungsapparat auszuschließen. Für den Übergang zum Senioren-/Profifußball werden die Trainer und Funktionäre als Türsteher zur Statuspassage verstanden, die den Zugang gewähren und einleiten. Sie kontrollieren den Verlauf der Passage und begleiten das Talent während des Übergangs. Gatekeeper besitzen bei der Betrachtung von Statuspassagen eine Schlüsselposition, „weil sie an der Schnittstelle zwischen institutionellen Regulierungen und biographischen Verläufen stehen. Das Handeln von Gatekeepern ist folgenreich für individuelle Lebensverläufe, zugleich werden Strukturmuster von Übergängen generiert" (Struck, 2000, in Hollstein, 2007, S.56). Gatekeeping kann in ausdifferenzierten, modernen Gesellschaften verstanden werden als Orientierung an Leistungskriterien. Individuelle Ansprüche und Leistungen bedürfen einer Überprüfung durch institutionalisierte Positionen (Gatekeepern) (Hollstein, 2007). Insbesondere dem Leistungssport und somit auch dem Leistungsfußball erscheint diese Funktion von Gatekeepern immanent und in ihrer Konzentration auf Leistungskriterien beispielhaft.

Die zentrale Bezugsperson für den Leistungssportler ist zunächst der Trainer. Einerseits ist er Wissensvermittler und sportlichen Ratgeber (Nordmann, 2007). Andererseits leistet er soziale Unterstützung (siehe Kapitel 4.2). Laut Pfeffer und Kollegen (2004) wirkt sich die wahrgenommene soziale Unterstützung des Trainers positiv auf die Leistungsentwicklung von Mannschaftssportlern aus. Cachay et al. (2007) veranschaulichen in ihrer Arbeit, dass das „Vermitteln" zu den zentralen Kompetenzen des modernen Trainers gehört. Das Ausmaß der Vertrautheit in der Spannung zwischen Nähe und Distanz ist dabei entscheidend.

"Wichtig ist der Abbau von Distanz bei gleichzeitiger Aufrechterhaltung der fachlichen Autorität" (Cachay et al., 2007, S.8).

In Bezug auf das Training, für das der Trainer in erster Linie verantwortlich zeichnet, kann festgestellt werden, dass in einem wettbewerbsorientierten Trainingsklima männliche Sportler weniger soziale Unterstützung wahrnehmen, als in einem aufgabenorientierten Trainingsklima (Abrahamsen, Roberts, Pensgaard & Ronglan, 2008). Cornroy und Kollegen (2006, S.90) schlussfolgern aufgrund ihrer Ergebnisse zur Auswirkungen des Trainerverhaltens auf die Leistungsmotivation bei jugendlichen Schwimmern das Trainerverhalten, welches primär auf das Vermeiden von Fehlern abzielt, mehr internalisiert wird als ein aufgabenorientiertes. In Teamsportarten ist für eine positive Technikentwicklung ein hohes Maß an wahrgenommener Unterstützung und weniger Instruktionen durch den Trainer berichtet (Alfermann, Lee, & Würth, 2005).

Die eigenen Forschungen ergaben, dass die Spieler Schwierigkeiten haben, sich dem Trainer in Bezug auf sportliche Probleme anzuvertrauen. Sie sind nicht gewillt, Schwächen zu offenbaren, da sie die Selektion fürchten. Die Spieler fordern vom Trainer in Bezug auf ihre sportliche Entwicklung individuelles Feedback und Unterstützungen ein. Dabei geht es nicht um persönliche Probleme, sondern ihre kommunikativen Erwartungen dem Trainer gegenüber liegen ausschließlich im sportlichen Bereich. Darin sehen die Spieler die zentralen Aufgaben des Trainers. Spieler, die die Kommunikation mit dem Trainer als positiv empfinden, haben weniger Furcht vor Misserfolg (Abwärtsangst). Für Ersatzspieler gilt dies signifikant häufiger (vgl. Harttgen et al., 2010, S.55).

3.4.2. Die Familie des Talents in vertrauter Förderung und Erwartung

Eltern-Kind-Beziehungen haben maßgeblichen Einfluss auf die psychosoziale Entwicklung des Kindes (Schuster & Uhlendorff, 2009, S.279). Die entscheidende Aufgabe der Eltern in diesem Bezug ist es, das Kind zur eigenständigen und erfolgreichen Lebensbewältigung zu befähigen. Insbesondere für den Übergang in die Erwerbsarbeit stellen Familien eine Ressource dar, wie Menz (2009) in ihrer qualitativen Untersuchung zeigen konnte. Dabei wurde die Tendenz zur Intensenvierung der Familie bestätigt, die sich darin äußert, dass Familienmitglieder „stärker aufeinander verwiesen werden" (Menz, 2009, S.225). Die Familie wird insbesondere in Phasen des Übergangs für den Passanten wichtiger und stabilsier den Übergangsprozess.

Der Einfluss der Eltern auf die sportliche Karriere findet in drei verschiedenen Wegen statt. Erstens fungieren sie als Vorbilder und Rollenmodelle. Im Gegensatz zu Peerbeziehungen werden Sichtweisen und Regeln der Eltern zumeist nicht hinterfragt sondern unreflektiert adaptiert (Schuster & Uhlendorff, 2009). Zweitens äußern sie Erwartungen bezogen auf die sportliche Leistung. Hohe elterliche Erwartungen führen zu einem positiveren

Kapitel 3 Talententwicklung in sportlichen/fußballerischen Statuspassagen

Selbstkonzept der Jugendlichen, als wenn die Heranwachsenden mit niedrigen Erwartungshaltungen konfrontiert sind (vgl. Stoll et al., 2010, S.179). Wann allerdings die fördernde und fordernde Erwartungshaltung der Eltern in wahrgenommenen Druck umschlägt, der zu Beeinträchtigungen des Selbstwerts führt und Burnout begünstigt, bleibt unklar[5]. Drittens zeigen die Eltern entweder positive Unterstützungsmaßnahmen oder aber sie sind hinsichtlich der sportlichen Karriereentwicklung ihre Kinder eher skeptisch. Vor allem die Unterstützungsleistungen, die von den Eltern erbracht werden, sind relativ gut untersucht.

Fußballer, die sich im Übergang zu den Profis befanden, erhielten durchweg emotionale Unterstützung von ihren Eltern (Holt & Mitchell, 2006; Holt & Dunn, 2004). Neben dem emotionalen Support wurde ebenso informationelle Unterstützung in Form von Ratschlägen der Väter geleistet, welche allerdings auch zu negativen Konsequenzen führen konnten. Was in der Nachbetrachtung diese Unterstützungsform anteilig entwertet. Für recht wertvoll wird die konkrete praktische Unterstützung erachtet, beispielsweise bei der Organisation von Anfahrten zum Training und Spiel. Fußballer, die den Sprung in den Profifußball schafften, erhielten die praktische Form der Unterstützung von ihren Eltern, während sie den Spieler, die es nicht schafften, vorenthalten blieb (Holt & Mitchell, 2006).

Hinsichtlich der Erwartungshaltung der Eltern, die unmittelbar über die Erziehungsstyle vermittelt werden und sich auf motivationale Aspekte der Jugendlichen auswirkt, lässt sich Folgendes festhalten. Neuenschwader & Frank (Neuenschwander & Frank, 2011) haben untersucht wie sich die Sozialisation in Familien (reduziert auf Eltern) auf die Entwicklung von Lebenszielen auswirkt, und unterschieden auf Grundlage der Selbstbestimmungstheorie der Motivation (Ryan & Deci, 2000) zwischen intrinsischer und extrinsischer Motivation und Lebenszielen.

„Autonomie orientierte Elternreaktionen, vermittelt über ermutigende Elternmotivierung und intrinsische Lernmotivation, sagten das Lebensziel psychosoziale Gesundheit vorher. Ergebnis orientierte Elternreaktionen, vermittelt über sozial vergleichende Elternmotivierung sagten die materiellen Lebensziele vorher." (Neuenschwander & Frank, 2011, S.68).

Allerdings ist einschränkend zu beanstanden, dass andere mögliche Sozialisationseffekte durch Peers, Lehrer und andere bedeutsame Andere nicht erhoben und in die Auswertung mit einbezogen worden sind.

---

[5] Hinweise darauf liefern die stresstheoretischen Überlegungen von Lazarus (vgl. Kapitel 4.1), in denen negativer Stress von der Bewertung des Individuums abhängig ist. Die Bewertung ist wiederum eng von den zur Verfügung stehenden Ressourcen des Subjekts abhängig.

In den eigenen standartisierten Untersuchungen konnte gezeigt werden, dass die Familienmitglieder der Fußballtalente bei sportlichen Problemen zentrale Bezugspersonen sind. Interessanterweise nimmt die Bedeutung der Familie in der unterstützenden Funktion mit steigender Karrierephase signifikant zu (Milles et al., 2011). Das ist in den vertiefenden qualitativen Interviews auf die Umstrukturierung der Beziehungsgefüge zurückzuführen (Struck, 2011). Im Jugendalter führen körperlich-physiologische Veränderungen und symmetrische Beziehungserfahrungen dazu, dass auch die Beziehung zu den Eltern transformiert wird. Regeln, denen die Beziehung bis dahin unterlegen ist, werden neu austariert (Schuster & Uhlendorff, 2009). Die Eltern gewährleisten in ähnlicher Weise wie stabile Freundschaften und Geschwister als vertrauensvolle Beziehungen für die Spieler durch vertrauensvolle Beziehungen eine Basissicherheit in Bezug auf ihr Selbstkonzept. Bestimmte persönliche, aber auch sportliche Bereiche werden nicht in Frage gestellt (Struck, Milles, & Harttgen, 2012).

3.4.3. Das Talent in der Beziehung zu Gleichaltrigen

Die Beziehungen zwischen den Geschwistern können, aber müssen nicht unbedingt enge persönliche Beziehungen sein. Geschwister kann man sich im Gegensatz zu seinen Freunden nicht aussuchen, daher kommt es vor, dass zwei Personen mit nicht kompatiblen Persönlichkeitsmerkmalen Geschwister sind. Beziehungen zwischen Geschwistern sind im Kindes- und Jugendalter aufgrund von Alters- und Entwicklungsunterschieden asymetrisch. Dabei verhalten sich ältere Brüder eher kompetitiv und ältere Schwestern eher in belehrenden und betreuenden Hilfestellungen (vgl. Nave-Herz, 2009, S.348). Im Jugendalter nehmen Freundschaften eine besondere Bedeutung ein (Nave-Herz, 2009). Einen guten Überblick über die Beziehungsformen im Jugendalter insbesondere zu Gleichaltrigen bieten Uhlendorff, Spanu & Spenner (Schuster & Uhlendorff, 2009; Uhlendorff, Spanu, & Spenner, 2009). In den frühen Jugendjahren (ca. 12-16 Lebensjahr) stehen gleichgeschlechtliche Freundschaften im Mittelpunkt der Peerbeziehungen. In späteren Jugendjahren findet zum einen eine Vertiefung der Freundschaften statt, zum anderen werden Liebesbeziehungen intensiviert, die in verbindlichen Paarbeziehungen ausreifen (Uhlendorff et al., 2009, S.520ff). Die Ausbildung der Freundschaften ermöglicht die zuvor schon Ansatzweise entwickelte, nun jedoch vertiefende reziproke Perspektivübernahme bzw. Übernahme der zweiten Person (Uhlendorff et al., 2009). Hierbei geht es vor allem um die Aufnahme einer gleichaltrigen Haltungsperspektive in das eigene Denken. Vorraussetzung muss sein, dass das Subjekt sich selbst aus der Sicht des Anderen wahrnimmt. Somit werden reflexive Denkvorgänge angestoßen und ausgebildet Der wechselseitige Austausch zwischen Gleichaltrigen wird als symmetrische Reziprozität gefasst. Der Austausch ist dabei durch gleiche Freiheiten und Handlungsmöglichkeiten bestimmt (Schuster & Uhlendorff, 2009, S.288). Die Qualität von Freundschaften zeigt sich an den beiderseitig erfüllten Erwartungen (Kolip, 1993). Für die Ausbildung der Reflexion sind die persönlichen Beziehungen zu Gleichaltrigen ungleich wichtiger als die Eltern-Kind Beziehung. In Eltern-Kind Beziehungen werden bestimmte Ansichten und Werte nicht hinterfragt. Reflexiver Austausch wird hingegen bei Gleichaltrigen stets praktiziert.

Allgemein ist festzuhalten, dass Jugendliche mit bestehenden Freundschaftssystemen als sozial kompetenter eingeschätzt werden; sie zeigen mehr Altruismus und verfügen über ein höheres Selbstwertgefühl. Zudem weisen sie ein reflektierteres Selbstkonzept auf (Uhlendorff et al., 2009, S.521). Gerade aus diesen Gründen scheinen Freundschaften für junge Nachwuchsspieler, die eine erhöhte Irritation des Selbstkonzepts aufweisen, durchaus wichtig, wenn man die Widersprüchlichkeiten im Selbstkonzept der Spieler ernst nimmt (siehe Kapitel 3.3.1). Im Leistungsfußball, speziell in den Leistungszentren sind Peerbeziehungen jedoch schwieriger und widersprüchlicher. Zum einen werden Peerbeziehungen außerhalb des Sports aufgrund zeitlicher Verpflichtungen und negativen Gefühlen (Neid, Missgunst) dem Sportler gegenüber eingeschränkt. Zum anderen sind die Beziehungen zu Gleichaltrigen im Sport durch Konkurrenz und Erfolgsdruck belastet (Harttgen et al., 2010, S.75ff.). Innerhalb der Leistungszentren und ihren Internaten bilden sich soziale Hierarchien aus, in denen sich die Spieler alltäglich bewegen, dort ihren Platz finden und behaupten müssen.

„Das Auf- und Absteigen innerhalb sozialer Hierarchien ist mit Veränderungen der Identität und des Verhaltens sowie mit einem Verlust oder Gewinn an Macht und Privilegien verbunden" (Mozygemba, 2011, S.31).

Stabile Freundschaften führen die Juniorennationalspieler nur noch ein bis zwei. Das sind Freundschaften, die schon vor ihrer leistungssportlichen Karriere aufgebaut wurden und aus ihrem familiären Umfeld (Cousins), ihrem häuslichen Wohnumfeld (Nachbarjunge) oder frühen Schulzeiten entwachsen sind. Die Freundschaften unterscheiden sich zu den Peerbeziehungen, die die Spieler innerhalb ihres Sportes führen, durch eine Wertschätzung, die sie unabhängig ihrer sportlichen Leistungen erfahren (Struck, 2011).

Hinsichtlich der leistungsmotivationalen Entwicklung innerhalb des sportlichen Mannschaftsgefüges haben neben dem Trainer, als dem Hauptverantwortlichen, auch die Mannschaftsmitglieder einen nicht unerheblichen Einfluss auf das motivationale Klima (Ntoumanis, Taylor, & Thøgersen-Ntoumani, 2012). Männliche Fußballspieler, die das motivationale Klima als wettbewerbsorientiert empfinden und wenig aufgabenorientiert sind, empfinden ihre Peerbeziehung als negativ und äußern mehr Konflikte zu ihren Freunden im Fußball (Ommundsen, Roberts, Lemyre, & Miller, 2005). Boardley & Jackson (2012) konnten in ihrer Querschnittsuntersuchung feststellen, dass eine aufgabenorientierte, mit Hoffnung auf Erfolg verbunden Leistungsmotivation mit prosozialem Verhalten innerhalb des Teams einhergeht. Dies gilt in abgeschwächter aber signifikanter Form auch für aufgabenorientierte, aber durch die Furcht vor Misserfolg dominierte Leistungsmotivation. Hingegen zeigen sowohl erfolgs- bzw. misserfolgsorientierte Spieler, deren Leistungsmotivation auf den Vergleich zielt, signifikant häufiger unsoziales Verhalten. Bei adoleszenten College-Athleten ist insbesondere die wahrgenommene (erwartete) Unterstützung wichtiger für den Grad der Selbstbestimmung als bspw. die tatsächlich erhaltene Unterstützung, die Sportler von ihren Teammitgliedern erhalten (DeFreese & Smith, 2013). Bezogen auf den Breitensport zeigt sich, dass Sportvereinsmitglieder hinsichtlich der Qualität ihrer Peerbeziehungen bevorteilt gegenüber ihren nicht organisiert sporttreibenden Pendants sind, wie Fussan (2006) in der Sekundäranalyse mehrerer großer Jugendstudien feststellt.

3.5. Zusammenfassung

Die Karriereverläufe junger Fußballtalente sind geprägt durch die Strukturen der Talentförderung, die sportliche Entwicklung der Subjekte und die Entscheidungen der Verantwortlichen. Zwar findet eine zunehmende Berücksichtigung und Einbindung sportwissenschaftlicher Erkenntnisse in der Talentförderung statt (Krause, 2013), die handelnden Personen achten jedoch mehr auf die aktuelle juvenile Leistung, als auf das Entwicklungspotential zu zukünftigen finalen Leistungen, wie es einem dynamischen Talentverständnis entsprechen würde (Krause, 2013; Schott, 2010). Einerseits hängt das mit der generellen Schwierigkeit zusammen, spätere sportliche Höchstleistung vorauszusagen (Komplexität der Einflüsse auf Entwicklung), und zum anderen mit der Problematik der Bewertung von Leistungen in einem komplexen Sportspiel wie Fußball. Die tatsächliche Entwicklung des Talents findet in der Auseinandersetzung mit allgemeinen und sportspezifischen Entwicklungsaufgaben statt. Dabei bilden sich persönliche Stärken aus. Ein erfolgreiches Karrieremanagement hängt maßgeblich von den eigenen Stärken und Fähigkeiten ab, die ein Spieler in der sozialen Auseinandersetzung entwickelt. Mit ihnen bewältigt er wichtige anstehende Aufgaben in den Karriereübergängen in realistischer Zielsetzung. Zu den psychologisch relevanten Stärken, die als Leistungsvorrausetzung verstanden werden können, zählen motivationale/ volitionale Aspekte (Leistungsmotivation, Handlungsregulation), einzelne Facetten des Selbstkonzepts (insbesondere das physische/sportliche Selbstkonzept), Selbstwirksamkeitserwartung, Kontrollüberzeugungen und Attribuierungsneigungen (Ulitsch et al., 2010).

Allgemein bleibt festzuhalten, dass sich die leistungssportliche Betätigung im Fußball auf das soziale Netzwerk der Spieler auswirkt und die Qualität der sozialen Beziehungen in ihrer Intimität, dem zeitlichen Umfang und Intensität beeinflusst. Die Auseinandersetzungen in den sozialen Beziehungen beeinflusst wiederum die psychosoziale Entwicklung des Talents. Trainer und Vereinsfunktionäre fungieren in der sportlichen Karriere des Spielers als Gatekeeper, die die Statuspassagen der Karriere anleiten und unterstützen. Sie sind innerhalb des Prozesses stark kommunikativ gefordert, in dem die Spieler von ihnen individuelles Feedback zu den erbrachten Leistungen und beratende Unterstützung zur Verbesserung verlangen

(Harttgen et al., 2010). Denn sie sind nicht nur Gatekeeper, sondern Förderer der jugendlichen und sportlichen Entwicklung. Die Eltern sind zunächst Vorbilder für ihre Zöglinge. Zugleich fordern sie das sportliche Talent durch ihre Erwartungshaltung, die sie an ihre Kinder herantragen. Der wesentliche Part fällt ihnen jedoch bei den sozialen Unterstützungsleistungen zu, die sie in emotionaler, informationeller und praktischer Form bei der Bewältigung der anstehen Aufgaben des Spielers einbringen (Stoll et al., 2010). Die Peerbeziehungen der Spieler sind vielschichtig. Die Beziehung innerhalb der Mannschaft sind von Konkurrenz und Rivalität geprägt, die einen Aufbau vertrauensvoller stabiler Freundschaften erschweren. Dabei sind stabile Freundschaften für die Entwicklung von Reflexivität und somit eines reflektierten Selbstkonzepts hilfreiche Stützen. Freundschaften, die über eine leistungsbezogene Wertschätzungen hinausgehen, pflegen Juniorennationalspieler, aufgrund ihres durch den Leistungsfußball dominierten Alltags nur rudimentär (Struck et al., 2012). Die Beziehungen zu bedeutsamen Anderen, wie den sportlichen Beratern, von Lehrern oder auch Geschwistern ist bis dato relativ wenig erforscht.

4. Bewältigung fußballerischer Statuspassagen

Das letzte theoretische Versatzstück, zugleich Dreh- und Angelpunkt der Untersuchung, ist der Bewältigungsvorgang. In der gelungen oder misslungenen Bewältigung der Anforderungen und Aufgaben entscheiden sich die Entwicklungswege. In der gelungenen Bewältigung entwickeln sich Fähigkeiten und Kompetenzen. Gescheiterte Bewältigungsversuche führen zu psychosozialen Schwierigkeiten und Problemen. In der erfolgreichen Bewältigung liegt die Verknüpfung zur Entwicklung. Sie befähigt zur Bearbeitung zukünftiger komplexerer Entwicklungsaufgaben, wie sie in sich in sportlichen Übergängen zeigen. Die sinnvolle Verquickung zwischen stresstheoretischen und entwicklungspsychologischen Aspekten wird insbesondere in der Betrachtung von Karriereübergängen deutlich.

Abbildung 10 Ressourcen produktiver Problembewältigung (Fend, 2000, S.214)

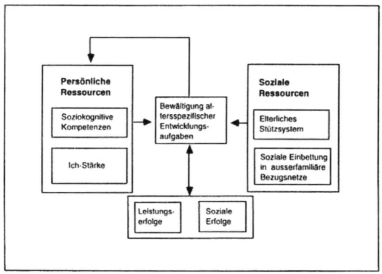

Für Fend findet die Bewältigung von Entwicklungsaufgaben in alltäglichen Handlungen in der Auseinandersetzung mit auftretenden Problemen statt (Fend, 2000). Seiffge- Krenke (1995) stellt heraus, dass die meisten alltäglichen Schwierigkeiten (8 von 10) durch soziale Konflikte in der Schule, in der Peergroup, mit den Eltern etc. auftreten. Fend (ebd., 2000) differenziert in seinem Modell der produktiven Problembewältigung zwischen soziokognitiven Kompetenzen, emotionalen Kompetenzen und sozialen Stützsystemen, die hilfreich bei der Bewältigung von altersspezifischer Entwicklungsaufgaben sind (siehe Abb. 10). Eine erfolgreiche Bearbeitung unter Inanspruchnahme solcher Ressourcen ist schlussendlich abhängig von faktischen Erfolgen und der dafür erhaltenen sozialen Anerkennung. Ausgehend von rationalen Vorgängen bei der Bewältigung erweitert er das Spektrum um Formen der Abwehr und Verteidigung, die im Sinne der Aufrechterhaltung eines positiven Ich-Gefühls ebenso rational sein können.

4.1. Bewertung der allgemeinen und sportlichen Anforderung und Ressourcen – Kognitive Prozesse bei Lazarus

Der große Verdienst der Forschergruppe um Lazarus ist es, die kognitiven Elemente in das Zentrum der stresstheoretischen Forschung zu rücken. Zuvor lag der Fokus auf der Beschaffenheit der äußeren Umweltfaktoren, die als Auslöser und Ursache von Stress galt, ohne jedoch die kognitiven Vorgänge bei der Entstehung von Stress zu betrachten. Die Bewertung durch das Subjekt ist für Lazarus die entscheidende Schnittstelle zwischen Umwelt und Subjekt und moderiiert die Stressentwicklung. Der gleiche äußere Reiz kann von verschiedenen Personen unterschiedlich bewertet werden. Was für die eine Person eine Überforderung darstellt, ist für die andere mit einem anderen Ressoursenpool eine unproblematische Aufgabe. Lazarus (1991) geht von dynamischen Interaktionsporzessen zwischen Umwelt und Individuum aus. Distress entsteht, wenn zwischen den äußeren Anforderungen und den zur Verfügung stehenden Ressourcen ein Ungleichgewicht vorliegt. Er unterscheidet drei Phasen der Bewältigung, wobei eine Gleichzeitigkeit der ersten beiden Phasen angenommen wird. In der ersten Phase (primäre Bewertung) geht es um eine Einschätzung der äußeren Begebenheiten einer Situation. Sie kann als potentielle Bedrohung/Schädigung/Verlust, irrelevant oder Herausforderung bewertet werden (Lazarus, 1991). Wenn die Phase als potentiell gefährlich wahrgenommen wird, schließt sich die zweite Phase an. Die sekundäre Bewertung evaluiert die zur Verfügung stehenden Mittel und Kapazitäten (Ressourcen), die zur erfolgreichen Bewältigung genutzt werden können. Daraufhin erfolgt drittens eine Neubewertung der Situation, die entweder zur adäqaten Bewältigungsprozessen (Eustress) führt oder als Überforderung (Distress) erlebt wird. Lazarus (1991) unterscheidet zwischen problemorientierten und emotionsorientierten Copingstrategien. Eine Bewältigungsstrategie, die problemfokussiert ist, zielt darauf ab die inhaltliche Problematik und deren vermeindliche Ursache aktiv zu bearbeiten. Also wird die problematische Situation selbst verändert. Emotionsorientiertes Coping ist eher ein innerlicher Prozess, bei dem die eigenen Gefühle so reguliert werden, dass die Situation nicht mehr als problematisch empfunden wird, ohne dass sich diese faktisch verändert hat. Diese Strategie gilt eher als defensiv und ist auf die Verhinderung von negativen Gefühlen ausgerichtet.

Durch die Fokussierung auf die kognitive Bewertungsprozesse bei der Enstehung von Stress bleiben die jeweiligen Anforderungen und somit auch die spezifischen Ressourcen, zur erfolgreichen Bewältigung unbeachtet. Hobfoll (2004) hingegen fokussiert in seiner Conservation of Ressources Theorie die Bedeutung der Ressourcen im Stressprozess aufbauend auf dem Transaktionalen Stressmodell.

Kapitel 4 Bewältigung fußballerischer Statuspassagen

4.1.1. Der (drohende) Ressourcenverlust als zentrales Problem fußballerischer Statuspassagen

Hobfoll geht von einer Domianz des Verlusts aus. Das ist ein anderer Ansatz als in den homöoestatischen Modellen, deren Grundannahme von der Balance in der Transaktionalen Stresstheorie wiederhallt. Die Verlustdominanz zeigt sich nach Hobful darin, dass bei der Entstehung von Stress Ressourcenverluste schwerwiegender sind, als Ressourcengewinne. So wird angenommen, dass „bei gleichem Ausmaß an Ressourcenverlusten und – gewinnen die Verluste die stärkeren Auswirkungen haben" (Buchwald et al., 2004, S.14).

Die Dominanz der Resssourcenverlustorientierung, die durch Hobfollsche Anliegen, die Entstehung negativer Dimensionen von Stress zu erklären, durchaus nachzuvollziehen ist, ist für den Anspruch der vorliegenden Arbeit positive juveniale Entwicklung zu beschreiben, wenig hilfreich. Dabei liegt der Reiz liegt umgekehrt eine gesunde Entwicklung positiv zu bestimmen, darin ‚den Aufbau von Ressourcen hervorzuheben. Somit rücken die Ressourcen ebenso wie die Anforderungen primär in ihrer Bedeutung innerhalb des gelungen Bewältigungsvogangs in das Zentrum des Interesses. Es liegt nahe, in einer auf Entwicklung zielenden Untersuchung Eustressprozesse zu akzentuieren.

Die „Conversation of Resources" (COR-Theorie) hat den Anspruch, kognitive und umweltkonzentrierte Ansätze miteinander zu verbinden. Begründet wird die Weiterentwicklung der Theorie von Lazarus mit der Kritik, dass die individuelle Wahrnehmung potentielle Stressoren der Umwelt überschattet und somit eine Bearbeitung ausbleibt. Eine Vernachlässigung der gefährdenden äußeren Bedingungen ist jedoch problematisch, da Gruppen von Personen mit einem bestimmten Pool an Ressourcen diese bewältigen, was denjenigen ohne diese Ressourcen nicht gelingt. Sichtbar und spezifisch werden die Ressourcen, die bei der Bewältigung unterstützen, nur in der Betrachtung der jeweiligen Anforderungen.

Anders als Lazarus sieht Hobfoll Ressourcen als entscheidend bei der Enstehung von Stress an. Hobfoll geht davon aus, dass menschliche Handlungen auf den Aufbau und Erwerb neuer Ressourcen bzw. auch den Erhalt und Schutz bereits vorhandener Ressourcen abzielen. Die Genese von Distress wird als Reaktion auf die Umwelt verstanden, bei der „1. der Verlust von Ressourcen droht, 2. der tatsächliche Verlust von Ressourcen eintritt oder 3. der adäquate Zugewinn von Ressourcen nach einer Ressourceninvestition versagt bleibt" (Buchwald et al., 2004, S.13). Eustress entsteht durch den Zugewinn an Ressourcen nach einer Investition in diese durch den Einsatz anderer Ressourcen.

Abbildung 11 Ressourcengewinn und Ressourcenverlust (Buchwald et al., 2004, S.15)

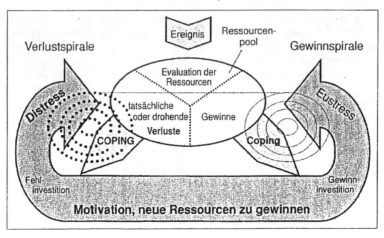

4.1.2. Ressourcenaufbau als Merkmal von Talententwicklung

Im Sinne einer positiven Bestimmung von Entwicklung ist der Ressourcengewinn und der enthaltene Aufbau von höherem Stellenwert als die Verlustorientierung. Dass Hobfoll den (drohenden) Verlust von Ressourcen akzentuiert, lässt sich aus dem wissenschaftlichen Kontext erklären. Sein Bestreben ist es nicht, eine theoretische Basis für gesunde Entwicklung zu legen, sondern die Genese von Stress zu erklären und dadurch problematisierend Missstände aufzudecken. Die Entstehung von Eustress und entsprechenden Copingprozessen ist hingegen für die Untersuchung sportlicher Leistungsentwicklung und fußballerischen Karriereverläufen spannend. Ein Hinweis darauf, dass für positive Bearbeitungsprozesse in leistungssportlichen Zusammenhängen die Orientierung auf den Ressourcengewinn sinnvoll ist, liefern Erkenntnisse der Leistungsmotivationsforschung (vgl. Kapitel 3.3.2). Daraus ist bekannt, dass die Furcht vor Misserfolg mit dem einhergehenden drohenden Verlust von Ressourcen, die tatsächliche Bearbeitung der anstehenden Aufgaben eher hemmt, hingegen die Hoffnung auf Erfolg und einhergehendem Ressourcengewinn antreibt.

Die Ressourcen differenziert Hobfoll in Objektressourcen (Kleidung, Auto etc.), Bedingungsressourcen (Familienstand, Alter, Gesundheit), persönliche Ressourcen (Fähigkeiten, wie berufsbedingte handwerkliche Fähigkeiten und Eigenschaften wie Leistungsmotivation, Selbstwirksamkeit, positives Selbstkonzept) und Energieressourcen (Zeit und Geld) (Buchwald et al., 2004, S.13). Energieressourcen können durch Investitionen in andere Ressourcen umgewandelt werden. Es existieren verschiedene Versuche in der Gesundheitspsychologie, Ressourcen noch weiter zu differenzieren.

„Zur Bewältigung von Anforderungen greift das Individuum auf Ressourcen zurück. Interne psychische und physische Ressourcen sind die zur Verfügung stehenden Handlungsmittel bzw. Eigenschaften (Fähigkeiten, Kompetenzen, Selbstwirksamkeitsüberzeugungen, Persönlichkeitseigenschaften, Kohärenzsinn usw.) und physischen Voraussetzungen (z.b. körperliche Fitness) einer Person. Unter externen Ressourcen werden solche in der Umwelt verstanden, insbesondere soziale Ressourcen (z.B. soziale Stützsysteme, gute Beziehungen zu wichtigen Bezugspersonen, Vereine, religiöse Gemeinschaften, Selbsthilfegruppen, soziales Ansehen), berufliche Ressourcen (z.B. Besitz eines Ausbildungs- oder Arbeitsplatzes, Kontrolle über die Arbeit, ergonomische Arbeitsbedingungen), materielle Ressourcen (z.B. hinreichendes Einkommen, gute Wohnbedingungen), gesellschaftliche Ressourcen (z.B. Bildungssystem, Gesundheitssystem, Rechtssystem) und ökologische Ressourcen (z.b. saubere, intakte Umwelt; gesunde Nahrung)" (Blümel & Franzkowiak, 2011, S.561f).

Die verschiedenen Ressourcen prägen den Bewältigungsprozess (Coping). Copingstrategien unterscheiden sich in Hobfolls Modell in drei Achsen, die aktiv-passive, die prosoziale-antisoziale und die direkte-indirekte Achse. Auf der aktiv-passiv Achse ist das Ausmaß der eigenen Aktivität abgebildet, welche das Subjekt selbst betreibt. Prosoziale bzw. antisoziale Handlungen beschreiben die Art der sozialen Interaktion, die dabei stattfindet. In der Mitte ist das Individuum isoliert. „Antisozial" bezeichnet ein Verhalten, das Schwächen und Verletzungen anderer ausnutzt, um eigene Vorteile zu erzielen. Als „prosozial" gilt der Versuch, Bindungen zu anderen Personen aufzubauen, Teams zu bilden und gemeinsame Bewältigungsstrategien anzuwenden.

Abbildung 12 Achsen der Stressbewältigung (Buchwald et al., 2004, S.20)

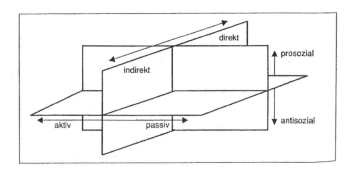

Direktes und indirektes Verhalten zeigt die Spannung zwischen indirekter, diplomatischer Vorgehensweise und direkter, aufrichtiger Vorgehensweise auf. In dieser Achse wird der kulturspezifische Anteil sozialer Interaktion aufgegriffen. Insbesondere in asiatischen Ländern gelten indirekte Verhaltensweisen als angemessen, in westlichen Ländern wird eine direkte, zuweilen konfrontative Bearbeitung geschätzt. Neben den personalen Ressourcen sind die Ressourcen, die in sozialen Beziehungen aufgebaut werden, wesentlich für die Copingprozesse.

4.2. Soziale Netzwerke und ihre Bedeutung für die Bewältigung der fußballerischen Anforderungen

Wie schon im Kapitel 3.5 gezeigt, finden Entwicklungsvorgänge in der Auseinandersetzung mit den sozialen Beziehungen innerhalb des Netzwerks des Talents statt. „Soziales Netzwerk" wird definiert als „ein System sozialer Beziehungen zwischen Individuen. Dieses System wird entsprechend der Metapher des Netzes als eine Struktur angesehen, die aus Knoten und Verbindungen besteht, wobei die Knoten Personen [...] darstellen und die Verbindungsstränge Formen des Austausches zwischen Personen symbolisieren, etwa Freundschaft, Zuneigung oder materielle Hilfe" (Fussan, 2006, S.265). Einen Überblick über die Forschungsperspektiven, die mit dem Begriff des Netzwerks verbunden sind, bietet Laireiter (Laireiter, 2009). Dabei betont er (2009, S.79), dass der Begriff häufig eher eine methodische Herangehensweise repräsentiert als eine „reale soziale Entität".

Keupp (1987) sieht in sozialen Netzwerken spezifische Webmuster alltäglicher sozialer Beziehungen, deren Anteil an einem „einigermaßen gelingenden Alltag" nicht unterschätzt werden sollte. Die Autoren weisen darauf hin, dass es nur wenig gesicherte Kenntnisse über die Bedingungen und Folgen gezielter Interventionen in sozialen Netzwerken gibt. Dies gilt nicht nur für größere komplexerer Netzwerke wie z.B. Vereine, sondern auch für kleinere Gruppen wie Mannschaften. Gruppen weisen Eigenschaften und Dynamiken auf, die keineswegs mit den Eigenschaften und Dynamiken dieser Person gleichzusetzen sind, so Simon & Mummendey (Simon & Mummendey, 1997).

Granovetter (1983) unterscheidet die Beziehungen innerhalb eines egozentrierten Netzwerks in starke, schwache und abwesende Beziehungen. Seine Arbeit ist mittlerweile die meist zitierte zu den sozialen Netzwerken. Diese differenziert er hinsichtlich der gemeinsam verbrachten Zeit, der emotionalen Intensität, der Intimität und der Gegenseitigkeit der Beziehungen. Charakteristisch für starke Beziehungen zeigten sich vor allem die emotionale Intensität sowie die Intimität zweier Personen (Avenarius, 2010). Schwache Beziehungen sind solche zu entfernten Bekannten bspw. Freunden von Freunden und sind gekennzeichnet durch flüchtige und unregelmäßige Kontakte (Neckel, 2010). Granovetter geht davon aus, dass Personen mit starker Bindung viele gleiche Bekannte und Freunde haben. Wenn eine Person A mit einer Person B gut befreundet ist und eine Person C ebenfalls mit einer Person A eine starke Beziehung führt, dann ist es unwahrscheinlich, dass die Person B und C nicht zumindest flüchtig bekannt, also über eine schwache Beziehung miteinander verbunden sind, woraus sich Netzwerke ergeben vgl. (Neckel, 2010). Schwache Beziehungen dienen vor allem der Informationsweitergabe zu und von entfernten Personengruppen, die teilweise die einzige Verbindung zu anderen Personengruppen darstellen, somit nicht ersetzbar sind, im Gegensatz zu starken Beziehungen im eigenen Netzwerk. Es gilt, je weniger schwache Beziehungen die Person führt, desto isolierter ist sie. Daraus ergibt sich die Stärke schwacher Beziehungen.

Funktionale Merkmale des Systems soziales Netzwerk sind soziale Kontrolle und soziale Unterstützung, welche als Ressourcen verstanden werden. Eine einheitliche Definition von sozialer Unterstützung ist nicht vorzufinden, wird aber im Weiteren als alle helfenden Aspekte des Sozialen Netzwerks verstanden. Es wird allgemein zwischen wahrgenommener (erwarteter) sozialer Unterstützung und der tatsächlich erbrachten Unterstützung (situationsspezifisch) differenziert. Als entscheidend für gesundheitliche Aspekte wird die wahrgenommene Unterstützung angesehen (Buchwald et al., 2004). Die erwartete und die tatsächlich geleistete Unterstützung kann zudem in informationelle, praktische (funktionale) und emotionale Unterstützung unterschieden werden. Die informationelle Unterstützung bezieht sich auf Hilfeleistungen, die bspw. in Form von Ratschlägen und Hinweisen erbracht werden, die bei der Lösung einer bestimmten Anforderung oder Problematik unterstützen.

Abbildung 13 Soziale Unterstützung (Stoll et al., 2010, S.260)

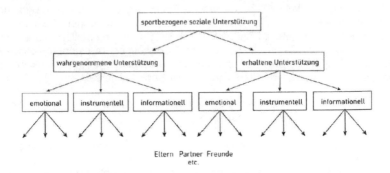

Praktische Unterstützungen sind konkrete Hilfestellungen wie z.B. ein Fahrdienst durch den Vater zum Training oder die Durchsicht einer Schularbeit, aber auch die Verköstigung im Internat kann als solche verstanden werden. Darüber hinaus können durch gezeigte Anteilnahme, das Spenden von Trost, die Vermittlung von Geborgenheit auf der emotionalen Ebene Hilfestellungen erbracht werden.

Soziale Kontrolle üben insbesondere Gatekeeper aus. Orientierung und Normalitätsmuster finden Spieler in ihrer Umwelt, im spezifischen Fall auch durch Medienpräsenz von idealtypischen Verlaufen, die jedoch allerdings nicht unbedingt der Wirklichkeit von Übergangsverläufen entsprechen. Gatekeeper vermitteln in Statuspassagen das Interesse der Institutionen und oder auch Ansprüche, die von der Institituionen an die Subjekte vermittelt werden.

Weinhold und Nestmann (Weinhold & Nestmann, 2012) unterscheiden noch eine weitere Dimension: die interpretative bzw. bewertungsbezogene Unterstützung. Diese bezieht sich auf die Unterstützung in der Einschätzung und Bewertung einer Situation für das betroffene Subjekt und zwar hinsichtlich der Einschätzung einer Situation als potentiell gefährlich, positiv oder irrelevant, sowie den zur Verfügung stehenden Ressourcen bei der anstehenden Bewältigung (in Anlehnung an Lazarus). Somit kann diese Form der Unterstützung als Einschätzungshilfe verstanden werden. Da sich diese auf eine Situation bezieht, die, sofern man die Lazarus´sche Theorie ernst nimmt, stark abhängig ist von der zu erwartenden Unterstützung und der zur Verfügung stehenden eigenen Ressourcen, ist diese nicht von der tatsächlichen Form informationeller oder auch emotionaler Unterstützung zu unterscheiden, da diese zur Bewertung der Situation erbracht werden. Darum wird im Weiteren diese Form der Unterstützung nicht als eigenständig angesehen. Außerdem wird zwischen Haupt- und Pufferungseffekten von social support unterschieden. Haupteffekte sind solche, die in alltäglichen Interaktion und sozialer Einbindung positiv auf generelles Wohlbefinden und psychosoziale Entwicklung wirken. Pufferungseffekte beziehen sich auf potentiell bedrohliche Anforderungen oder Situationen, die durch die soziale Unterstützung abgefedert bzw. bewältigt werden (Weinhold & Nestmann, 2012).

Mit dem Ausbau und dem Siegeszug der digitalen Medienwelt insbesondere in der Gestalt von virtuellen sozialen Netzwerken (Facebook, Myspace, Twitter etc.) kann man davon ausgehen, dass sie Auswirkung auf die sozialen Beziehungen der Menschen hat (vgl. (Kneidinger & Richter, 2010). Ein Großteil der jungen Erwachsenen verbringt seine Zeit online in sozialen Netzwerken. Kardorff (2006) stellt fest, dass es keine klare Trennung zwischen virtuellen und realen Netzwerken gibt. Virtuelle Netzwerke (Facebook etc.) scheinen keinen größeren Einfluss auf die physischen Beziehungen zu haben, allerdings werden die Kommunikation und die Kontakte zu den schwachen Beziehungen stärker (Kneidinger & Richter, 2010). Insbesondere bestehende schwache Beziehungen profitieren von virtuellen Kommunikationskanälen, die herkömmliche Kommunikationsformen nicht ersetzen, sondern ergänzen und anregen können (ebd., 2010, S.133). Die Brückenfunktion, die bspw. Facebook insbesondere für schwache Beziehungen einnimmt, konnte auch von Ellison und Kollegen in ihrer Untersuchung von amerikanischen Collegestudenten nachgewiesen werden (Ellison, Steinfield, & Lampe, 2007). Zudem konnten sie auch die gemeinschaftsbildende sowie die aufrechterhaltende Funktion der Facebook-Nutzung nachweisen.

Welche Auswirkungen die virtuellen Netzwerke auf die Bewältigungsvorgänge von Nachwuchsfußballern haben, ist nicht untersucht. Es kann davon ausgegangen werden, dass der Umgang mit der medialen Öffentlichkeit, die auch in den virtuellen Netzwerken stattfindet, eine eigene Entwicklungsaufgabe für junge sportliche Talente darstellt.

4.3. Zusammenfassung

Sowohl allgemeine Entwicklungsaufgaben als auch spezielle Aufgaben, die sich durch die eigenen sportlichen Zielsetzung und den Rahmen der Talentförderung ergeben, müssen bewältigt werden. Von der gelungenen oder misslungenen Bewältigung ist der weitere Verlauf der fußballerischen Karriere abhängig. Daher ist der Bewältigungsprozess das entscheidende Versatzstück des theoretischen Ansatzes der Untersuchung. In seinen stresstheoretischen Arbeiten verweist Lazarus auf die subjektive Bewertungdimension der Anforderung und Ressourcen in der Genese von Stress und stellt damit die kognitiven Vorgänge des Individuums ins Zentrum (Lazarus, 1991). Hobfoll (2004) stellt erweiternd die Bedeutung von Ressourcen im Bewältigungsprozess heraus. Für Förderungs- und Empowermentprozesse in sportlichen Zusammenhängen ist die Orientierung auf den Zugewinn und Aufbau von Ressourcen von größerer Bedeutung als der Verlust von Ressourcen, der für Hobfoll dominant ist. Die Unterscheidung zwischen Eu- und Distress ermöglicht einen positiven Zugang und stellt die Verbindung zur positiven Bestimmung von Gesundheit her. Eustress ist verbunden mit dem Aufbau neuer Ressourcen, die im Rahmen anderer Aufgabenstellungen genutzt werden können. Eustress beschreibt demnach Entwicklungsvorgänge. Für den gesundheitlichen Zusammenhang zur psychosozialen Entwicklung erscheint relevant, dass „gesundes Coping aktiv und prosozial ist" (Buchwald et al., 2004, S.17). Dabei sind die sozialen Beziehungen innerhalb des sozialen Netzwerks des Talents und darin aktivierte Ressourcen für alltägliche Bearbeitungsprozesse entscheidend. „Das heißt, dass der Nutzen, den man aus dem sozialen Rückhalt eines Netzwerkes zieht, Folge des sozialen Copingstils eines Individuums ist. Aktives Coping, gekoppelt mit einem positiven Gebrauch der sozialen Ressourcen steht dann für eine erfolgreiche Stressbewältigung" (Buchwald et al., 2004, S.18).

Die Ressourcen, die in den sozialen Beziehungen aktiviert werden können, bestehen aus sozialer Kontrolle und sozialer Unterstützung (Weinhold & Nestmann, 2012). Soziale Unterstützung wird unterschieden in informationelle, emotionale und praktische Unterstützung, die je nach der Veränderlichkeit und dem Einfluss der verbunden Person innerhalb der Situation unterschiedliche effektiv sind. Zudem kann Unterstützung in wahrgenommene und erhaltende Unterstützung unterteilt werden. In verschiedenen sportbezogenen Untersuchungen zeigt sich, dass die wahrgenommene Unterstützung bedeutsamer als die tatsächlich erhaltene Unterstützung ist, was für die zentrale Rolle der Bewertung spricht (Stoll et al., 2010).

Die Beziehungen im Netzwerk lassen sich unterscheiden in starke Beziehungen zu bedeutsamen Anderen, die vertrauensvoll und intensiv sind, und schwache Beziehungen, die eher zweckrationale Verbindungen darstellen (Weinhold & Nestmann, 2012). Die Stärke der schwachen Beziehungen ergibt sich nach Granovetter (1983) aus der Verbindung und dem einhergehenden informationellen Austausch, die die schwachen Beziehungen zu anderen sozialen Netzwerken herstellen.

5. Statuspassagen jugendlicher Fußballtalente – Zusammenfassender Kenntnisstand und Fragestellung

Der Forschungsstand verweist auf die Bedeutung des sozialen Netzwerks der Talente und die aktive Auseinandersetzung mit der eigenen Entwicklung. Wie weit die eigene Entwicklung in allen Bereichen fortgeschritten ist und wie viel Entwicklungspotential noch vorhanden ist, zeigt sich komprimiert in den entscheidenden Phasen der sportlichen Karriere. Der vorrangegangene Aufbau verschiedener Ressourcen (siehe Kapitel 3.3.1) wird in den Karriereübergängen handlungsrelevant. Im Fokus steht die Statuspassage vom Juniorenfußball zum Senioren-/ Profifußball. Die psychosoziale Entwicklung findet in der praktischen Auseinandersetzung (vor allem im Hinblick auf Anforderungen und Ressourcen) statt und wird mit Blick auf das soziale Beziehungsgeflecht (deren Schwierigkeiten und Hilfestellungen) analysiert:

I. Allgemeine Entwicklungsaufgaben und Sozialisation

I.1. Mit Havighurst (1979) wird angenommen, dass die Talente sich mit Entwicklungsaufgaben auseinandersetzen müssen und hierbei die psychosoziale Entwicklung stattfindet. Zugleich wird dabei mit Fend (2000) davon ausgegangen, dass diese Auseinandersetzung in dem sozialen Umfeld, allgemein als Sozialisation bezeichnet, stattfindet.

I.2. Für eine gesunde und stabile Entwicklung wird mit Verweis auf Keupp (2008) angenommen, dass Kohärenz, als wesentliche Moderatorvariable für die Genese und Erhaltung von Gesundheit (Antonovsky & Franke, 1997), in alltäglicher Passungs- und Synthesearbeit hergestellt werden muss. Eine gelungene Identitätsarbeit ist aufgrund gesellschaftlicher Tendenzen wie Individualisierung, Pluralisierung, Digitalisierung oder Entgrenzung erschwert.

I.3. Konkretisierend können Sozialisationsvorgänge und Lernprozesse mit der, für sportliche Leistungen nicht unerheblichen, motivationalen Handlungstheorie der Selbstbestimmung erfasst werden (Deci & Ryan, 1993).

II. Übergangsphasen in der sportlichen Karriere als Statuspassagen

II.1. In der fußballerischen Karriere ist der Übergang in den Senioren/Profifußball der zentrale. Es bietet sich an die Übergangsphasen aufgrund des hohen Institutionalisierungsgrades und der hierarchischen Struktur als Statuspassagen zu fassen. Trainer und Vereinsfunktionäre übernehmen die Funktion der Gatekeeper in der Passage und leiten die Passage in Form von Talentselektion und –förderung an.

II.2. Die geschaffenen Strukturen der Verbände und Vereine durch das Talentförderprogramm, die Lizenzauflagen und der allgemeinen

Wettbewerbsorganisation stellen die Rahmenbedingungen der sportlichen Karriere. Die Stützpunkte, Leistungszentren und Auswahlmannschaften; Eliteschulen und Vertragsregularien haben unmittelbaren Einfluss auf den Alltag des Talents.

II.3. Die Orientierung auf die sportliche Karriere ist nicht nur dominant, sie birgt auch mit dem Erreichten ein unausweichliches Qualitätsmerkmal. Die Spannungen zwischen Zielvorstellungen, machbaren Entwicklungsschritten und tatsächlichem Karriereverlauf werden in der erschwerenden oder unterstützenden Auseinandersetzung mit dem sozialen Netzwerk erlebt.

III. Soziale Netzwerke

III.1. Die konkrete soziale Praxis, in denen auch Entwicklungsaufgaben und Sozialisation bewältigt werden, findet in strukturierten Sozialbeziehungen statt. Die inhaltliche Struktur wird in drei Dimensionen untersucht.

III.2. Ausgegangen wird davon, dass im Sinne Granovetters (1983) Freunde und, in unserem Fall, Trainer tragende Sozialbeziehungen der Talente darstellen. Während Geschwister oder Eltern als eine gegebene Basis zu verstehen sind, werden mit Kameraden in der Mannschaft oder der Schule bzw. mit Beratern (in welcher Form auch immer) zugeordnete, „schwache" und funktionale Beziehungen aufgebaut. Analysiert werden auch die inhaltlichen Dimensionen der Beziehungen, die einfach (hier etwa die Konzentration auf das „Fußballerische") oder komplex (z.B. der beratende Fußball-Vater) sein können und aufeinander wirken.

IV. Bewältigungsvorgänge und Aufbau von unterstützenden Ressourcen

Der Bewältigungsprozess wird als soziale Praxis verstanden, in der die Handlungen selbst nicht nur auf das soziale Umfeld, sondern auch auf eigene Zielsetzungen, (Leistungs-)Motivation und Fähigkeiten zurückwirken. In der Bewältigung werden im stresstheoretischen Ansatz Ressourcen aufgebaut und diese hinsichtlich der angesprochenen Aspekte Flexibilität, Selbstbestimmung, Reflexivität untersucht.

Für verschiedene der sozialen Beziehungen in dem Netzwerk liegen Untersuchungen vor, teilweise auch sportbezogen. Wenig untersucht sind bislang vor allem die Beziehungen zu Beratern. Mit dem Augenmerk auf Netzwerke sollen Strukturen der Beziehungen erfasst werden. Beziehungen in Netzwerken können komplex oder einfach, bzw. stark oder schwach sein - mit weitreichenden Implikationen für die jeweiligen Zusammenhänge. Die Bedeutung der starken Beziehungen, aber auch die „Stärke der schwachen Beziehungen"

(Granovetter, 1983) ändern sich im Zuge der Entwicklungen, der sozialen, kulturellen, persönlichen und/oder sportlichen. Zugleich werden diese Bedeutungen zur Legitimation von Handlungen und von Rückwirkungen auf eben diese Beziehungen genutzt.

Dann werden diese Entwicklungen im Hinblick auf Lernprozesse und damit verbundene Erfahrungen untersucht. Dieser Fokus ergibt sich aus dem Forschungsinteresse, das auf soziale Netzwerke und damit verbundene Einflüsse auch auf die sportliche Karriere abzielt. Diese Einflüsse können in den Aussagen der Experten, die als direkte Schlüsselfiguren für die Talente in und in ihrer Organisation/Verein als verantwortlich für den zu untersuchenden sportlichen Übergang gelten, analysiert werden.

Die Übergangsverläufe zwischen dem Junioren- in den Senioren-/Profibereich laufen nicht nach dem gleichen Muster ab. Die Strategien der Vereine, die eigene sportliche und psychosoziale Entwicklung sowie Umweltbedingungen (Soziales Netzwerk, Qualifikationsprozesse, regionale Strukturen etc.) beeinflussen die unterschiedlichen Verläufe des Übergangs. Die jeweiligen Statuspassagen beinhalten spezifische Anforderungen, welche unmittelbar bezogen sind auf die eigenen sportlichen Ziele, auf die Rollen innerhalb der Mannschaften, in denen die Talente spielen und die weiteren sozialen Beziehungen im Verein und Umfeld.

Zur Konkretisierung des Erkenntnisinteresses werden neben der übergeordneten Fragestellung weitere forschungsleitende Unterfragen formuliert, die die Forschungslücken sichtbar machen und die Untersuchung im Einzelnen leiten. Die übergeordnete Fragestellung lautet:

1. Wie lassen sich die Übergangsverläufe vom Junioren- in den Senioren/-Profifußball anhand von allgemeinen und fußballspezifischen Entwicklungsaufgaben systematisieren?

Das impliziert folgende weitere Fragestellungen:

2. Welche unterschiedlichen Anforderungen/Aufgaben implizieren die unterschiedlichen Übergangsverläufe?
3. Welche fußballerischen und psychosozialen Ressourcen sind gefragt, damit sich Spieler längerfristig im Profifußball etablieren können?
4. Was müssen die Spieler können, damit sie auch dann, wenn es zur ganz großen Karriere in 1. oder 2. Liga nicht reicht, erfolgreich sind?
5. Woran erkennen die Verantwortlichen, ob ein Spieler die erforderlichen Ressourcen aufbaut bzw. sich in der aktiven Auseinandersetzung befindet? Wo gehen tatsächliche Entwicklungen und Erwartungen (eigene und von außen) auseinander?
6. Was sind konkrete sinnvolle Aufgaben und Zielperspektiven für die unterschiedlichen Karriereverläufe in Abhängigkeit individueller Möglichkeiten? Gibt es generelle, aber auch spezifische Anforderungen?

7. Wie können die Spieler systematisch in der Auseinandersetzung mit den spezifischen Anforderungen der jeweiligen Übergangsverläufe unterstützt werden?
8. Welche Bedeutung haben die sozialen Beziehungen (in der Veränderung im Übergang) und zwar einschließlich der der Gatekeeper zu den Talenten?

6. Anlage der Untersuchung

Die Studie „Statuspassagen" baut auf das DFB-Forschungsprojekt „Bewältigungsressourcen und Leistungsentwicklung" auf, welches von 2002 bis 2010 in Kooperation zwischen dem SV Werder Bremen und der Universität Bremen durchgeführt wurde. Der Fokus des Projekts lag darauf, die Bewältigungsressourcen und psychosoziale Leistungsentwicklung aus der Perspektive der Subjekte der Talentförderung, den Spielern selbst, zu untersuchen. Sowohl quantitative standardisierte, als auch vertiefende qualitative Verfahren fanden in der Befragung von Bundesliganachwuchsspielern der Leistungszentren (U15-U19) und Juniorennationalspielern (U16-U120) Anwendung. Die Ergebnisse wurden in verschiedenen Qualifikationsarbeiten (Harttgen, 2010; Struck, 2009; Struck, 2011; Thiele, 2011) dargestellt und verschiedentlich publiziert (Harttgen & Milles, 2004; Harttgen et al., 2010; Milles et al., 2011; Struck et al., 2012). Die Ergebnisse aus dem Forschungsprojekt sind jeweils in den Stand der Forschung dieser Arbeit eingebunden und eingeordnet worden.

Abbildung 14 Studiendesign des abgeschlossenen Forschungsprojekts „Bewältigungsressourcen und Leistungsentwicklung" aus (Struck, 2011, S.36)

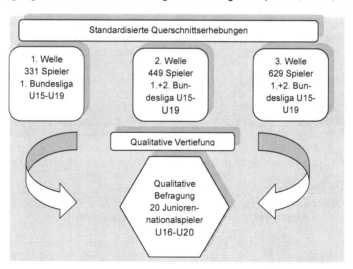

Die zuvor dargelegte Fragestellung einhergehend mit den Zielen, die hier verfolgt werden, führt dazu, dass in dem jetzigen Forschungsansatz Experten (Gatekeeper der Statuspassage), die verschiedene Übergangsverläufe überblicken und über institutionalisiertes Wissen verfügen, befragt werden und nicht wie zuvor die Subjekte der Talentförderung selbst die Informanten sind. Zur Klärung der Statuspassagen benötigen wir Wissen, über das die Betroffenen selbst nur bedingt verfügen und Auskunft geben können. Die Ordnung und inhaltliche Systematisierung der zunächst deskriptiven Übergangsverläufe kann nur erfolgen, wenn die Bedingungen, in denen die Talente innerhalb der Übergänge agieren, bekannt sind und überblickt werden. Ebenfalls erscheint es nur mit größeren finanziellen Ressourcen möglich, verschiedene Übergänge der Spieler über die Zeit zu begleiten und umfassend inhaltlich zu analysieren[6]. Hilfreich und ökonomisch effizient können hingegen diejenigen Personen Informationen geben, die in ihren Vereinen und Verbänden in den Schnittstellen der Statuspassagen arbeiten. Diese Personen haben Einsicht in die verschiedenen Verläufe der Statuspassage. Dieses Wissen kann im analytischen Prozess genutzt werden, die Statuspassage inhaltlich zu systematisieren. Die Gatekeeper gestalten die Bedingungen und Strukturen, in denen die Spieler sich befinden und ihre Karriere verfolgen, maßgeblich mit. Sie haben Einfluss auf die Konzepte, die die Vereine für Spieler in der Übergangsphase aufstellen und sind zudem sportlicher Ansprechpartner und haben Einblick in die Lebenswelt der Spieler. Die gemeinsame Schnittmenge zwischen dem Talent und dem Gatekeeper ist die fußballerische Handlung. Aus dieser sportlichen Perspektive werden die Entwicklungsprozesse des Talents durch den Gatekeeper beobachtet.

Wie die Untersuchungsfragen erahnen lassen, ist für diese Untersuchung eine qualitative Methodik angezeigt. Die Fragestellungen, die eine qualitative Methodik implizieren, sind von einer höheren Komplexität und eher auf das Verstehen von Handlungen innerhalb sozialer Gefüge ausgerichtet. Der Erkenntnisgewinn findet hierbei über das Verstehen von komplexen Zusammenhängen der Übergangsverläufe statt. Es geht in der qualitativen Untersuchung vor allem darum, die soziale Praxis in Bezug auf Sozialisations- und Lernprozesse zu ergründen. Hier kann nicht nur festgestellt werden, ob bestimmte Vorrausetzungen vorhanden sind, sondern es kann auch ihre Qualität in der unmittelbaren Wirkung und ihre Bedeutung für eine positive Bewältigung analysiert. Es sollen Wirkungsprozesse und Interaktionen, in denen Verantwortliche Handlungen und Entwicklungen der Spieler feststellen und beschreiben können, theoretisch geordnet und erschlossen werden. Folglich geht es um einen differenzierten Einblick in die Lebenswelt der Spieler, unter Einbeziehung ihrer sozialen Beziehungen, zu erlangen (Mayring, 2001) und zwar begrenzt auf einen in vielen Bezügen handlungsrelevanten Zeitraum.

Im Unterschied zur Tübinger Pilotstudie „Übergangsproblematik im deutschen Fußball" sollen nicht nur Entwicklungswege deskriptiv nachgezeichnet und quantifizierend ausgewertet werden (Höner & Feichtinger, 2011), vielmehr sollen ordnend psychosoziale Implikationen für die Talente in den Entwicklungswegen herausgearbeitet werden. Gleichfalls reicht eine reine Identifikation von Umwelteinflüssen in einer sozioökologischen Perspektive nicht aus.

---

[6] Die zur Verfügung stehenden finanziellen Ressourcen waren äußerst begrenzt (siehe Begründung in Kapitel 1.4.).

Ein Merkmal sozialer Beziehungen sind die sozialen Unterstützungsleistungen. Soziale Unterstützung ist jedoch relativ komplex und kann nicht als isolierte Variable betrachtete werden, in der nur die Bereitstellung bestimmter Unterstützungsmaßnahmen gemessen wird. Soziale Unterstützung findet immer in persönlichen Beziehungen statt. Somit hat bspw. die Qualität der Beziehung erheblichen Einfluss auf das Ausmaß der empfunden Unterstützung. In qualitativen Forschungsprozessen kann die Komplexität der persönlichen Beziehungen und deren Qualität aufgrund der offenen Gestalt aufgegriffen werden.

Gegenläufig zu den Ansätzen der quantitativen Sozialforschung existieren keine allgemein verbindlichen Gütekriterien der qualitativen Verfahren. Jedoch haben sich in den letzten Jahren einige Kernkriterien qualitativer Sozialforschung herauskristallisiert (Steinke, 2009). Voraussetzung zur Bewertung der Güte der qualitativen Forschung, ist eine detaillierte Beschreibung des Forschungsablaufs, der getroffenen Annahmen, der Reichweite der Erkenntnisse und der Reflektion der eigenen Untersucherrolle im Forschungsprozess. Dementsprechend werden alle relevanten Informationen im Weiteren so detailliert wie nötig und sinnvoll geschildert.

Eines der zentralen Probleme der qualitativen Sozialforschung ist laut Gläser (Gläser & Laudel, 2006), dass zwar inhaltliche Beschreibungen der verschiedenen Instrumente in Übersichtsarbeiten aufgeführt werden, jedoch wenig Literatur vorhanden ist, die aufzeigt, welches Instrument bei welchem Forschungsproblem nützlich und angemessen ist. Die Praxis ist demnach „intuitiv" anstatt „systematisch" (Gläser & Laudel, 2006, S.15). Für die aufgezeigte Fragestellung wird nun explizit dargelegt, warum das halbstrukturierte Experteninterview angezeigt scheint.

Das Untersuchungsdesgin entspricht einer qualitativen Interviewstudie auf Basis von teilstrukturierten Experteninterviews. Es werden zu einem einmaligen Befragungszeitpunkt retrospektiv Übergangsverläufe und zugrunde liegende soziale und institutionelle Einflüsse anhand unterschiedlicher Fälle mittels Visualisierungshilfen rekonstruiert. Fokussiert wird der Übergangsbereich im Leistungsfußball ausgehend von den Leistungszentren der Lizenzvereine (siehe Abb. 15).

Kapitel 6 Anlage der Untersuchung - Methodik

Abbildung 15 Übergangsbereich vom Junioren- in den Senioren-/Profifußball
(Eigene Darstellung)

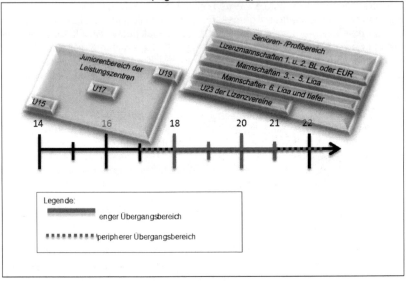

Die Auswahl, der zu untersuchenden Fälle, die die empirische Basis bilden, ist nicht trivial, sie ist vom Forscher konstruiert und hat enorme theoretische und forschungspraktische Auswirkungen (vgl. Gläser & Laudel, 2006, S.95). Fälle sind hier auf einer mittleren Ebene der Aggregation angesiedelt. Ein Fall entspricht in der Untersuchung einer Verlaufsform vom Junioren- in den Senioren/Profibereich. Eine Vielzahl von Spielern kann den gleichen Verlauf durchleben. Die Fälle sollen mittels der Gatekeeper betrachtet und erörtert werden.

Insgesamt wurden elf verschiedene Verlaufsformen in die Untersuchung einbezogen. Die Fälle wurden in ihrer Rekonstruktion an die Kategorisierung der Tübinger Pilotstudie angelehnt (Höner & Feichtinger, 2011).

1. Fall: Spieler wechselt direkt vom Juniorenbereich zu der vereinsinternen 1. Mannschaft in die 1. oder 2. Bundesliga.

2. Fall: Spieler durchläuft den Nachwuchsbereich im Ausland und wechselt dann zu einer 1. Mannschaft in der 1. oder 2. Bundesliga.

3. Fall: Im Anschluss an den Juniorenbereich wechselt der Spieler zu einer 1. Mannschaft der 1. oder 2. Liga im Ausland.

4. Fall: Im Anschluss an den Juniorenbereich wird der Spieler direkt an einen anderen Lizenzverein ausgeliehen.

5. Fall: Im Anschluss an den Juniorenbereich wird der Spieler in der eigenen 1. u. 2. Mannschaft eines Bundesligisten eingesetzt.

6. Fall: Im Anschluss an den Juniorenbereich wird der Spieler zunächst in der 2. Mannschaft eingesetzt, anschließend in der 1. u. 2. Mannschaft.

7. Fall: Im Anschluss an den Juniorenbereich wird der Spieler nur in der eigenen 2. Mannschaft eingesetzt.

8. Fall: Im Anschluss an den Juniorenbereich wechselt der Spieler zu einer anderen 2. Mannschaft eines anderen Lizenzvereins.

9. Fall: Im Anschluss an den Juniorenbereich spielt der Spieler zunächst für die (vereinsinterne) 2. Mannschaft, wechselt dann zu einer 2. Mannschaft eines anderen Lizenzvereins.

10. Fall: Spieler wechselt zu einer 1. Mannschaft eines Amateurvereins in der 3. bis 5. Liga, einer 2. Mannschaft eines Amateurvereins oder einer 3. Mannschaft eines Lizenzvereins.

11. Fall: Spieler wechselt zu einer Mannschaft eines Amateurvereins der 6. oder einer niedrigeren Liga oder beendet das Fußballspielen in Gänze.

6.1. Das Experteninterview als Methode der empirischen Sozialforschung

Lange Zeit galt das Experteninterview nicht als eigenständige Methode der empirischen Sozialforschung (vgl. Meuser & Nagel, 2009, S.35ff). Allenfalls zur explorativen Vorbereitung der eigentlichen (zumeist quantitativen) Untersuchung war der methodische Nutzen des Experteninterviews anerkannt. Hingegen fand und findet das Experteninterview über die Exploration hinaus in der Forschungspraxis häufig Anwendung. In den letzten zwei Jahrzehnten erfuhr der Befragungsansatz aufgrund der vermehrten methodischen und methodologischen Reflexion eine Aufwertung. In den deutschsprachigen Forschungsraum wurde das Experteninterview laut Gläser & Laudel (2006) von Christel Hopf eingeführt (Hopf & Weingarten, 1993). In der hiesigen Literatur haben sich insbesondere Gläser & Laudel (2006) sowie Bogner und Kollegen (2009), um die methodische Fundierung des Experteninterviews mit ihren Beiträgen verdient gemacht. Im Weiteren werden die Erkenntnisse dieser Autoren aufgenommen, sie aber auch kritisch hinterfragt. Insbesondere die verwendeten Begrifflichkeiten der Autoren Gläser und Laudel verraten Verständnisse sozialwissenschaftlicher Forschung, die hier nicht geteilt werden. Problematisch sind insbesondere die technischen Verständnisse sozialer Handlungen, die sich in den Begriffen zu den Forschungsstrategien der Sozialforschung von Gläser und Laudel (2006, S. 25) finden. Sie benennen zwei Dimensionen, die soziales Handeln umfassen: „Um soziales Handeln befriedigend erklären zu können, müssen wir – erstens die Faktoren angeben können, die ein bestimmtes Handeln mit einer gewissen Wahrscheinlichkeit hervorbringen, und – zweitens zeigen können, wie die gefundenen Faktoren das Resultat erzeugen". Der angedeutete Kausalzusammenhang im ersten Punkt vermittelt den Anschein, als ob es in sozialen Handlungen immer eindeutig zu identifizierende Ursachen gäbe, die zu einer bestimmten Handlung führen. Dies wird der Komplexität sozialer Handlungen nicht gerecht. Denn eine Intention kann bspw. Grundlage einer Handlungen sein, sie kann sich allerdings im Laufe der sozialen Auseinandersetzungen ändern, verschieben, auflösen oder durch andere Intentionen überlagert werden; die Prioritäten können sich verschieben und Bedingungen sich dahingehend verändern, dass sie die Handlungsintention nicht zulassen. Daher sind Kausalzusammenhänge in sozialen Handlungen schwierig auszumachen. Es kann auch eine Vielzahl von verdeckten und offensichtlichen Einflüssen nebeneinander existieren und wirksam sein, ohne dass ihre Anteile ersichtlich werden. Dies liegt daran, dass Einflüsse dem Handelnden nicht gleichermaßen bewusst sein müssen bzw. andere Einflüsse von außen durch den Untersucher nicht unmittelbar erkennbar sind. Der zweite Aspekt, den die Autoren herausstellen, ist der „soziale Mechanismus". Ein solcher soll zeigen, wie „die gefundenen Faktoren das Resultat erzeugen" (Gläser & Laudel, 2006, S.25). Soziale Mechanismen seien vor allem Gegenstand der qualitativen Sozialforschung. Diese sind ebenso für die Autoren Kausalmechanismen. Dabei ist „Mechanismus" ein technischer Begriff, der auf einer naturwissenschaftlichen Vorstellung beruht. Er verdeutlicht die latente Prämisse der Autoren, dass sich die Methoden der Naturwissenschaft auf die Sozialforschung übertragen lassen. Dies konfligiert mit den ursprünglichen Paradigmen der qualitativen Sozialforschung, die davon ausgehen, dass naturwissenschaftliche Vorgehensweisen auf die Sozialwissenschaften nur begrenzt, falls überhaupt übertragen werden können, bzw. ein naturwissenschaftliches Verständnis, wie es den quantitativen Verfahren unterstellt wird, abgelehnt werden muss (Flick, von Kardorff, & Keupp, 1995). Ein technisches Verständnis führt zu einer isolierten Betrachtung von Handlungen und Prozessen, die wenig mit den wirklichen Gegebenheiten übereinstimmen. Die qualitative Sozialforschung geht davon aus, dass soziale Handlungen durchaus widersprüchlich sein können. Widersprüche sind in Verfahren, die sich an naturwissenschaftlichen Methoden orientieren, nicht vorgesehen. Es wird davon abgesehen, an dieser Stelle noch ausführlicher die konträren Positionen nachzuzeichnen. Vielmehr wird darauf verwiesen, dass ein anderes sozialwissenschaftliches Verständnis vorliegt und somit im Weiteren nicht von Kausalmechanismen, Faktoren etc. gesprochen wird.

Ein Experte ist in diesem Untersuchungsansatz jemand, der durch seine institutionalisierte Macht die Handlungsbedingungen anderer (hier der Spieler) maßgeblich definiert (vgl. Meuser & Nagel, 2009, S.38). Es handelt sich um eine Person, die für Strukturen und ihre Umsetzung innerhalb eines bestimmten Gebiets verantwortlich ist und diese mitbestimmt. Das unterscheidet ein

Spezialwissen, über das jeder von uns in einem bestimmten Bereich verfügt, vom Expertenwissen. Es wird davon ausgegangen, dass „sie [die Expertin] über ein Wissen verfügt, was sie nicht notwendigerweise allein besitzt, das aber doch nicht für jedermann in dem interessierenden Handlungsfeld zugänglich ist" (Meuser & Nagel, 2009, S.37). Für das Forschungsinteresse dieser Untersuchung, ist dieser Aspekt des Expertentums essentiell, jedoch in der Breite der Diskussion keineswegs alleinstehend.

Denn es existieren zuweilen differente Vorstellungen von Expertentum. Es sind konstruktivistische Definitionen zu beobachten, die davon ausgehen, dass der Experte ausschließlich durch den Forscher und aus dem Forschungsgegenstand heraus seinen Expertenstatus zugesprochen bekommt (Bogner, 2009). Mit Sicherheit wird durch die eigene Forschung dem jeweiligen Interviewten der Expertenstatus zugeschrieben, er ist allerdings aufgrund seiner Position in der Institution im Verein und Verband darüber hinaus vorhanden. Relevant ist, dass die Expertenhandlungen Auswirkungen in Form institutionalisierter Bedingungen auf die primären sozialen Räume haben, in denen die eigentlichen Untersuchungsobjekte wiederum agieren.

Die Experten in den Interviews entsprechen den Personen, die im Statuspassagenkonzept als Gatekeeper bezeichnet werden. Der Begriff des Gatekeepers kann ebenso wie der Expertenstatus unterschiedlich verstanden werden. So können Gatekeeper in Statuspassagen in der breiten Sichtweise von Glaser und Strauss auch informelle Kontakte des engeren sozialen Netzwerks sein, wie Freunde, Eltern etc. In dieser Arbeit erscheint eine Beschränkung auf institutionalisierte Gatekeeper angezeigt. Es handelt sich entsprechend um „Schlüsselpersonen mit Entscheidungsautorität in der Vermittlung von Individuum und Organisation mit Bezug auf Institutionen... Zugangswärter also, die an den Grenzen gesellschaftlicher Teilräume die Anforderungen zum Durchschreiten dieser Räume durchsetzungsstark und definitionsmächtig repräsentieren" (Struck, 2000, S.37).

Weiterhin kann jeder zumindest als Experte über das eigene Leben und seine eigenen sozialen Beziehungen angesehen werden. Im hiesigen Fall interessiert die biographische Einbindung des Experten selbst nicht primär, sondern sein Wissen in Bezug auf die Statuspassagen der Spieler. Der Experte repräsentiert durchaus Auszüge seines Selbst durch das kommunikative Interagieren im Interviewprozess. Eine von Habermas Grundannahmen der kommunikativen Rationalität ist:

„Menschen handeln und sprechen ja nicht nur in Bezug auf die äußere Welt und in Bezug auf die Gestalt normativ geregelter sozialer Beziehungen, sondern in all ihren (Sprech-)Handlungen kommt immer auch die Subjektivität des Sprechers bzw. des Handelnden zum Ausdruck. Die Repräsentationen des Selbst, wie dies Goffman in seinen Analysen so eindrucksvoll zeigt, ist wesentlicher Bestandteil jeder Interaktion; wir sind bemüht, unser Handeln auch als ein authentisches, nicht gekünsteltes oder falsches an unsere Inter-

aktionspartner zu kommunizieren, wir wollen uns als wahrhaftig, als „wir selbst" darstellen und all unsere Handlungen als verständlichen und konsistenten Ausdruck unserer Identität" (Joas & Knöbl, 2011, S.327).

Anders als in biographischen Interviewmethoden, steht aber gerade nicht die Person des Experten und seine biographische Geschichte im Zentrum des Forschungsinteresses. Die biographischen Aspekte können dementsprechend vernachlässigt werden.

6.1.1. Untersuchungsinstrument und Interviewleitfaden

Das Experteninterview wurde halbstandardisiert entworfen und durchgeführt. Es wurde auf Grundlage des theoretischen Hintergrundes ein Interviewleitfaden konstruiert, der thematische Kategorien beinhaltet und zu jedem Themengebiet Leitfragen und vertiefende Fragestellungen vorsieht (siehe Anlage).

In der „warming up"-Phase wurde das Gespräch mit unverfänglichen Themen, wie aktuelle Entwicklungen im Fußball und den letzten Ergebnisse der Mannschaften des jeweiligen Vereins begonnen. Dann wurde das Gespräch auf das Forschungsprojekt gelenkt und den Experten die bisherigen praktischen Umsetzungen in der Trainerausbildung und anderen Fortbildungsveranstaltungen aufgezeigt, um Vorurteilen über wissenschaftlicher Verpuffungseffekte entgegenzuwirken und die Motivation für präzises, ehrliches und bedachtes Antwortverhalten zu erhöhen.

Dann wurde zum eigentlichen Interview übergegangen und zunächst allgemein ein Erzählanreiz gesetzt, der zunächst allgemein auf die Veränderungen in der Talentförderung zielt. Gefragt wurde: „Wie beurteilen Sie die Entwicklungen der Talentförderung der letzten Jahre? - Was hat sich verändert im Vergleich zu der Zeit, als die Talentförderung noch in den Kinderschuhen steckte (vor 2002)"? Anschließend wurde auf den Übergangsbereich fokussiert und das Themengebiet durch folgende Frage präziser absteckt: „Wie beurteilen Sie die Durchlässigkeit vom Juniorenbereich in den Profibereich, a. in der Bundesliga und b. im eigenen Verein?". Darauf folgend wurde um die Vorstellung der Handlungsstrategien und der Konzepte des eigenen Vereins für den Übergangsbereich gebeten.

Im Hauptteil des Interviews ging es zunächst darum, die Merkmale zu ermitteln, die Grundlage für die Auswahl der Talente durch die Gatekeeper sind, wie sie die Entwicklungsmöglichkeiten der Merkmale zum Eintritt in die Statuspassage einschätzen und wie sie selbst und andere Einfluss auf deren Ausprägung nehmen (können). Anschließend wurden die Gatekeeper mit den visualisierten Übergangsverläufen konfrontiert. Sie sollten sich konkrete Spieler vorstellen, die einen solchen Weg genommen haben und anhand dieser Beispiele vergleichend die Besonderheiten der Verläufe und spezifische Schwierigkeiten beschreiben. Ebenfalls sollten sie eine Einschätzung zur Häufigkeit der Verläufe und zur Realisierungsmöglichkeiten der Zielperspektiven abgeben. Weiterhin wurden die möglichen Ansprechpartner für den Spieler, ihr soziales Netzwerk und deren Bedeutung im Übergang erfragt. Zudem wurden die Interviewten gebeten sich zu Schwierigkeiten in der realistischen Selbsteinschätzung des Spielers und dem einhergehenden Anspruchsniveau zu äußern. Ziel war es, kohärente und inkohärente Bewältigungsformen und deren Merkmale der Auseinandersetzung zu identifizieren.

Zum Abschluss des Interviews wurde erfragt, worin nach den Erfahrungen der Experten die zentralen Unterschiede bestehen zwischen Spielern, die sich schlussendlich im Profifußball durchsetzen und etablieren, zu Spielern, die das nicht schaffen, aber zuvor eine ähnliche Talentprognose erhalten hatten. Zuletzt ging es um den allgemeinen Nutzen der Talentförderung für das Talent, unabhängig betrachtet von seinem tatsächlichen Karriereweg. Grundsätzlich folgten auf den ersten Erzählanreiz zum jeweiligen Themengebiet Sondierungsfragen, in denen die aufgeworfenen Themengebiete konkretisiert wurden.

Für ein gelingendes Interview ist von zentraler Relevanz, dass die im wissenschaftlichen Kontext gestellten Leitfragen sprachlich auf die Lebenswelt des Experten angepasst werden. Im Sinne Hopfs dient der Leitfaden nur als Grundgerüst. Im tatsächlichen Interview findet eine permanente spontane Operationalisierung statt (vgl. Gläser & Laudel, 2006, S.112). Der Interviewleitfaden ist in diesem Fall kein starres Konstrukt. Er dient lediglich als Orientierung und wurde je nach Antwortverhalten dem tatsächlichen Interviewverlauf angepasst.

6.1.2. Visualisierungshilfen der Übergangsverläufe

Ergänzt wurde das Experteninterview durch Visualisierungshilfen, die die möglichen Verläufe abbildeten (siehe Anlage). Die Experten hatten so die Möglichkeiten, sich verschiedene Beispiele zu den Verläufen zu überlegen und durch die Nebeneinanderlegung der Visualisierungshilfen die Unterschiede und Gemeinsamkeiten zu verdeutlichen und somit die deskriptiven Verläufe mit Inhalt zu füllen

Abbildung 16 Beispiel Visualisierungshilfen der Übergänge (Eigene Darstellung)

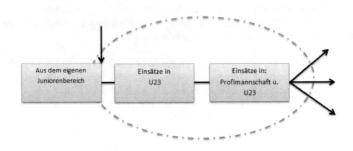

Insgesamt wurden ursprünglich elf Visualisierungshilfen zu den elf unterschiedlichen Verläufen angefertigt. Innerhalb eines Pretest mit einem hauptamtlichen Trainer des Leistungszentrums eines Erstligisten wurde der Leitfaden in der Praxis überprüft und angepasst. Bei dieser Gelegenheit wurden auch die Visualisierungshilfen getestet. Dabei wurde festgestellt, dass zwei Visualisierungen überflüssig sind, da sie sich in ihrem Verlauf minimal unterschieden. Der Unterschied konnte an den verbliebenen Verläufen veranschaulicht und besprochen werden, so dass er nicht verloren ging, die hohe Anzahl am Visualisierungshilfen jedoch reduziert werden konnte. Die Fälle 2. und 3. wurden an einer Visualisierung verdeutlicht, ebenso wie die Fälle 8. und 9. (vgl. Kapitel 3.). Dadurch blieb der Einsatz der Visualisierungshilfen handhabbar. Zudem wurden Rohlinge (leere Visualisierungshilfen) zu den Interviews mitgeführt, damit evtl. nicht berücksichtigte Fälle aufgegriffen und direkt festgehalten werden konnten. Dies kam allerdings, trotz konkreter Nachfrage, nicht vor.

6.2. Die Stichprobe: Auswahl der Experten

Die Auswahl der Experten ist in erster Linie abhängig vom Forschungsinteresse und –gegenstand der Untersuchung. Allenfalls verlangt dieser Selektionsprozess eine sorgfältige und abwägende Vorüberlegung. Neben inhaltlichen Überlegungen können ebenso praktische Gegebenheiten Einfluss auf die Expertenauswahl haben. Gläser und Laudel fassen die Kriterien zur Expertenauswahl wie folgt zusammen:

„1. Wer verfügt über die relevanten Informationen?

2. Wer ist am ehesten in der Lage, präzise Informationen zu geben?

Kapitel 6 Anlage der Untersuchung - Methodik

3. Wer ist am ehesten bereit, Informationen zu geben?

4. Wer von den Informanten ist verfügbar?" (Gläser & Laudel, 2006, S.117).

Für die aufgeworfenen Fragestellung und den Gegenstand der Übergangsverläufe macht es Sinn, diejenigen Personen zu befragen, die unmittelbar für den Übergangsbereich zuständig sind und im direkten Kontakt zu den Spielern stehen. Das trifft auf die Trainer der Zweiten Mannschaften (U23) zu. Die U23-Mannschaften sind zugleich die erste Mannschaft im Seniorenbereich. In vielen Vereinen fungieren diese Trainer gleichzeitig als übergeordneter Trainer für die weiteren Mannschaften des Leistungszentrums bis zum Aufbaubereich (U19-U15). Zum anderen kommen auch die Profitrainer in Frage, die verstärkt jüngere Spieler in die ersten Mannschaften integrieren und sich aktiv in die Ausbildungsarbeit und die Prozesse in den Leistungszentren einschalten, evtl. selber zuvor im Juniorenbereich tätig waren. Darüber hinaus entsprechen die Leiter der Leistungszentren den Anforderungen genauso wie die Sportlichen Leiter der Lizenzabteilungen, die auf der Managementebene als zuständige Person im Verein für den Übergangsbereich fungieren.

Zusammenfassend kommen demnach in Frage:

1. Trainer von Lizenzmannschaften (Profitrainer)

2. Trainer von Zweiten Mannschaften (U23) von Lizenzvereinen

3. Leiter der Leistungszentren von Lizenzvereinen

4. Manager von Lizenzmannschaften

Diese Gatekeeper haben unmittelbaren Einfluss auf den Bereich der Statuspassage zwischen Junioren- und Herren-/Profifußball, jedoch eine leicht unterschiedliche Perspektive auf den Gegenstand und unterschiedliche Funktionen innerhalb des Übergangs, die in der Studie herausgearbeitet werden.

Es stellt sich die Problematik, dass so gut wie jeder Verein über Personen in diesen Positionen verfügt, die Vereine aber unterschiedliche Schwerpunkte im Übergangsbereich setzen. So kann es sein, dass der eine Verein in seiner Profimannschaft auf eigene junge Spieler setzt, die soeben erst in die Statuspassage eingetreten sind, und ein anderer Verein nur externe ältere Spieler verpflichtet. Der Experte des 1. Vereins scheint besser geeignet zu sein, Auskunft über die Heranführung von Spielern in den Senioren-/Profibereich zu geben, als der Experte aus dem zweiten Beispiel.

Generalisiert stellt sich die Frage der Qualität/Eignung bestimmter Experten. Die Schwierigkeit liegt nicht primär darin, dass die Experten unterschiedlich gut in Bezug zu ihrem Arbeits-/Handlungsfeld sind, somit über unterschiedlich scharfe „gute" Informationen verfügen und in der Lage sind dieses weiterzugeben, sondern problematisch wird die unterschiedliche Qualität eher dadurch, wenn nicht transparent wird, wie die gewonnenen Informationen zu Stande gekommen sind, so dass dies im Interpretationsprozess und in der methodischen Reflektion unbeachtet bleibt. Von Bedeutung ist der Qualitätsunterschied inhaltlich, "wenn wir etwas über die Arbeitsinhalte der Interviewten lernen wollen... „ und „wenn wir etwas über die Arbeitsbedingungen der Experten lernen wollen...", was hier erstens definitiv und zweitens bedingt der Fall ist (vgl. Gläser & Laudel, 2009, S.150). So ist die Einschätzung der Arbeitsbedingungen durch das eigene Anspruchsniveau des Experten moderiert. Daher ist es wichtig, sich im Interview sich die jeweiligen Arbeitsbedingungen (Konzept für den Übergang, Personalausstattung für diesen Bereich etc.) schildern zu lassen, damit eine relativierende Einordnung vorgenommen werden kann. Zwei Experten können bspw. mit den Bedingungen zufrieden sein, jedoch sehr unterschiedliche Vorstellungen von den Bedingungen, die ihre eigene Arbeit beeinflussen, haben. Damit die Problematik der nachträglichen Einordnung vorab minimiert werden kann, wird versucht, im Vorfeld bei der Selektion möglicher Experten eine hohe Qualität zu erzielen.

Der Forschungsschwerpunkt ist nicht darauf ausgelegt, zwischen hoher Qualität und niedriger Qualität im Übergangsbereich zu vergleichen. Es sollen zunächst mögliche Übergänge geordnet und inhaltlich gefüllt werden. Demnach benötigen wir ausschließlich Experten, die für eine hohe Qualität in ihrem Bereich stehen. Auf schlechte Experten und Vereine, in denen die eigene Jugendarbeit keine Rolle spielt, kann verzichtet werden. Nun ist es allerdings nicht ganz so einfach, die Experten in der Qualität zu unterscheiden. Hierfür stehen in unserem Fall zwei Kriterien zur Wahl, bei denen man annehmen kann, dass sie mit der Qualität der Experten in diesen Bereichen korrelieren. Zum einen ist die Durchlässigkeit (Junioren in den Senioren-/Profibereich) interessant, also wie viele Spieler es aus den eigenen Leistungszentren in die 1./2. Liga schaffen (sogenannte Ausbildungsvereine) und zum anderen die Zertifizierung der Leistungszentren (hohe Punktzahl/ Sterne) durch den DFB. Wobei das erste Kriterium, in dem zweiten enthalten ist und in der Zertifizierung als Teil der Ergebnisqualität berücksichtigt wird.

In diesem Fall war die Anzahl derjenigen, die überhaupt als Experten und Gatekeeper definiert werden konnten, sehr begrenzt. Zudem war es schwierig, Interviewpartner zu gewinnen, die bereit waren, über das für die Vereine sensible Thema Auskunft zu geben. In der Reflexion (siehe Kapitel 11) kann jedoch davon ausgegangen werden, dass im Rahmen der verfügbaren Wissensbestände über den Forschungsgegenstand alle relevanten Perspektiven berücksichtigt wurden und eine relative theoretische Sättigung erzielt werden konnte.

Eine Vorüberlegung, die sich von den Ausführungen zur Qualität des Experten ableitet, ist, dass es für die Vereine, die als „Ausbildungsvereine" gelten, ökonomische Bedingung ist, auf die Talente in den eigenen Reihen zu setzen und somit die Arbeit in diesem Bereich zu intensivieren. Sie nehmen entsprechend eine gewisse Vorreiterrolle ein. Dieser Wettbewerbsvorteil gegenüber anderen Vereinen muss erhalten bleiben, daher ist nicht selbstverständlich, dass die Informationen über den sensiblen Bereich mit dem Wissenschaftler geteilt werden. Denn der Wissenschaftler, so auch der Autor, gibt die Informationen, wenn auch verarbeitet, an die direkten Konkurrenten weiter, insofern sie denn die wissenschaftliche Debatte verfolgen. Daher muss von Anfang an deutlich werden, dass die Vereine von diesem Interviewgespräch ebenfalls profitieren können. Es wird herausgestellt, dass im Ergebnis das gebündelte und systematisierte Wissen der anderen Vereine, für sie ebenso einen zusätzlichen Nutzen hat. Nur so kann man eine gewisse Offenheit der Experten über ihren Arbeitsbereich erwarten und erhalten.

Jede relevante Expertengruppe konnte mit einem verwertbaren Interview repräsentiert werden. Insgesamt wurden neun Experten aus Vereinen der 1. und 2. Bundesliga interviewt, die auch in den Auswertungsprozess eingingen. Ursprünglich war noch ein zehnter Experte, ein zweiter Manager einer Lizenzabteilung vorgesehen und angefragt. Leider wurde das Interview kurzfristig aufgrund eines Auslandsaufenthaltes des Experten abgesagt und konnte trotz starker Bemühungen nicht mehr nachgeholt werden. Es fand sich auch kein weiterer adäquater Ersatz, der den aufgezeigten Qualitätsanforderungen entsprochen hätte. Acht Experten standen in der Saison 2013/2014 bei Vereinen der Ersten Bundesliga unter Vertrag. Ein Verein befindet sich derzeit in der Zweiten Liga.

Die Experten setzen sich folgendermaßen zusammen:

Tabelle 1 Übersicht theoretisches Sample

Position im Verein	Anzahl
Leiter Leistungszentren	4
Trainer Zweite Mannschaften (U23)	2
Trainer Lizenzmannschaft	2
Manager Lizenzabteilung	1

Die infrage kommenden Vereine und die jeweiligen Experten wurden mit Hilfe der Verantwortlichen des Kooperationspartners SV Werder Bremen abgeglichen und verifiziert. Die Kontaktaufnahme fand unter Inanspruchnahme persönlicher Verbindungen der Personen von Werder Bremen sowie über ein offizielles Anschreiben, in dem das Forschungsanliegen kurz skizziert wurde, statt. Daraufhin wurde persönlich Kontakt mit den jeweiligen Experten aufgenommen und ein Termin vereinbart. Aufgrund der starken zeitlichen Einbindung der Experten wurde kurz vor dem anstehenden Termin noch einmal Rücksprache gehalten und der Termin fixiert. Die Interviewtermine fanden alle zwischen Juli und Oktober 2013 statt.

Den Experten wurde die Anonymisierung der Ergebnisse zugesichert. Nur unter dieser Bedingung waren sie bereit Auskunft über ihr Spezialwissen zugeben. Daher wurden in der Transkription nicht nur die Namen der Experten, sondern diejenigen von erwähnten Spielern, Städten und Vereinen anonymisiert, so dass keine Rückschlüsse auf die Identität des Experten möglich sind.

6.3. Der Interviewablauf

Die Interviews wurden mittels eines digitalen Aufnahmegeräts aufgezeichnet. Somit wurde der vollständige Kommunikationsprozess erfasst. Aufgrund der sensiblen Daten, die erfragt wurden und der verbunden Wahrung einer vertrauten Gesprächssituation, wurde auf die Hinzunahme eines zweiten Interviewers verzichtet und die Interviews allein vom Autor geführt. Derselbe verfügt über die Erfahrung von knapp 50 geführten qualitativen Interviews mit Personen aus der Talentförderung im Rahmen des vorrausgegangenen Forschungsprojekts. In Bezug auf die Statusrelation zwischen Interviewer und Interviewtem nahm der Interviewer den Status des Quasi-Experten ein, da er sich als Dozent in der Trainerausbildung des DFB zum relevanten Thema und durch die eigenen Forschungsarbeiten ausweisen konnte. Hinsichtlich der Geschlechtsrelation wurde berücksichtigt, dass der Interviewer männlichen Geschlechts ist.

Die Interviews fanden, mit einer Ausnahme, in der das Interview bei einem Trainer zu Hause durchgeführt wurde, in den Büros der Gatekeeper, also dem beruflichen Umfeld der Interviewpartner statt. Kurze Störungen ließen sich im Einzelfall nicht vermeiden. Nur während eines Interviews wurden die Störungen so beeinträchtigend, dass das Gespräch in einen anderen Raum verlegt werden musste.

Die Interviews dauerten zwischen 60 und 137 Minuten. Im Durchschnitt betrug die Interviewzeit 113 Minuten. Zu jedem Interview wurde im direkten Anschluss ein Interviewprotokoll angefertigt, in dem die wesentlichen Erkenntnisse und Besonderheiten im Interview und zur Interviewsituation eingetragen wurden. Das diente in der Auswertung als erste Einschätzung und Einordnung des Materials.

6.4. Die Auswertung

Das gesamte Interview wurde vollständig transkribiert. Zuvor sind dreizehn Transkriptionsregeln festgelegt worden (siehe Anlage). Zur Handhabung der qualitativen Daten wurde das Programm MaxQDA10+ verwendet.

Grundlage des Auswertungsverfahrens war das thematische Codieren, das von Christel Hopf und Kollegen methodisch gut ausgearbeitet ist (Hopf & Schmidt, 1993; Hopf et al., 1995) und in den vorrangegangenen eigenen Untersuchungen schon ausführlich erprobt und jeweils leicht modifiziert wurde. In diesem Fall wurde ebenfalls das Verfahren an den Forschungsgegenstand und -strategie angepasst.

Das thematische Codieren zielt, wie andere Auswertungsverfahren auch, darauf Kategorien zu entwickeln und ihnen prozessbezogen Textteile und Abschnitte in Codierungsverfahren zuzuordnen. Die Kategorienentwicklung wird als deduktives/ induktives Wechselspiel organisiert, in dem sowohl Kategorien aus den Themenkomplexen des Leitfadens als auch aus dem Material selbst gewonnen werden.

Der Auswertungsprozess bestand aus vier Schritten. Zunächst wurden deduktiv erste, recht grobe Kategorien abgeleitet. Daraufhin wurden Textabschnitte aus drei recht unterschiedlichen Interviews zugeordnet. Während der Zuordnung wurde aus den Textabschnitten, die nicht den Kategorien zugeordnet werden konnten, allerdings relevante Aspekte in Bezug auf die Fragestellung enthielten, neue Kategorien gebildet, die in das Kategoriesystem aufgenommen wurden. Die drei Interviews wurden sowohl vom Autor, als auch von einer weiteren Person des Forschungsteams zunächst unabhängig voneinander zugeordnet und anschließend auf Übereinstimmung und Abweichung mittels MaxQDA verglichen (Intercoder-Reliabilität). Unterschiedliche Zuordnungen wurden diskursiv erörtert und Entscheidungsgrundlagen schriftlich fixiert. Im zweiten Schritt wurden durch die Einbindung der weiteren Interviews Subkategorien aufgeschlüsselt und deren Spannbreite ausgelotet. Drittens wurden alle bis dahin zugeordneten Interviewtextteile aus dem nun entstandenen Kategoriesystem entfernt und anschließend jedes Interview wiederholt vollständig codiert. Dabei wurden die Ausprägungen der Kategorien ausdifferenziert. Strittige Textabschnitte, bei denen die Zuordnung nicht ohne Zweifel durch den Codierleitfaden gelang, wurden in weiteren konsensuellen Codierungsprozessen unter Hinzunahme einer dritten äußerst erfahrenen Person, bearbeitet (vgl. (Hopf, 1993). Ein solches Verfahren scheint sinnvoller als lediglich die Maßzahl der Intercoder-Reliabilität zu bestimmen. Viertens und im letzten Prozess wurden Übersichten zu den verschiedenen Übergangsverläufen erstellt; sie wurden hinsichtlich struktureller Ähnlichkeiten in Sequenztypen von Statuspassagen zusammengefasst und ihre inhaltlichen Gemeinsamkeiten und Unterschiede wurden in Tabellen veranschaulicht. Formen der Auseinandersetzung im Bewältigungsprozess konnten in verschiedene Bewältigungsmuster gebündelt und entsprechende Merkmale solcher Bewältigungsmuster bestimmt werden.

Die Leiter Leistungszentren werden in der Darstellung der Ergebnisse nachfolgend mit LL abgekürzt, die Trainer der Zweiten Mannschaft werden mit TA bezeichnet, die Trainer der Lizenzmannschaft mit TP und der Manager der Lizenzabteilung mit SPL. Die verwendeten Zitate liegen in der originalen Form vor. Sie sind im Sinne einer verbesserten Lesequalität sprachlich geglättet, der ursprüngliche Sinn ist jedoch nicht verändert worden.

7. Ergebnisse – Gesellschaftliche, allgemeine und fußballerische Anforderungen und Entwicklungsaufgaben

Die verschiedenen Anforderungen, mit denen sich die Spieler konfrontiert sehen, ergeben sich zunächst auf einer allgemeinen globalen Ebene aus den gesellschaftlichen Bedingungen und ihren Wandlungsprozessen, in denen die Jugendlichen aufwachsen. Der gesellschaftliche Wandel bleibt für die Spieler nicht abstrakt. Er äußert sich konkret in ihren Lebenswirklichkeiten. Erfahrbar wird das für die Spieler in der alltäglichen Bearbeitung allgemeiner Entwicklungsaufgaben, mit denen sie, wie jeder andere Jugendliche auch, in ihren Lebenswelten konfrontiert werden. Ihre Lebenswelten sind durch die Strukturen des Talentförderungssystems stark geprägt, wodurch sich die Entwicklungsaufgaben in ihrer Erscheinung und ihrer Bearbeitung modifizieren. Zudem sind die Spieler mit den Anforderungen des modernen Fußballspiels konfrontiert. Die Anforderungen des Fußballs werden in der höchsten Spielklasse und auf das höchste Niveau des Spiels gesetzt und top down an die unteren Bereiche und an die Talentförderung weiter gereicht. Grundsätzlich können die konkreten Anforderungen der Lebensbereiche (z.B. Fußball im Leistungszentrum) als eingebettet in unspezifische allgemeine Anforderungen angesehen werden (siehe Abb. 17).

Abbildung 17 Heuristisches Modell der Anforderungen und Aufgaben des Fußballtalents (Eigene Darstellung)

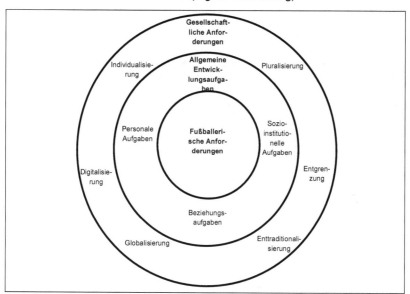

7.1. „...was wir nicht vergessen dürfen, sind die Lebensumstände unserer Spieler "

Den Gatekeepern ist bewusst, dass die Talentförderung nicht losgelöst von gesellschaftlichen Tendenzen erfolgt und der Alltag der Spieler eng mit anderen Lebensbereichen verwoben ist. Sie erkennen, dass die fußballerische Ausbildung in unübersichtlichen Korrelationen bspw. zu Veränderungen in der schulischen Ausbildung steht.

„(...) was wir nicht vergessen dürfen, sind die Lebensumstände unserer Spieler. Die sind ja anders als vor 25 Jahren. Schule, Ausbildung und gesellschaftliche Dinge, die sie täglich erleben, spielen eine ganz große Rolle und sind zu berücksichtigen, in dem Thema der Ausbildung. Wir reden ja jetzt über den ganz wichtigen Schritt, wenn es jetzt darum geht, das Erlernte letzten Endes auch dann zum Beruf zu machen. Das sagen ja auch viele ältere Spieler und Leute, die lange in dem Beruf Fußball dabei sind. Ja das hat früher halt wesentlich länger gedauert. Ich will nicht sagen, dass das ein Trend ist. Das hat auch damit zu tun, dass sich das Spiel völlig verändert hat. Das hat sich total verändert und die jungen Leute, die können, wenn sie gut trainiert sind, die können auch relativ schnell wieder regenerieren und können dies hohe Tempo auch spielen" (Interview 7 LL, §10).

Die von dem Leiter des LZ angedeutete Verkürzung der Ausbildungszeit gilt nicht nur für die fußballerische Talentförderung, sondern gleichermaßen für Ausbildungsprozesse in der Schule. Die Gatekeeper sehen die Spieler durch diese Verkürzung zusätzlich belastet. Den Spielern wird sowohl in der Schule als auch in der fußballerischen Ausbildung ein kleinerer Zeitraum gewährt, in dem jedoch gleiche Leistungen bzw. zunehmend höhere Leistungen erbracht werden müssen, die dazu befähigen die Statuspassagen, die hier in gleichen Lebensphasen aufeinandertreffen, erfolgreich zu durchschreiten. Die Verdichtung zweier unterschiedlicher Ausbildungsphasen wirkt sich negativ auf die dynamischen zeitlichen Ressourcen des Spielers aus. Die Möglichkeiten, anderen Aktivitäten außerhalb von Fußball und schulischer Verpflichtung nachzugehen oder die Zeit zur Erholung zu nutzen, sind recht eingeschränkt.

„G8 würde ich keinem Leistungssportler, der Potential hat, empfehlen. Denn das ist schon sehr stressig, was man so mitkriegt. Ich habe auch ein paar Lehrer in meinem Umfeld. Ich weiß, was von den Schülern verlangt wird. Das müssen sie durchziehen. Und dann kommt noch der sportliche Druck. Bei uns müssen sie auch noch richtig Leistung bringen. Und das ist schon eine grenzwertige Belastung. Die haben dann kaum noch Freizeit. Die trainieren, bzw. vielleicht kann ich gar nicht trainieren, weil ich lernen muss, weil ich sonst mit dem Stoff nicht durchkomme. Denn heutzutage trainieren sie schon jeden Tag in der Woche, außer an einem. Und diese Freizeit sollen sie mal nutzen, um was anderes zu machen. Ich denke mal schon, dass dieser schulische Druck enorm ist für die Spieler. Und da diese Waage zu finden und beides gut zu machen, Respekt" (Interview 9 LL, §117).

Kapitel 7 Ergebnisse – Allgemeine Anforderungen

Die Verknappung der Ausbildungszeit bei steigender inhaltlichen Qualitätsanforderung, die vermittelt und vom Spieler erfüllt werden müssen, führt in den verschiedenen Bereichen zu einer zunehmenden Professionalisierung und einer steigenden Anzahl des Betreuungs- und Lehrpersonals, die für ihre spezielle Disziplin Deutungshoheit fordern. Diese Tendenz in allgemeinen universitären und beruflichen Ausbildungsgängen findet sich entsprechend in der fußballerischen Talentförderung wider. Außerdem wird den Spielern, insbesondere den Internatlern durch die Vielzahl der spezialisierten Betreuungspersonen in den Vereinen ein Umfeld geschaffen, in dem die Spieler möglichst viele Ressourcen in die beiden Bereiche mit wachsenden Anforderungen (Fußball und Schule) aufwenden können. Selbständige Alltagskompetenzen als Zeichen erwachsener Personen werden dadurch nicht gezielt aufgebaut und von dem Spieler entwickelt. In der Tendenz verweist der Befund auf eine Verlängerung der Jugendphase, die durch die Talentförderung begünstigt wird, was sich in den Ergebnissen zu den Entwicklungsaufgaben weiter verdichten lässt.

„*Also vor 2000 waren wir zu viert [Anzahl Mitarbeiter], die für die Jungs hier tätig waren. Und wenn du jetzt hier mal durchgehst. Wie viele Leute hier mittlerweile tätig sind fürs Leistungszentrum. Das hat sich enorm entwickelt. Das ist auf der einen Seite natürlich positiv, weil du einfach viele Facetten hast, die abgedeckt werden. Da ist der psychologische Bereich, sei es der schulische Bereich, sei es der sportliche Bereich, sei es der Bereich des Athletiktrainings, des Reha-Trainings und dergleichen mehr. Ist auf der anderen Seite natürlich immer gefährlich, weil dementsprechend viele Leute auch immer über jedes einzelne Talent mitsprechen und sich drum kümmern und dann kommen wir schon zum Thema. Wenn sechs verschiedene Leute eine Meinung zu einem Spieler haben, dann hast du auch mindestens vier verschiedene Meinungen. Das andere ist aus Sicht des Spielers. Er wird hofiert. Er wird von morgens bis abends betreut. Ist diese Entwicklung noch so da, diese freizügige Entwicklung, wie ein Fußballspieler sie eigentlich haben muss?*" (Interview 8 LL, §4-5).

Die Jugendphase dehnt sich nicht nur in spätere Altersbereiche aus, sondern der Beginn verschiebt sich gleichsam in frühere Altersphasen. Dementsprechend verkürzt sich die Kindheitsphase, was der Gatekeeper hier am Beispiel sexueller Erfahrungen thematisiert und für ihn sichtbar wird. Darüber hinaus verbindet er das Phänomen mit einer weiteren gesellschaftlichen Tendenz, der Pluralisierung von Lebensformen.

„*Aber es sind natürlich auch wieder total überholte Aussagen, die der Trainer I da trifft, denn heute ist es ja nun mal so, dass man die Partner ja, auch die jüngeren Leute, eher wechselt wie eine Jeans. Das Sexualverhalten hat sich ja auch bei Dreizehn- und Zwölfjährigen und Vierzehnjährigen total verändert, beziehungsweise da gibt es überhaupt schon Sexualverhalten, was es vor fünfzehn Jahren noch nicht gab*" (Interview 6 LL, §237).

Die Verantwortlichen stellen auch, im eher als konservativ geltendem Fußballgeschäft eine Zunahme von unterschiedlichen Lebensentwürfen fest. Die Ehe wird nicht als die Norm angesehen. Zudem ist die Lösung der Partnerschaftsverbindung durch die Institutionalisierung weniger flexibel und bringt dadurch andere Schwierigkeiten mit sich, wie der Leiter des Leistungszentrums anführt.

„Es hat sich verschoben, ob das gut oder schlecht ist, sei mal dahingestellt. Aber ob Trainer I damals Recht hatte (...) Dass es Liebe mit achtzehn gibt oder neunzehn gibt, daran glaube ich schon, aber wenn man sieht, wie viele Trennungen es gerade bei Mitarbeitern und Spielern im Fußballgeschäft gibt, ist es vielleicht sogar die falsche Lösung, weil so eine Scheidung bringt ja auch immer viel anderes Unheil mit sich. Das muss jeder für sich selbst wissen" (Interview 6 LL, §237).

Die Strukturen der Förderung, speziell Einrichtungen wie Internate und die einhergehende frühere Eingliederung der Spieler in die Organisationen, führt dazu, dass sich der Erziehungsauftrag von der Familie in die Leistungszentren verlagert. So werden Verhaltensnormen und einhergehende Wertvorstellungen erst in den Einrichtungen der Leistungszentren ausgebildet. Sozialisierungsprozesse finden für diejenigen Spieler weniger in den Herkunftsfamilien statt, sondern werden durch das Betreuungspersonal der LZ übernommen.

„Ja und man nimmt natürlich mit, die Dinge, die wir früher von Zuhause mitgenommen haben, die nehmen ja viele Spieler heutzutage nicht mehr von Zuhause mit. Die lernen sie ja hier. Wenn ich jetzt sage, dass wir einen Spieler aus Bundesland B verpflichtet haben, der lernt gerade essen" (Interview 6 LL, §257f.).

„Es geht auch darum, im Essensraum zum Beispiel, da lege ich großen Wert drauf, da werden keine Mützen getragen, da wird gegrüßt, da wird aufgegessen, da wird nicht in Badelatschen erschienen, da wird die Jacke ausgezogen. Sind alles Kleinigkeiten, nur die Jungs haben halt keine Eltern mehr, die vor Ort sind und deswegen muss man hier auch auf die Kleinigkeiten achten" (Interview 6 LL, §68-69).

7.2. „...Wir können keine Disco auf den Platz holen..." – Die Ausgestaltung allgemeiner Entwicklungsaufgaben innerhalb fußballerischer Talentförderungssysteme

Hinsichtlich interpersoneller Entwicklungsaufgaben berichten die Gatekeeper über Besonderheiten, die sie auf Unterschiede im sozialen Status und auf sozialintegrative Wirkungen des Fußballspiels zurückführen. Der Aufbau von stabilen Peerbeziehungen ist bspw. komplexer, da Spieler Peerbeziehungen führen, die über Freundschaften, deren Beteiligte über einen ähnlichen sozioökonomischen Status verfügen, hinausgehen. Dadurch wird ihnen zugleich ein Lernprozess unterstellt, der ihnen hinsichtlich des Umgangs mit Gleichaltrigen unterschiedlichster Herkunft Vorteile verschafft, somit eine Facette sozialer Kompetenz darstellt.

„Ich glaube, dass man dadurch lernt. Oft ist ja so, dass logischerweise die Bevölkerungsgruppen nebeneinander her leben. Ist ja ganz normal, dass dann der Junge aus der Arztfamilie auf andere Arztkinder trifft, weil sich die Eltern abends zum Grillen treffen. Und hier trifft man auf ganz verschiedene Bevölkerungsschichten. Deshalb lernt man auch mit diesen anderen Bevölkerungsschichten umzugehen und man lernt dann so viele Facetten von Bevölkerungsschichten kennen, dass man damit, wenn man erwachsen ist, einfach besser umgehen kann" (Interview 6 LL, §259-260).

Die partnerschaftlichen Beziehungen, die die jungen Spieler lernen müssen stabil zu entwickeln, auch wenn ihre Ausformungen und die Lebensentwürfe sich zusehends vervielfältigen, sind für die Spieler mit Besonderheiten gespickt, die aus ihrer sozialen Rolle als Fußballtalent, der einhergehenden sozialen Anerkennung und öffentlichen Aufmerksamkeit resultieren. Die Gatekeeper beobachten und beschreiben aus ihren eigenen Erfahrungen, dass sich für junge Fußballer insbesondere durch die mediale Präsenz und der frühen ökonomischen Unabhängigkeit die Möglichkeiten partnerschaftliche Beziehungen einzugehen oder zumindest sexuelle Erfahrungen zu sammeln, erweitern. Wenn die Beziehungen Stabilität erreichen und eine relativ dauerhaft sind, erfahren die Spieler dort nicht nur soziale Unterstützung, sondern sie bieten ihnen auch eine Form von sozialer Kontrolle, die für das professionelle Leben des Leistungssportlers durchaus förderlich angesehen werden. Grundsätzlich geht damit einher, sich mit dem eigenen Lebensentwurf hinsichtlich partnerschaftlicher Beziehungen auseinanderzusetzen, wie im zweiten Zitat angedeutet wird.

„Ein Mann, der jagt natürlich auch immer nach Mädels und feiert und ist unterwegs. Und wenn du eine Frau hast, oder eine feste Lebenspartnerin, das muss ja heute keine Frau mehr sein, die akzeptiert das nicht. Das ist sicherlich förderlich, wenn du nur auf Abwegen bist. Viel Geld hast, interessant bist, auch für Frauen interessant bist als Profi, dann ist es schon richtig, was er gesagt hat. Das geht jetzt nicht ums Heiraten, aber um einen festen Lebenspartner, dass du auch eine Form von Kontrolle bekommst" (Interview 1 TA, §102).

„Ich glaube, dass der Otto [Rehagel] damit meinte, die sollen ein geregeltes Leben führen. Ich glaube, dass es für viele junge Spieler nicht unbedingt so sein muss [Heiraten]. Das hat schon was, dieses Geregelte, auch aus eigener Erfahrung. Es hat auch was Verantwortung zu übernehmen für die Familie, für Kinder. In Klammern, der ein oder andere geht auch daran kaputt, weil es zu viel ist. Das ist auch zum Ausdruck gekommen. Du hast nicht mehr diese vielen jungen Spieler, die so unprofessionell gelebt haben oder so leben, dass eine feste Beziehung das Nonplusultra ist. Man stellt das immer wieder

fest, dass die sich immer besser selbst organisieren können und sehr diszipliniert sind" (Interview 7 LL, §92).

Dass es für einen talentierten Fußballer relativ einfach ist, frühzeitig ökonomische Unabhängigkeit zu erreichen, wurde oben schon angedeutet. Dass dies aber durch die finanziellen Dimensionen, mit denen der Jugendliche umgehen muss, zu anderen qualitativen Herausforderungen führt, als für andere Jugendliche, mit einem zuvor vergleichbarem sozioökonomischen Status des Elternhauses, verändert die Entwicklungsaufgaben wesentlich. Sie sind durch die einhergehenden ökonomischen Ressourcen bei aufsteigendem Karrierestatus für den jugendlichen Fußballer im engen Bezug zur Aufgabe „sich auf die berufliche Karriere vorzubereiten" zu verstehen.

„Der Spieler hat gesagt, ich habe es geschafft. Ich verdiene auch noch fünfstellig im Monat. Ja es ist so. Man verändert sich. Und wenn man sich mit 17-18 Jahren mit Dingen auseinandersetzt, die schwer zu händeln sind. Wenn die Monatsabrechnung kommt und da steht ein dicker fünfstelliger Betrag drauf und dann zu sagen, nein mit 500 € komme ich aus. Schwierig. Ganz schwieriges Thema. Freunde, Eltern alles Mögliche. Auch mit 18, kleines Auto, großes Auto? Was ist jetzt? Das spielt ja alles eine Rolle, um weiter zu kommen" (Interview 7 LL, §86ff.).

Es gilt also langfristige Dimensionen in tägliche Handlungen und Überlegungen einzubeziehen und aktuelle Entscheidungen daran auszurichten. Denn die sportliche Karriere ist ungleich weniger präzise zu planen und mit vielen Unwägbarkeiten gespickt als bspw. eine berufliche Karriere als Verwaltungsangestellter im öffentlichen Dienst. Deshalb bedeutet die Entwicklungsaufgabe „sich auf die berufliche Karrierevorzubereiten" speziell für Spieler, die nicht zur Elite ihres Jahrgangs bzw. des jeweiligen Kaders gehören und somit vergleichsweise weniger finanzielle Ressourcen zur Verfügung haben, eine breite Auseinandersetzung mit den eigenen beruflichen Perspektiven und subsidiären Qualifikationsmöglichkeiten, wie der Nachwuchsdirektor im Zitat betont.

„Das heißt, er kriegt dafür dann fünfhundert Euro und muss ja logischerweise, um sich seinen Lebensunterhalt zu finanzieren oder für später etwas aufzubauen, studieren oder arbeiten. Klar. Anders wird es nicht gehen" (Interview 6 LL, §167).

Die Vorrausetzung dafür ist, die Entwicklungsaufgabe des Schulabschlusses erfolgreich zu bewältigen. Wobei die Trainer auch auf die Lerneffekte innerhalb des Qualifizierungsvorgangs verweisen, die erzielt werden, während sie den formalen Abschluss für weniger entscheidend einschätzen. Dies gilt insbesondere für ihre Toptalente.

„Also ist doch eigentlich immer sinnvoll. Ob jetzt einer sein Abi macht oder nicht macht. Oder im letzten Jahr aussteigt. Klar hat der dann sein Abi

Kapitel 7 Ergebnisse – Allgemeine Anforderungen

nicht, aber der ist doch so und so viele Jahr auf die Schule gegangen und hat das genauso gelernt. Der hat den Stempel nicht drauf. Aber notfalls kannst du das noch nach machen. Ich sage mal das Geld, das du im Profibereich verdienst, das verdienst du nirgends. Deshalb wäre schon wichtig, dass man das macht. Aber, wenn man es nicht macht, hat man trotzdem eine gute schulische Ausbildung ohne den Abschluss vielleicht. Aber wichtig ist ja auch, was lernt man. Hat man den Abschluss, aber nichts gelernt die ganzen Jahre und ist nur mit mogeln durchgekommen? Oder hat man versucht, das vernünftig zu machen. Das prägt ja auch das Leben" (Interview 1 TA, §69).

Die Ablösung vom Elternhaus bzw. die emotionale Distanzierung zu den Eltern wird von den Leitern differenziert beurteilt. Insbesondere den Vätern wird ein dominanter Part in den Beziehungen zu ihren talentierten Söhnen zugesprochen, gegen den sich die jungen Talente nur schwerlich behaupten und eine emotionale Distanz erreichen können. Anderen wird der Aufbau eines eigenen positiven Selbstwerts durch die Ablösung des Elternhauses zugestanden.

„Das ist unterschiedlich. Es gibt dann ja solche und solche Fälle auch. Wir haben auch aktuell mal Fälle, bei denen es wirklich schwierig ist. Und bei denen es auch eher kontraproduktiv ist, diese enge Bindung und der Einfluss des Vaters. Anderseits gibt es eben viele Väter, die ihre Kinder eben gut beeinflussen, wo dieser Abkopplungsprozess auch auf eine gesunde Art und Weise erfolgt ist, ohne dass jetzt komplett zu kappen. Ich denke bei einem Großteil ist es wirklich in Ordnung" (Interview 5 SLP, §94).

„Nein, ich glaube, dass es so ist, dass der überwiegende Teil sich von den Eltern lösen kann. Also lösen, im Sinne von positiver Selbstwert aufbauen" (Interview 2 SP, §89).

Allerdings geht die erfolgreiche Bearbeitung der Beziehungsaufgaben, insbesondere der Umgestaltung der Abhängigkeiten zu den eigenen Eltern, nicht unmittelbar mit einer positiven Selbstständigkeitsentwicklung einher. Der Aufbau von alltäglichen Handlungskompetenzen wird den Fußballern durch die bestehenden Betreuungsformen und -angebote in den Leistungszentren erschwert, da ihnen viele praktische Unterstützungsmöglichkeiten geboten und Privilegien eingeräumt werden (vgl. Kapitel 8.). Dadurch sind die Spieler nicht gezwungen selber solche Handlungen zu vollführen und auch verantwortlich zu tragen.

„Also, die kriegen ja schon viel abgenommen. Wir haben schon viele Spieler hier, die im Internat gewohnt haben, die dann auch früh auf eigenen Füßen stehen mussten, aber natürlich trotzdem von allen begleitet werden. Also ihr ganzer Tagesablauf ist geregelt, sie haben von morgens bis abends im Endeffekt ihre Programmpunkte, da müssen sie sich nur dran halten. Und Essen kriegen sie, sie kriegen Getränke und was weiß ich. Die müssen sich auch eigentlich da nicht drum kümmern. Kann natürlich dann auch schwierig

werden, wenn du irgendwann woanders hinkommst, wo du dich dann selber organisieren musst. Wo du das erste Mal ohne Verein da stehst, wenn es dann heißt morgens: Oh was mach ich denn jetzt? Ich hab gar kein Training. Scheiße irgendwie. Es gibt nicht nur schlaue Fußballer, das ist auch klar" (Interview 3 TA, §193ff.).

Die fast vollständige Bindung der dynamischen Ressource Zeit durch die fußballerische und schulische Ausbildung führt dazu, dass sich die Bearbeitung der allgemeinen Entwicklungsaufgaben des Nachwuchsfußballers von der anderer Jugendlicher differenziert. Die Bearbeitung muss größtenteils in den jeweiligen Lebensbereichen erfolgen, da es vergleichsweise weniger freie Gestaltungsmöglichkeiten gibt. Daher muss überlegt werden, welche Aspekte der allgemeinen Entwicklungsaufgaben in welcher Form sinnvoll in die fußballerische Talententwicklung eingebaut werden kann. Einer der Profittrainer sieht auch im Spiel selbst Potential, es mit diversen relevanten Aspekten anzureichern.

„..auf Dinge, auf die sie verzichten, Wir können keine Disko auf den Platz holen und keine Mädels, mit denen sie rumknutschen können am Samstagabend, weil sie dann beim Auswärtsspiel sind. Aber das Spiel ist groß genug, um Dinge auf den Platz zu bringen, die über das Spiel hinausgehen. Sagen wir mal so, wenn ich nicht nach Thailand fahren kann und Thailand interessiert mich. Dann fahre ich zum Thailänder und kaufe ein und dann koche ich thailändisch. Dann riecht es doch schon in der Wohnung, wie in Thailand". (Interview 2 TP, §137f.)

7.3. Anforderungen des modernen Fußballs

Wenn sich der Spieler in der Talentförderung des Verbands oder im Leistungszentrum eines Lizenzvereins befindet, muss er sich mit den Anforderungen des modernen Fußballs auseinandersetzen, denn die Systeme und Strukturen der Talentförderung sind auf die oberste Leistungsklasse, die Bundesliga, ausgerichtet. Somit reagiert die Talentförderung in ihrer Ausrichtung zunächst mal auf die nationalen und internationalen Trends und Veränderungen der Spielweise auf höchstem Niveau.

Ein solcher Trend ist, abstrakt gesprochen, potentielle Räume des Spielfelds, in denen der Ball erobert werden soll, zu verdichten und somit die Handlungszeit des Gegners, bis er von der eigenen Mannschaft attackiert wird, zu minimieren. Schließlich soll der Gegner so zu Fehlern gezwungen werden. Merkmale, die die moderne Spielart kennzeichnen und für aktuell erfolgreiche Mannschaften typisch sind, sind Ballbesitz, eigene Aktivität, variable Positionsbesetzung und flexible taktische Systemumstellungen. Die Anforderungen an die verbundenen Kompetenzen und Fähigkeiten, die diese Merkmale verlangen, werden in den jeweiligen Entwicklungsaufgaben (vgl. Kapitel 8.4) und den entsprechenden Ressourcen (vgl. Kapitel 8.6) aufgegriffen, veranschaulicht und mit den Aussagen der Gatekeeper untermauert.

8. Talentförderung – Tendenzen und Qualitätsmerkmale

Durchweg attestieren die Interviewten dem Fußball eine immer weiter voranschreitende Professionalisierung, die nicht nur in den Lizenzmannschaften beobachtet wird. Sie findet sich gleichermaßen in den Leistungszentren der Vereine. Einerseits bezieht sich die Professionalisierungstendenz auf die Ausstattung und Personalentwicklung in den Leistungszentren, andererseits zeigt sie sich in der Ernsthaftigkeit und Konsequenz, wie die jungen Spieler ihre Ausbildung begreifen und betreiben. Darüber hinaus findet eine, wie schon erwähnt, zunehmende Spezialisierung einzelner Fachdisziplinen, die sukzessive und systematisch in die Strukturen der Talentförderung eingebaut werden, statt. Dazu zählen Disziplinen wie Trainingswissenschaften, Ernährungsberatung, pädagogische und psychologische Begleitung und medizinische Betreuung.

„Früher kann man mit heute nicht vergleichen. Die haben vor dem Spiel den Kühlschrank leer gesoffen. Das passiert heute nicht mehr. Die wissen, dass das nicht geht. Das heißt, das hat sich alles viel mehr zum Profitum hin entwickelt. Wir haben eine Ernährungsberaterin, bei uns kocht der Koch Ä, wir haben Doktoren. Wenn die Spieler sich schlecht fühlen, dann nehmen die Blut ab, wird schnell analysiert und dann werden die vom Training rausgenommen. Das sind Dinge, die gab es früher nicht. Wenn ich Dinge von früher erzähle, das glaubt mir keiner mehr. Die Lachen, die kriegen Schreikrämpfe. Die haben einen Spieler, der hatte Fieber, dann haben die ihn ins Eisbad gelegt" (Interview 4 TP, §168-170).

„Also es ist jetzt sehr dezidiert geworden, auch mit der Personalgröße, die wir inzwischen haben, sind das im Grunde die professionellen Strukturen, wie sie auch eine normale Profimannschafft hat. Unsere Funktionsteams sind genauso groß, wie die einer normalen Profimannschafft, unser U23-Team hat ein Funktionsteam von fast zehn Mann, drei Physiotherapeuten, Athletiktrainer, Torwarttrainer, Co-Trainer, Videoanalyst. Denn man muss ja Talente eigentlich fast noch besser analysieren, als die Profis, um festzustellen, was fehlt dem denn genau, dass der dann irgendwann Bundesliga spielen kann" (Interview 6 LL, §7-9).

Einhergehend mit den Professionalisierungstendenzen kann eine zunehmende Ökonomisierung des Fußballsports festgestellt werden. Dies weitet sich auf die unteren Bereiche der Talentförderung aus. Die Gatekeeper beobachten dies daran, dass mehr Geld investiert und der Vertragswettbewerb (Abschaffung und Umgehung von einheitlichen Förderverträgen) zugelassen und verschärft wird. Die Talente werden zu früheren Zeitpunkten umworben und erhalten frühzeitig entsprechend dotierte Verträge.

„Es geht los in der U15, U16, U17. Denn wir müssen ja da die Verträge schon mit den Spielern machen. Schon hast du automatisch eine Konkurrenzsituation, die du früher so nicht hattest. Es gab eine Zeit, in der alle den glei-

chen Fördervertrag bekommen haben. Das ist alles Schnee von gestern. Also nicht nur wir, sondern auch die Spieler und Eltern müssen sich schon mit diesen Dingen auseinandersetzen" (Interview 7 LL, §96).

8.1 Spielerverpflichtungen – Gründe und Zeitpunkte zur Aufnahme in die Förderung

Die Vereine reagieren darauf, in dem sie frühzeitig versuchen Spieler zu verpflichten und an sich zu binden. Je früher das Talent für das Leistungszentren verpflichtet wird und dort soziale Beziehungen aufbaut, desto intensiver ist die Integration des Spielers in den Verein. Zum Beginn des Übergangs in den Seniorenfußball rekrutieren die Vereine, die als Ausbildungsvereine gelten und traditionell und aufgrund ihrer Strukturen über geringere finanzielle Möglichkeiten verfügen, diejenigen Talente, die für sie zu dem Zeitpunkt noch potentiell interessant sind, nicht mehr. Die Spieler, denen zu diesem Zeitpunkt eine fußballerische Karriere als Lizenzspieler zugetraut wird, werden auch von finanzstärkeren Vereinen umworben, so dass die Ausbildungsvereine vergleichsweise nur geringer dotierte Verträge bieten können. Das Argument der „größeren Chance sich in der Lizenzmannschaft eines Ausbildungsvereins etablieren zu können", wiegt in den Augen der Gatekeeper geringer, gegenüber der Strahlkraft der „großen" Klubs und der damit verbundenen Wertschätzung, die der Spieler durch deren Interesse erfährt. Daher liegt der Fokus der Ausbildungsvereine darauf, relativ früh den Spieler in den Verein zu holen, ihn dort über einen längeren Zeitraum zu begleiten, seine Entwicklung zu unterstützen und an den eigenen Verein zu binden.

„Zu Beginn des Übergangsbereich, was heißt das? Wie alt?... Da kriegen wir normalerweise nicht mehr so viele Spieler verpflichtet. Sehr talentierte Spieler gehen dann zu anderen Vereinen. Da ist dann schon viel Geld im Spiel" (Interview 2 TP, §13-15).

„Wenn wir einen in der U19 verpflichten? Machen wir selten. Wir hoffen, dass wir es immer so hinkriegen, dass die Spieler, die auch länger hier ausgebildet werden, auch in der A-Jugend landen. Aber Spieler in der A-Jugend zu verpflichten, ist eher selten der Fall. Weil man hat auch nicht mehr Möglichkeiten einzugreifen. Ich sage auch mal Folgendes, die Spieler, die unterwegs sind, die man in der A-Jugend noch verpflichten kann, die sind doch bei Leistungszentren. Was sollen wir uns da noch großartig mit auseinandersetzen. Es sei denn es sind Toptalente, von denen wir wissen, die Verträge laufen aus. Ja gut, dann müssen wir alle ran. Das machen alle Vereine und wir auch. Das ist ja ganz klar. Aber das Kriterium kann einfach sein, dass uns B-Jugendspieler verlassen. Oder wir haben keinen guten Torhüter, dann müssen wir einfach gucken, wo wir einen guten herkriegen. Aber das sind schon alles Dinge, die schon vorher absehbar sind, was wir da bekommen" (Interview 7 LL, §28).

Für den Leiter des Leistungszentrums ist es wichtig, dass sie maximalen Einfluss auf die Entwicklung des Spielers nehmen können. Das Ziel lautet:

Spieler, die selbst ausgebildet wurden, an den Übergangsbereich heranzuführen und schlussendlich auch in den ersten Ligen zu etablieren, möglichst in der eigenen Lizenzmannschaft. Bei finanzstarken Vereinen, die nicht grundsätzlich als Ausbildungsvereine gelten, jedoch eine für ihre gute Jugendarbeit zertifiziert wurden, können sich größere Spannungen zwischen den Verantwortlichen der verschiedenen Mannschaften ergeben, wenn sich Talente tatsächlich in der Bundesligamannschaft etablieren. Ggf. wird dadurch die Transferpolitik, die von anderen Entscheidungsträgern, die in der traditionellen Hierarchie des Vereins höher gestellt sind, torpediert. Daher wurde in einigen Vereinen aufgrund der Qualität des Kaders der Bundesligamannschaft und deren Marktwert, nicht darauf gesetzt, Spieler aus der eigenen Jugendabteilung systematisch in die eigene Lizenzmannschaft einzubauen, wie der Leiter des Leistungszentrums im zweiten Zitat rückblickend kritisch konstatiert.

„Viele bleiben auf der Strecke. Ist ja normal. Verein D bspw., die haben nicht so viele aussortiert wie wir. Wenn man für XX Millionen Spieler kaufen kann, dann ist es natürlich schwierig einen durchzubringen. Ist ja keine Frage. Und dann ist es auch schwierig, du bist Co-Trainer und hast die U23 gemacht und auf einmal kauft der Verein Spieler X für so und so viel Millionen und dann spielt Spieler W [aus der eigenen Jugend]. Und Spieler X sitzt auf der Bank. Und der Verein kauft Spieler Z für XX Millionen und es spielt Spieler Q [aus der eigenen Jugend]. Dann gucken, die dich auch komisch an, diejenigen, die die Transfers gemacht haben. Das ist also nicht so ganz einfach" (Interview 4 TP, §29-30).

„Nein, also hier ist es eigentlich so gewesen, dass die jungen Burschen Schwierigkeiten hatten reinzukommen. Jetzt wird danach geschrien. Bei uns ja ganz enorm. Aber es war eben auch eine Zeit lang so, dass die auch keine Chance hatten, bei uns reinzukommen, weil einfach die Bundesliga[mannschaft] teilweise zu stark war und gerade in guten Zeiten es auch verpasst wurde, die jungen Burschen auch einzubauen." (Interview 8 LL, §11)

8.2. Individuell fördern und Gemeinschaftlichkeit praktizieren

In der konzeptuellen Förderlogik der Lizenzvereine wird vermehrt auf individualisierte Förderung gesetzt. Komplette Mannschaften oder Mannschaftsteile mit den gleichen Förderungsmaßnahmen zu begleiten, gilt nicht mehr als zeitgemäß. Es wird darauf geachtet, spezifische Fördermaßnahmen in Abhängigkeit von Positionen und individuellen Bedürfnissen des Spielers zu entwickeln. Die intensiven, individualisierten Bemühungen der Vereine konzentrieren sich auf die herausragenden Spieler einer Altersklasse, denen eine besondere Form von Aufmerksamkeit und Einsatz auf Seiten der Verantwortlichen zu Teil wird. Diese individuelle Förderung steigert sich, je höher die Spieler in der Karrierephase aufsteigen.

„Bei uns zumindest. Und so sehen wir unsere Aufgabe und dementsprechend arbeiten wir mit den Jungs in allen Bereichen. Das ist Kraft, Kondition,

Schnelligkeit, was weiß ich, Technik, Taktik, Persönlichkeit, Medienschulung, Videoanalyse und so weiter und so fort. Also das ganz große Programm. Sehr speziell auch teilweise, individuell" (Interview 3 TA, §177-178).

„Am Ende ist es dennoch so, es ist ja wohl klar, dass Ausnahmespieler auch besonders betreut werden, das ist ja vollkommen normal. Da gibt es für jeden einen anderen Weg und man kann ja auch jetzt hundert Konzepte schreiben, dennoch ist es so, dass in jeder Altersklasse allerhöchstens, und dann halt spätestens in der A-Jugend, zwei, drei Spieler übrig bleiben, denen man den Sprung zutraut und die werden auch speziell betreut" (Interview 6, LL, §40-42).

Gleichzeitig ist Individualisierung in einer Mannschaftssportart nur begrenzt möglich und sinnvoll. Die sportliche Entwicklung des Spielers ist nicht unabhängig von seinen Mitspielern und Gegenspielern sondern mit ihnen eng verflochten. Soziale Handlungen beinhalten immer interindividuelle Auseinandersetzungs- und Abstimmungsprozesse, die soziale Kompetenzen erfordern. In der sozialen Praxis müssen diese jedoch entwickelt und in Lernprozessen aufgebaut werden, was den Interviewten durch ihre Beobachtungen des Fußballspiels und den enthaltenen Vorstellungen davon durchaus bewusst ist.

„Kann er sich in ein Mannschaftsgefüge integrieren? Ist er nur Einzelsportler? Alle sind Individualsportler in dem Bereich, aber es geht auch darum sich in den Dienst der Mannschaft zu stellen. Und Fußball ist ein Mannschaftssport und wird es immer bleiben. Das hat man bei einem Verein B gesehen. Eine Mannschaft, die eine gewisse Harmonie an den Tag legt, die wird richtig erfolgreich sein. Wenn sie dann auch die fußballerische Qualität hat" (Interview 1 TA, §22).

„Ach gegeben. Nein, alles ist möglich im Prozess, oder hoffentlich. Sagen wir, es ist gut, wenn viel möglich ist. Denn sie sind hier und dann sind wir eine Gemeinschaft und wir empfinden uns als Gemeinschaft und das versuchen wir ihnen einfach zu vermitteln" (Interview 2, TP, §21).

Gemeinschaftliche Aufgabenstellung, ob in der Mannschaft oder in der begleitenden Ausbildung von Fußballspielern, erfordern soziale Kompetenzen und Umgangsformen. Die Gatekeepern sind sich ihrer Vorbildfunktion bewusst, die sie für die Spieler innehaben. An ihnen orientieren sich die Spieler hinsichtlich ihrer eigenen Normen und Werte, die als Maßstab für ihr eigenes Handeln dienen. Diese Werte sind auch im alltäglichen Umgang der Mitarbeiter untereinander latent enthalten und werden so für die Spieler wirksam. Ein Arbeitsklima innerhalb des Vereins, welches von einem dialogischen und wertschätzenden Miteinander geprägt ist, dient den Spielern als Muster für Gemeinschaftlichkeit in der Mannschaft und darüber hinaus.

„Wir müssen das immer versuchen hier vorzuleben. Ich halte das für unheimlich wichtig. Wenn wir hier Vorträge für die Jungs an die Wand knallen, dass ich mich korrekt verhalte, auch meinem Mitmenschen gegenüber und die *kommen hier hoch und zwei Mitarbeiter schreien sich hier auf der Treppe an, das geht nicht. Das sage ich denen immer. Und das ist permanent. Das ist das Gespräch, das mit dem jungen Spieler auch mal eine Stunde dauert. Klar"* (Interview 7 LL, §36).

8.3. Qualitätsmerkmale guter Talentförderung

Die Bundesliga gilt als Richtwert und Vorbild, als Qualitätsmerkmal für die geleistete Ausbildungsarbeit in den Zentren der fußballerischen Talentförderung. An ihrem Fußballspiel orientiert sich die Talentförderung in Form der Anforderungen, die aus modernen Tendenzen des Fußballs entstehen, und zugleich lässt sich der Erfolg der Ausbildung an ihr messen. Leistungszentren gelten umso erfolgreicher, je mehr Spieler den Sprung aus der eigenen Ausbildung in die Bundesliga schaffen. Im Rahmen der Zertifizierung der Leistungszentren durch die DFL wird die Anzahl der erfolgreich etablierten Spieler bei der Bewertung der Leistungszentren ebenfalls verwendet, wobei es nicht primär relevant ist, dass die Spieler im eigenen Verein einen Lizenzspielervertrag erhalten. Die Bewertung wird von den Trainern und Funktionären übernommen und zur Beurteilung der eigenen Arbeit herangezogen.

„Hauptaufgabe ist, die Spieler an die Profimannschaft heranzuführen. Das heißt Spieler zu entwickeln in den ein, zwei, drei Jahren, so dass die bei uns in der ersten Mannschaft spielen können" (Interview 3 TA, §172).

„Ja, das kommt jetzt immer auf die Phase drauf an, wo sich der Spieler befindet und dementsprechend versuchen wir einfach Wege aufzuzeigen, damit sie irgendwann oben aufschlagen. Das ist eigentlich der Hauptpunkt, das Wichtigste. Deswegen machen wir alles, nur darum" (Interview 3 TA, §175-176).

Nur punktuell wird die Messlatte der Bundesliga relativiert und bis zur Dritten Liga ausgeweitet. Das Kriterium, an dem die Verantwortlichen ihre Arbeit der Talentförderung messen lassen wollen, ist der „bezahlte Fußball", wozu sie die drei Profiligen zählen.

„Wir haben auch nie die Situation in den Mannschaften, dass irgendeiner um seinen Vertrag spielt. Das ist Quatsch. Entweder glauben wir daran, dass sich ein Junge entwickelt oder nicht. Und das Kriterium muss immer sein: Bezahlter Fußball. Das ist, was wir versuchen denen mitzugeben. Bezahlter Fußball ist 1.2.3. Liga" (Interview 7 LL, §28).

Im Blick auf diese als langfristigen Endpunkt gesetzten und die anderen Qualitätsmerkmale relativierende Orientierung ist nicht eindeutig nachzuvollziehen, welchen Wert und welche Bedeutung das Ergebnis eines Spiels bzw. der gemeinschaftliche Erfolg der Mannschaft in dem Ausbildungsprozess des Spielers für die Interviewten einnimmt. Einzelne Erfolge der Mannschaft werden zwar im Vergleich zur Anzahl der Spieler, die an die Bundesliga herangeführt werden, untergeordnet, in anderen Aussagen wird die Bedeutung von

Erfolgserlebnissen hervorgehoben und behauptet, dass die Ergebnisse doch nur das sind, was schlussendlich zählt. Dies wird zusammenfassend in den widersprüchlichen Aussagen des U23-Trainers zur persönlichen und allgemeinen Bedeutung des Spielergebnisses recht deutlich.

„Letztendlich spielt natürlich hier oben auch das Ergebnis die Hauptrolle, ja? Bei uns nicht immer. Also, für mich schon. Ich will immer gewinnen. Also das ist auch klar, ich ärgere mich jedes Wochenende, wenn wir nicht gewinnen. Und ja, das ist ja auch wichtig für die Entwicklung der Spieler, dass du Erfolgserlebnisse sammelst und auch wie gesagt, das Ergebnis ist nur das was zählt" (Interview 3 TA, §183).

Die Qualitätsbewertung für hochwertige Talentarbeit findet zunehmend auch in der medialen Berichterstattung und in öffentlichen Diskussionen statt. Die Arbeit der Leistungszentren wird medial kommentiert und die Entwicklung der jungen Spieler nicht nur von den regionalen Medien der Heimatstädte der Spieler begleitet. Das öffentliche Interesse an den Ausbildungsleistungen in den Lizenzvereinen wird von den Verantwortlichen als problematisch empfunden, da eine inadäquate Beurteilung durch fehlendes Grundwissen unterstellt wird. Darunter fällt, dass Qualität von Ausbildungsprozessen mit schnellen und linearen Entwicklungen der Spieler verbunden wird, was den Erfahrungen der Gatekeeper widerspricht. Dadurch entsteht eine Erwartungshaltung an die Spieler, die den Fokus auf die Bundesliga zusätzlich erhöht. Eine solche Erwartungshaltung, an die eigene sportliche Karriere, wird von den Spielern für sich selbst übernommen.

„Was sich natürlich grundsätzlich verändert hat, ist das Interesse der Öffentlichkeit. Seit 2000 muss ich ganz deutlich sagen, seit dem die Leistungszentren aus dem Knick gekommen sind, dass die Leute sich ganz viel dafür interessieren und viel mit auseinandersetzen. Obwohl das Grundwissen oftmals nicht da ist" (Interview 8 LL, §4).

„Ihre Berater, ihr Umfeld fließt ja immer mehr ein. Manchmal ist es auch hinderlich das Umfeld. Weil die Jungs auch bekloppt gemacht werden. Keiner hat mehr Geduld. Keiner kann mehr von der Bank kommen. Jeder muss spielen. Jeder muss 90 Minuten spielen. Das ist natürlich schon ein Problem. Auf die Jungs prasselt wahnsinnig viel ein" (Interview 1 TA, §22).

8.4. Allgemeine Entwicklungsaufgaben des Übergangsbereichs

Konkretisiert werden die Anforderungen des modernen Fußballs durch die Entwicklungsaufgaben des Übergangsbereichs vom Junioren- in den Senioren-/Profifußball. Einerseits heben sie thematisch darauf ab, was von den Spielern hinsichtlich des Spiels selbst erwartet wird, andererseits gehen die Entwicklungsaufgaben über das Spiel hinaus und tangieren Ebenen, die sich auf die spezifischen Rahmenbedingungen der Talentförderung und die gesellschaftliche Einbettung und Verankerung des Sports beziehen. Die Entwicklungsaufgaben, die direkten Bezug zum Fußballspiel haben, stellen die Konkretisierung der fußballspezifischen Anforderungen für die spezifische sportliche Statuspassage dar.

Die sportlichen Entwicklungsaufgaben überschneiden sich mit Entwicklungsaufgaben, die sich schon zuvor im Leistungsbereich bzw. auch im Aufbaubereich andeuten und teilweise eingefordert werden, allerdings differenzieren sie sich in der qualitativen Dimension. Falls eine Bearbeitung und Bewältigung dieser Entwicklungsaufgaben im Übergangsbereich nicht erfolgreich stattfindet, können diese nur schwerlich zu anderen Zeitpunkten bearbeitet werden. Durch die zeitliche Verdichtung der fußballerischen Ausbildung sind späte Entwicklungsprozesse in den Verlaufslogiken der Talentförderung nicht vorgesehen. Breite Förderungs- und Sichtungsstrukturen, die für die Spieler eine Basis bieten, die aus den vorderen Leistungsreihen herausfallen und verzögerte Entwicklungen durchlaufen, sind nur im Juniorenfußball angelegt (Landesauswahlen, Stützpunkte, Leistungszentren von Vereinen Zweiter und Dritter Liga etc.). Gewissermaßen werden fußballspezifische Entwicklungsaufgaben von hinreichenden Bedingungen im Juniorenbereich im Übergang zum Seniorenbereich zu notwendigen Bedingungen für höher anvisierte Karriereverläufe. Insgesamt können folgende acht Entwicklungsaufgaben benannt werden.

In Bezug auf das Spiel:

1. Erfahrungen von älteren Spielern nutzen
2. Sich fußballerische Strategie und Taktik erschließen
3. Verantwortung in der sportlichen Praxis übernehmen

In Bezug auf die Strukturen:

4. Körperlich ausreifen und Robustheit entwickeln
5. Durchsetzungsfähigkeit entwickeln (fußballerische Misserfolge bewältigen)
6. Kritikfähigkeit entwickeln (mit öffentlicher Wahrnehmung umgehen können)
7. Herausforderungen (als Prozess verst.) selbstbewusst annehmen (Ziele realistisch setzen und konsequent verfolgen)
8. Eigenverantwortlichkeit für die eigene sportliche Entwicklung übernehmen

Einer der wesentlichen Unterschiede zwischen dem Senioren- und dem Juniorenfußball besteht darin, dass sich im Seniorenfußball erstmalig die Alterskohorten mischen. Während im Juniorenfußball streng darauf geachtet wird, dass Spieler ab einem bestimmten Alter nicht mehr in den Mannschaften der überschrittenen Alterskohorte eingesetzt werden dürfen, wird diese Kohortentrennung im Seniorenbereich aufgehoben. Einen Einsatz von jüngeren Spielern in älteren Kohorten ist jedoch schon im Juniorenbereich möglich. Im Juniorenbereich ist das Hochziehen jüngerer Spieler eine sehr spezifische und keine systemimmanente Form der Förderung. Im Vergleich dazu beginnt mit dem Eintritt in den Seniorenfußball, die dauerhafte Konfrontation mit Mit- und Gegenspielern, die unter Umständen viele Jahre älter sind als der Passant der Statuspassage und folglich über einen größeren Erfahrungshorizont verfügen. Das Talent sieht sich in diesem Übergang mit der Aufgabe konfrontiert die **Erfahrungen anderer (älterer Spieler) zu nutzen** bzw. sich anzueignen, sich bestimmte Dinge abzuschauen und dann selbst zu vollführen. Das bedeutet für den Spieler, dass er, wie der Trainer unten beschreibt, gut reflektieren muss, welche Verhaltensweisen denn tatsächlich als Modell für ihn taugen und, die er übernehmen kann. Das bezieht sich in erster Linie auf Lösungsmöglichkeiten auf dem Platz, die aber durch die Erfahrungen des Älteren für ihn andere sein können, als für das Talent.

„..dass er sich zu sehr an dem ältesten Spieler orientiert. In dem die älteren Spieler manchmal auch etwas mit Auge machen, weil sie es müssen, weil der Körper es nicht mehr hergibt. Weil die ein ganz anderes Erfahrungsrepertoire haben, als ein junger Spieler. ...Und einfach eine gute Mischung finden, was schaue ich mir von dem älteren Spieler ab? Seine Ruhe, seine Spielübersicht, seine Erfahrung? Wie geht er mit gewissen Stresssituationen um? Oder schaue ich mir ab, wie verhält er sich außerhalb vom Platz, weil sein Repertoire so gut ist, dass er das jederzeit abrufen kann. Er muss sich da nicht mehr so groß konzentrieren, weil er das schon tausendfach wiederholt hat. Und darum geht es. Man kann auch privat mit jemanden gut zusammen sein, aber im Training sollte man sich die ersten Dinge eher mal abschauen und nicht solche, dass er sich gerade mal ein bisschen rausnimmt bei einer Übung, weil er die auch schon hunderttausend Mal gemacht hat und jetzt gerade ein wenig müde ist und jetzt zwei Tage mit Handbremse trainiert. Weil er genau weiß, am Samstag hat er wieder ein hartes Spiel, da muss er wieder alles rauslassen. Da sollte einfach ein junger Spieler gut reflektieren, was geschieht. Ein bisschen Menschenkenntnis haben" (Interview 1 TA, §34).

Widersprüchlich erscheint, dass der junge Spieler bestimmte Lösungsmöglichkeiten aufgrund seiner geringeren Erfahrung nicht übernimmt, sich andererseits aber die Erfahrung des anderen aneignen soll. Dies verweist darauf, dass genau geklärt und erklärt werden muss, was von den Handlungen als Modell dienen kann. Diese werden teilweise benannt, wie z.B. eine gewisse Ruhe in hektischen Situationen zu bewahren und Spielübersicht zu entwickeln, was sich vor allem auf Wahrnehmungsaspekte über die unmittelbar nächsten fünf Meter des Spielfelds hinaus bezieht.

Allgemein im fußballerischen Zusammenhang und durchgehend in den Ausbildungsphasen des Juniorenbereichs, müssen die Spieler **sich fußballerische Strategie und Taktik erschließen**. Den Junioren wird noch nachgesehen, wenn sie strategische und taktische Überlegungen, die im Seniorenfußball unabdinglich sind, noch nicht verinnerlicht haben und anwenden, da ggf. in den Juniorenligen andere strategische und taktische Varianten erfolgreich sind. Spätestens jedoch im Übergang zum Seniorenfußball gilt es, sich die strategischen und taktischen Elemente, die hier benötigt werden, anzueignen und diese umsetzen zu können. Darum wird von den jungen Spielern verlangt, dass sie sich ausführlich mit dem Spiel beschäftigen und jede Gelegenheit dazu wahrnehmen. Es verlangt zugleich eine Beschäftigung mit der eigenen Rolle, die der Spieler in den strategisch-taktischen Varianten und jeweiligen Finessen einnimmt. Hierin besteht der unmittelbare Zusammenhang zu den Anforderungen des modernen Fußballs, kann somit als zugespitzte Aufgabe der allgemeinen Anforderungen verstanden werden.

„Das sind alles Spieler, die Fußball spielen können, aber noch viel zu viel mit dem Ball laufen. Noch viel zu viel Kinderfußball spielen. Wenn du den Ball dann mal klaust, dann sind sie ganz erschrocken, aber man spielt im modernen Fußball nur mit zwei Kontakten und dann nimmt man den Ball nach vorne an und ich muss offen stehen usw. Das sind alles so Kleinigkeiten. Dann rennen sie zu jedem Ball- zack zack- rennen sie entgegen und nehmen ihn dann mit nach hinten und das dauert. Wenn ich vorher geguckt habe, dann drehe ich offen und spiel den Ball in die Tiefe und biete mich wieder an, dass ich ihn wieder bekomme. Das sind so fußballspezifische Sachen" (Interview 4 TP, §129).

„Das Spiel verstehen, immer jeden Tag ein bisschen mehr und versuchen einfach da zu sein. Lebendig zu sein und das Spielfeld klein zu machen. Und das Spielfeld in allen Situationen versuchen optimal zu nutzen. Oft geht es darum zu sehen, wo ich stehe und der Gegner steht. Auch wenn der Ball 90 Meter weg ist, drei Sekunden später kann er dort sein. Stehe ich zwei Meter falsch, dann kommt der Steilpass 50 Meter und dann läuft der alleine auf das Tor" (Interview 2 TP, §95).

„Und wenn dann die Väter Fußballlehrer waren, wie Person HK oder wie GI, die Kinder waren einfach weiter im Fußball. Die gucken jeden Tag Fußball und dann unterhalten sie sich und dann sprechen sie darüber. Ich war dann auch immer maßlos enttäuscht. Die kriegten ja alle Karten und wenn wir dann gegen Verein C und immer, wenn ich mich ärgern wollte, bin ich dann runtergegangen, weil ich wusste, wo die Spieler dann sitzen. Und dann habe ich einmal vier Spieler gesehen. 25 Karten und vier Spieler waren da. Aber Spieler P und Q waren immer da. Das heißt, die sind was geworden. Die immer da waren" (Interview 4 TP, §142).

Die letzte Entwicklungsaufgabe, welche direkt mit dem Spiel verbunden ist, zielt darauf ab, dass die Spieler lernen müssen, **Verantwortung in der sportlichen Praxis zu übernehmen**. Das bezieht sich auf das eigene sportliche Handeln, aber damit zugleich auf Teamleistungen und kollektive Handlungen, denn schlussendlich können die eigenen sportlichen Aktionen nur auf deren Wert für die Teamleistung bewertet werden.

„Der sich plötzlich zeigt, auch Verantwortung übernehmen will. Wie da dann auch die Entwicklung ist und da gibt es auch so viele Beispiele, bei denen man das sieht" (Interview 7 LL, §40).

Eine weitere Entwicklungsaufgabe, die primär an das biologische Alter der Spieler gekoppelt ist und durch kontinuierliche athletische Trainingsmaßnahmen unterstützt werden muss, **ist die, körperlich auszureifen und Robustheit zu entwickeln.** In den Seniorenligen herrscht eine andere Körperlichkeit als in den Jugendmannschaften. Wie der Leiter des Leistungszentrums unten beschreibt, ist es für die Spieler äußerst wichtig eine physische Konstitution zu erlangen, die ihnen erlaubt, gegen die älteren und erfahreneren Spieler, die ihren Körper schon länger trainiert und weitere physiologische Veränderungsprozesse durchlaufen haben, stand zu halten und sich erfolgreich in Zweikämpfen zu behaupten. Die Robustheit schließt mit ein, inwieweit der Spieler verletzungsanfällig ist und längere intensive Belastung über die Saison hinweg verkraftet. Insbesondere Belastungsreaktionen wie Scharmbeinentzündungen etc. sind Hinweise auf dauernde Belastungen, die nicht ausreichend regeneriert werden können.

„Jetzt sind wir drei Jahre weiter, jetzt will Verein BL und Verein G den kaufen. Ja, aber der hat genau diesen Schritt [ein Jahr U23] gebraucht und hat das für sich akzeptiert. Ich sagte zu ihm, wenn du jetzt irgendwo hingehst, du wirst aufgefressen. Hast keine Chance. Du bist körperlich nicht fertig. Dich hauen sie weg" (Interview 7 LL, §72).

„Auf der anderen Seite muss man ganz verstärkt darauf achten, dass dieser Spieler auch gesund bleibt und das ist bei dem einen gelungen, bei dem anderen nicht. Wenn du auf Spieler HW guckst, was der schon gehabt hat. Der hat schon die Verletzung X gehabt. Der hat schon die Verletzung Y gehabt. Die auch enorm lange gedauert hat. Das hätte keiner gedacht" (Interview 8 LL, §48).

Eine robuste körperliche Konstitution bildet die physiologische Basis für die allgemeine, andere Bereiche inkludierende Aufgabe, **Durchsetzungsfähigkeit zu entwickeln.** Die Schwierigkeit der Aufgabe liegt darin begründet, dass die Spieler- gerade die herausragenden Spieler- in ihrem Alter wirkliche Widerstände bis zum Seniorenbereich nicht vorfinden und sie sich aufgrund ihres Leistungsvermögens innerhalb ihres Jahrgangs problemlos durchsetzen. Allenfalls sehen sich die größeren Talente mit negativen Emotionen wie Neid und Missgunst konfrontiert, mit denen sie lernen müssen umzugehen. Größere Widerstände, die erst durch eine hohe Qualität im Kader ersichtlich werden, stellen sich für die Spieler erst mit dem Eintritt in die Statuspassage zum Seniorenbereich. Dort gilt es sich dann gegen Mitspieler des gleichen Leistungsniveaus durchzusetzen. Die Aufgabe gilt in ähnlicher Weise für die nicht so talentierten Spieler, die sich innerhalb ihren Bezugsgrößen behaupten müssen und im Vergleich zu den besonderen Talenten in gewissen Punkten nicht die Fähigkeiten haben und deshalb andere effektive Strategien entwickeln müssen.

„Nein, so richtige Krisen haben die Jungs wahrscheinlich noch gar nicht erlebt, also bewusst erleben die das ja gar nicht. Klar bei uns ist es natürlich, *wenn du dreimal verlierst, dann müssen wir da nicht drüber nachdenken. Was haben wir halt falsch gemacht? Das machen wir sowieso, aber auch wenn wir gewinnen, machen wir das"* (Interview 3 TA, §53).

Teil der Entwicklung von Durchsetzungsvermögen ist auch, **mit Misserfolgen umzugehen**, diese in die eigenen Zieldimensionen einzubeziehen und sportliche Rückschläge in die eigenen Lernprozesse einzubinden, immer mit dem Ziel, Misserfolge für die eigene Entwicklung zu nutzen. Insbesondere die Elite der Jugendmannschaften haben relative wenige sportliche Misserfolge während ihrer Ausbildung zu verarbeiten, da sie als Spitze ihrer Jahrgänge und den Selektionshandlungen der Vereine in relativ erfolgreichen Mannschaften der Leistungszentren spielen.

„..wie verhält er sich im Negativfall, wenn es nicht so läuft. Wie reagiert einer, der z.B. schon im Profibereich gespielt hat und dann bei den Amateuren spielt. Oder bei den Amateuren gespielt hat und dann in der Jugend spielt, wenn er noch Jugend spielen kann" (Interview 2 TP, §17).

Zudem werden die Leistungen, die der Spieler bringt, von verschiedenen Seiten kritisch betrachtet und begleitet. Der Spieler muss mit den verschiedenen Formen der kritischen Betrachtung umzugehen wissen. Die Beurteilung der eigenen Person und der fußballerischen Leistung in der Öffentlichkeit verlangt eine Form der **Kritikfähigkeit** in dem Sinne, dass die Spieler sich durch die unmittelbare Beurteilung durch die Zuschauer während des Spiels, ob positiv oder negativ, nicht irritieren lassen. Genauso gilt es für den Spieler, sich in seinem Selbstkonzept nicht durch das medial gezeichnete Bild der eigenen Person in den Boulevardmedien verunsichert zu zeigen. Es wird also eine Kritikfähigkeit verlangt, die zwischen der Urteilsfähigkeit und dem Interesse des Kritikers differenziert und so vor den Begleiterscheinungen schützt, die nur destruktiv wirken sollen. Andererseits wird von den Spielern erwartet, eine stärkende Form der Kritik zu akzeptieren, die in der Auseinandersetzung mit den tatsächlich sportlich Verantwortlichen (Trainerstab, Sportlicher Leiter etc.) geübt wird und notwendig ist, um die eigene Leistung weiter zu entwickeln.

„Und dann geht er mit Kritik um und man sagt dann stopp, jetzt hast du es so gemacht. Das war falsch. Aber es trotzdem im Training machen. Und was macht er, wenn ich zwei Mal sage, jetzt war es falsch oder drei Mal. Ich arbeite viel mit Videoanalyse. Standbild. Wir machen das viel. Meist in der Gruppe. Das ist schwer, für Neue. Für die anderen war es auch schwer" (Interview 2 TP, §97),

„Und wenn du hier oben dann an gewissen Dingen noch arbeiten musst, ist es natürlich schwierig. Oder dem Spieler noch vermitteln musst, ja, aber wir haben noch ganz viel Arbeit vor uns. Ich glaube, dass man da schon im Übergangsbereich, auch U23, viel beeinflussen kann. Durch Analysen, durch Videoanalysen. Durch Hinweise, durch ja auch Forderungen, die man im Training und im Spiel auch an den Spielern stellt" (Interview 5 SLP, §104).

Kapitel 8 Ergebnisse – Talentförderung

Auf der Kritikfähigkeit aufbauend gilt es insbesondere für die Spieler mit höheren sportlichen Ambitionen, sich **mit der öffentlichen Wahrnehmung der eigenen Person auseinanderzusetzen** bzw. mit der öffentlichen Kritik und dem Bild, das medial von einem Spieler gezeichnet wird, zu beschäftigen und einen relativierenden Umgang mit hofierendem Lob und vernichtender Schmähung zu erlernen.

"Wenn du vor 40.000- 50.000 Zuschauern spielst, ist dann doch noch mal ein anderer Druck da. Fernsehen, Kameras und am nächsten Tag die Kritik in der Zeitung und die Freunde, die ihn drauf ansprechen. Ich glaube, das ist dann noch mal eine andere Stufe, die man überschreiten muss. Woran dann auch viele junge Spieler, die vielleicht das Talent haben, scheitern, weil die mit dieser Situation, mit diesem Druck nicht klar kommen und vielleicht Reaktionen zeigen, die dann eher kontraproduktiv sind" (Interview 5 SLP, §30).

Die öffentliche Wahrnehmung bezieht sich ja nicht nur auf die mediale Vor- und Nachbereitung des Spiels, sondern auch auf die Zuschauermassen, die zeitgleich an dem Spiel passiv teilnehmen. Es gilt für den Spieler, diese unmittelbare Teilnahme der Öffentlichkeit durch die Medien, aber auch durch die Zuschauer selbst zu erleben und damit im Sinne einer positiven Leistung umzugehen.

"Weil ein Achtzehnjähriger, der ist beim ersten Mal wahrscheinlich genauso aufgeregt, wenn er vor zehntausend spielt, wie wenn es dann vor dreißigtausend wäre. Ich glaube, die Aufregung ist einfach da und je früher man damit umgehen kann, und das katalysieren kann, desto einfach ist es für den Spieler" (Interview 3 TA, §27).

"(...) hier Zuhause gegen Verein G waren zwölftausendfünfhundert Zuschauer im Stadion und zittert dann halt auch, ein Spieler P. Der Vorbestrafte, der hier durchs Haus rennt, mit einer großen Fresse natürlich im Grenzbereich. Und wenn dann zwölftausendfünfhundert Zuschauer von einer Eurosport live Übertragung, dann stehst du im Spielertunnel und dann im Stadion zig Fans, die auf dich warten, das ist dann auch eine mentale Frage. Das ist auch ganz wichtig, dass man lernt, diesen Druck auszublenden, die Zuschauer auszublenden und und und (...) Wir haben gespielt wie Angsthasen. Ich nenne es jetzt mal, diplomatisch ausgedrückt, Angsthasen. Und das waren die Ausnahmezustände, an denen die Jungs lernen" (Interview 6 LL, §82-83).

Für die langfristige Entwicklung des Spielers ist es von enormer Bedeutung, die Bedingungen und Perspektiven der verschiedenen Karrierewege zu erkennen und **die einhergehenden Herausforderungen selbstbewusst anzunehmen.** Die verschiedenen Vereine und die jeweilige Rolle, die der Spieler innerhalb einer Mannschaft und innerhalb eines Vereins einnehmen kann und ausfüllen muss, beinhalten unterschiedliche Möglichkeiten. Es ist bspw. zentral für den Spieler zu erkennen, welche Auswirkungen (sozial, sportlich, ökonomisch etc.) eine mögliche Ausleihe für ein Jahr in eine 600 km entfernte Stadt für seinen Alltag hat oder welche unbelastete Perspektive ein Wechsel ins Ausland bieten kann. Die eigenen Entwicklungsmöglichkeiten auf die Bedingungen zu antizipieren, ist für den Spieler wesentlich, aber nicht einfach. Es gilt die Herausforderungen, die sich durch den Übergang und den jeweiligen Entwicklungsverlauf stellen, als Prozess zu verstehen, sich nicht aufgrund der bisherigen erbrachten Leistungen auf dem erarbeiteten Status im Jugendbereich einzurichten und nicht anzunehmen, dass der erreichte Status automatische im Seniorenfußball adaptiert wird..

"Zu sagen, ich muss mich jetzt wieder beweisen. Ich muss jetzt mehr tun als die anderen. Ich bin jetzt eigentlich der Herausforderer, der die anderen, die oben dabei sind, vom Thron stoßen muss. Einfach die Situation annehmen. Zu sagen ich muss mir jetzt vieles neu erarbeiten und auch jeden Tag neu erarbeiten. Aber trotzdem selbstbewusst sein von seinen Qualitäten überzeugt sein. Und Chancen, die dann da sind, kann ein Testspiel sein, kann aber auch ein Pflichtspiel sein, kann aber auch mal eine Trainingswoche sein, auch nutzen. Nicht dass man sich dann zu sehr unter Druck setzt, aber zu sagen, ich haue jetzt richtig einen raus, was ich in mir drinnen habe. Ich bin jetzt nicht zu zurückhaltend" (Interview 5 SLP, §35).

"Realistische Ziele stecken, kleine Schritte gehen. Kleinere Schritte gehen, weil ihm das einfach gut tut." (Interview 9 LL, §104)

Zuweilen bedeutet das, für die Verfolgung und Erreichung realistischer Teilziele eine gewisse **Eigenverantwortlichkeit für die eigene sportliche Entwicklung zu übernehmen**. Wenn im Jugendbereich der Trainer und die Verantwortlichen im Verein die Zuständigkeit für die sportliche Entwicklung des Spielers tragen, gilt es im Seniorenbereich sukzessive, die eigene Entwicklung selbst voranzutreiben und diesbezügliche Entscheidungen zu verantworten. Während im Aufbau- und Leistungsbereich der Trainings- und Spielalltag des Spielers sehr stark durch Pläne für bspw. Athletik, Koordination, Ernährung und auch unterstützende Maßnahmen wie Fahrdienste etc. reguliert und strukturiert wird, gewinnt der Spieler im Übergang einige Freiheiten. Das verlangt von ihm in gewissen Maßen, selbst Sorge zu tragen für die Vorrausetzungen zur positiven Entwicklung. Wenn der Spieler aus der Sommerpause zurückkehrt und sieben Kilo an Gewicht zugenommen hat, wird es für den Spieler schwierig, die sportlichen Erwartungen innerhalb der Saisonvorbereitung zu erfüllen und die anschließenden sportlichen Ziele zu erreichen. Die Selektion und die Konkurrenz steigen im Seniorenbereich rasant an, da die Verantwortlichen und Trainer aus einem größeren Pool an potentiellen Spielern wählen können. Wenn der Spieler es nicht schafft, sich einen professionellen und für die sportliche Leistung angemessenen Lebensstil anzueignen, wird der Spieler bei Zeiten der Selektion des Vereins zum Opfer fallen.

"Und so ist es ja immer. Wenn kein Interesse da ist und Liebe da ist, dann wird das nichts. Und jeder ist auch eigenverantwortlich für sich selbst.

Dass er dann auch dahin kommen will, wo er vielleicht der Gute ist. Das muss die Zielsetzung sein" (Interview 1 TA, §37).

Das heißt nicht, dass der Spieler die eigene Entwicklung völlig isoliert und individualisiert vorantreiben kann, ohne die sozialen Bedingungen und Beziehungen zu berücksichtigen, in denen er sich befindet. Solche sind zum einen, dass Fußball nur im Kollektiv gespielt und auch nur durch Einbeziehung und Unterstützung in der Mannschaft ab einem gewissen Niveau erfolgreich sein kann. Zum anderen bezieht es sich auf die sozialen Beziehungen, in denen die eigene Entwicklung als Form der Auseinandersetzung stattfindet.

„Es geht nur um selber. Es geht nicht alleine, denn kein Mensch kann etwas alleine machen. Aber es geht dann um Selbstständigkeiten. Und dann selbstbewusst sein. Aber immer mit anderen zusammen. Und sich an anderen zu orientieren" (Interview 2 TP, §27).

Letztendlich gilt es für den Spieler, die Eigenverantwortlichkeit nicht nur auf seine sportliche Entwicklung zu legen, sondern auch im Sinne einer breiten Qualifikation, die andere schulische, berufliche und akademische Qualifikationen einschließt, zu betreiben. Gerade die Verbindung von schulischer Qualifikation und Leistungsfußball erscheint zuweilen problematisch und erfordert enormen Einsatz, da schulische und berufliche Übergangsprozesse (Abitur, Abschlusslehre, Studienbeginn) und der Übergang in den Seniorenfußball zeitlich zusammenfallen. Grundsätzlich eröffnen sich dem Talent durch die Beendigung der schulischen Qualifikation in der Statuspassage zum Senioren-Profifußball Freiräume, die er von nun an sinnvoll auszufüllen hat.

„Eine Qualifikation zu haben, ist immer sinnvoll. Weil eine mittlere Reife kann man durchaus schaffen, auch wenn man Fußball spielt. Das sollte so ein Endziel für viele oder für den Durchschnitt sein und wichtig ist es grundsätzlich, auch auf den Fußball bezogen, das man mal irgendwann etwas fertig gemacht hat. Weil beim Fußball weiß ich nie, wo die Kariere hinführt, also du hast mal was beendet. Das ist für mich ein Punkt, da kann man einen Haken dran machen. Wenn man natürlich Abitur macht, das Abitur geht natürlich dann auch in den Altersbereich siebzehn, achtzehn, neunzehn mit rein, wo es dann vielleicht schwer wird, das mit dem Fußball zu vereinbaren. Schwierig ist, ob man morgens trainieren kann oder nicht" (Interview 3 TA, §258-260).

„Also das ganze Thema des Übergangsbereichs ist komplizierter geworden und dem müssen wir auch ganz einfach Rechnung tragen. Denn es ist ja so, was macht ein jüngerer A-Jugendspieler, der gerade sein Abitur fertig hat den ganzen Tag? Die meisten der A-Jugendlichen, die kommen ja erst abends. Die gehen in die Ausbildung oder müssen noch zur Schule. Ja, die kannst du nicht abends um fünf Uhr trainieren, einmal am Tag. Irgendwo gucken, das wir sie vorher entweder dann auch hochziehen, in die U-21, wo sie vormittags, nachmittags trainieren. Und (...) oder die anderen Themen, die wir

ja auch anbieten, dass sie dort hingehen und sie auch schulisch irgendwo fordern mit speziellen Programmen" (Interview 7 LL, §24).

8.5. Das Talent im Spannungsfeld zwischen Aufgaben aus subjektiven Zielsetzungen und den Qualitätsmerkmalen der Talentförderung (Bundesligaorientierung)

Neben den allgemeinen fußballerischen Entwicklungsaufgaben entstehen Aufgaben, die sich durch die eigenen Zielsetzungen des Talents ergeben. Für einen Spieler, der sich das Ziel setzt, sich innerhalb der Saison als Führungsspieler in seiner Mannschaft zu positionieren, ergeben sich andere Aufgaben als für einen Spieler, dessen Saisonziel es ist, die Torjägerkanone zu erringen. Mittelfristige Saisonziele, kurzfristige Ziele der nächsten Spiele und Trainingseinheiten, aber auch langfristige Zielvorstellungen der fußballerischen Karriere, müssen die Spieler mit ihren aktuellen Entwicklungen abgleichen und die Ziele daran justieren. Die Ziele müssen sich auf die jeweiligen Bedingungen beziehen und durch die alltäglichen Erfahrungen, die sie in den Beziehungen über sich selbst erlangen, angepasst werden. Sie müssen realistisch mit der Entwicklung eigener Fähigkeiten und Ressourcen des Spielers einhergehen, was durch reflexive Prozesse in alltäglichen kommunikativen und sportlichen Auseinandersetzungen geschieht. Die größte Spannung entsteht dadurch, dass die Spieler einerseits unentwegt mit der Messlatte der Bundesliga konfrontiert werden, wenn nicht direkt durch den eigenen Trainer, dann durch die Zielvorgabe der Verantwortlichen in den Leistungszentren „Lizenzspieler auszubilden" und sich andererseits auf die eigene fußballerische Entwicklung fokussieren müssen, die nur bedingt mit dem Status einhergeht und vielmehr prozesshaft zu verstehen ist. Es ist nicht verwunderlich, wenn die jungen Spieler den Anspruch der Talentförderung „Lizenzspieler auszubilden" internalisieren. Dementsprechend haben sie mit der Unterschrift ihres ersten Lizenzspielervertrags vermeintlich ihr Ziel erreicht und können sich vorerst mit dem Erreichten begnügen. Die Interviewpartner bemängeln, dass dem Spieler durch das Erreichen des Lizenzspielerstatus, die Bereitschaft abgeht, sich sportliche weiterzuentwickeln. Der Lizenzspielervertrag ist aber nicht mit der Etablierung auf dem fußballerischen Niveau der Bundesliga gleichzusetzen.

„...wenn sie herkommen in der Jugend und kriegen den ersten Profivertrag. Wie reagiert er dann? Sagt er dann: "Ich hab es geschafft". Oder sagt er dann: "Nein, das ist genau das, was ich wollte. Das ist jetzt der Anfang. Jetzt geht es erst richtig los". Das ist der Unterschied, wenn ich einen Profivertrag unterschreibe, dann bin ich ja noch lange kein Fußballer. Kein Bundesligafußballer und kein Profifußballer. Sondern da geht es ja eigentlich erst los. Und es gibt ganz viele Spieler, die bei diesem Erreichen des Teilziels aufhören. Für mich ist es ein Teilziel und nichts anderes, für die ist es schon das Endziel" (Interview 8 LL, §22-23).

„Wenn sie einfach sagen, ob ich spiele ist egal. Hauptsache ich bin bei den 18 Mann dabei, ich bin auf dem Mannschaftsfoto oder sonst irgendwas. An solchen Kleinigkeiten erkennst du das" (Interview 8 LL, §26).

„Die Spieler merken das. Ich ärgere mich immer nur darüber, dass ich als Trainer ein größeres Interesse daran habe, den Jungen nach vorne zu bringen, als der Junge selber. Dann sage ich Junge, das kann nicht sein. Irgendwie musst du schon mal die Hilfestellungen, die dir gegeben wird, die musst du annehmen. Und wenn ich hingehe und sage, pass mal auf, ich bin euer Trainer, ich habe Bundesliga gespielt. Ich habe Bundesliga trainiert und ich koste euch kein Geld. Das heißt, wenn ich jetzt euch trainiere, ich koste euch nichts. Ich habe eine Tochter, die spielt Tennis. Im Winter hat das 60€ die Stunde gekostet. und der Trainer hatte keine Bundesliga gespielt und auch nicht trainiert. Und jetzt kommt der Grund weshalb ich das sage. Ich habe auch, wenn wir kein Training haben, jeden Vormittag und auch Nachmittag Zeit für euch. Der trainiert sechs Mal die Woche, manchmal sieben je nach dem, wie das läuft. Und wenn einer sagt ich möchte mehr. Ich komme gerne. Mein Ziel ist es möglichst viele Spieler der Bundesliga zuzuführen. Möglichst viele Spieler dem Verein X zuzuführen. Das ist mein erstes Ziel. Und das macht mir Spaß. Aber ich weiß ganz genau von euch kommt doch keiner. Von euch kommt doch keiner. Ich habe das 15 Jahre gemacht und vielleicht ist fünf Mal einer gekommen und hat gefragt. Auch der Spieler X, der ist gekommen und hatte Schwächen. Und der ist gegangen, der geht zum Kopfball hoch, das ist ein Genuss" (Interview 4 TP, §156).

Wie hier beschrieben, ist es auch des Trainers Ziel, den Spieler zu Leistungen auf Bundesliganiveau zu befähigen. Zugleich wirft er den Spielern vor, ein geringeres Interesse an der eigenen Entwicklung zu haben als er selbst und verfügbare Ressourcen nicht für die eigene Entwicklung zu nutzen. Die Vermutung liegt nahe, das das Problem tatsächlich in der Orientierung liegt, denn es geht scheinbar weniger darum, ein guter Fußballer zu werden, also die eigene sportliche Entwicklung zu fokussieren als darum, den Lizenzspielerstatus einzunehmen. Aber das Problem ist schon in der Ausrichtung der Talentförderung angelegt. Da die Talentförderung, mit ihren regulären Maßnahmen auf die Bundesliga ausgerichtet ist und sie die Spieler dazu befähigen soll, ist es für die Talente logisch anzunehmen, mit dem Lizenzspielerstatus alles erreicht zu haben.

Insgesamt überlagern die Anreize des Status und der einhergehenden Annehmlichkeiten den Anreiz des guten Fußballs, der nur zum Mittel verkommt, den Zweck des Status und die einhergehende Anerkennung zu erreichen, wie die Interviewten bemängeln. Sie versuchen deshalb die Orientierung der Spieler auf diese Anreize für ihre Leistungsentwicklung zu nutzen.

„Meistens mit einer Gehaltserhöhung und den ganzen Annehmlichkeiten, die da für die Spieler eine Rolle spielen. Bei uns kriegen alle Lizenzspieler ein Auto gestellt. Für die ist der Lizenzspielerstatus, das Auto wichtig. Hier mit

dem Kennzeichen rumfahren. Das ist für die wichtig. Aber es gab eben Fälle, die haben einen Lizenzspielervertrag unterschrieben und dachten, sie hätten es dann geschafft. Deshalb versuchen wir schon Anreize zu setzen, hier oben willst du rein, dann bekommst du auch einen Lizenzspielervertrag, kriegst auch ein Auto" (Interview 5 SLP, §74).

„Ja für viele spielt das wirklich auch da in den Vertragsgesprächen eine große Rolle. Da geht es jetzt nicht wirklich darum: wie sieht meine sportliche Entwicklung aus, was habt ihr denn mit mir vor, nein Lizenzspielerstatus, Auto, das ist schon wichtig" (Interview 5 SLP, §76).

Die allgemeine Orientierung auf den Lizenzspielerstatus führt zu der Vorstellung der Spieler, dass sie, so der Vorwurf, keine Übergangsphase in den Seniorenfußball benötigen und sich nicht großartig an die neue Qualität der Karrierephase anpassen müssen. Die Passungsprozesse zwischen der eigenen Einschätzung ihrer Fähigkeiten, die sie auf ihre erbrachten Leistungen im Juniorenbereich stützen und den neuen Qualitätsanforderungen des Seniorenbereichs, auf denen die Fremdeinschätzungen der Gatekeeper beruhen, werden durch die Erwartungen des sozialen Umfelds und die Qualitätsausrichtung der Talentförderung erschwert.

„Das ist für so einen Spieler das Ideale. Das ist doch klar. Das ist genau das, was er sich immer vorgestellt hat. Das Niveau will ich erreichen und er stellt ja fest, wenn er sich durchsetzt, den Übergangsbereich, den schenkt er sich einfach. Das hatte ich vorhin schon gesagt, den würden sich am liebsten alle schenken. Die meisten trauen sich das auch irgendwie zu. Wenn jetzt die A-Jugendlichen, wir haben jetzt auch jüngere dabei bei den Profis, wenn die da mittrainieren. Heute war ich gut, schaffe ich es, ich brauch keinen Übergangsbereich. Aber die Realität sieht anders aus und die ist nun mal für 98%, dass sie einen Anpassungsprozess haben. Der Götze brauchte den nicht, der brauchte den drei Wochen. Andere brauchen vielleicht drei Jahre" (Interview 7 LL, §44).

„Ja, das ist aber nicht nur ein Anspruch, der von außen reinkommt, sondern den sich die Spieler auch selbst stellen. Ist der reale Anspruch und der an naja gut, das ist ja jetzt nicht der Anspruch, aber gut der Anspruch der Familie nach Bundesliga und der Anspruch des Spielers das kann auseinandergehen. Aber oft geht ja auch auseinander die Selbst- und Fremdeinschätzung geht ja auch sehr oft viel zu weit auseinander. Also die Spieler denken da schon (...) ja aber vielleicht können sie es ja auch nicht besser, das muss man ihnen auch mal zugestehen, wenn hier ein Spieler zum zweiten Mal deutscher Meister wird, mit der A-Jugend Bundesliga, die gehen dann davon aus: Naja ich bin auch bald Profi. Das verwechseln die oft. Das stimmt" (Interview 6 LL, §201).

Hingegen muss eine Zielsetzung, die die eigene sportliche Entwicklung über die Statusorientierung stellt, zugleich ein Interesse an den sozialen Beziehungen aufweisen, in deren Auseinandersetzung die Entwicklung stattfindet und zugleich widergespiegelt wird, folglich ein grundsätzliches Interesse an Sozialität beinhalten. Hierin geht es insbesondere um eine Form gegenseitiger Wertschätzung, die über die Zweckmäßigkeit des Fußballspiels hinausgeht und wechselseitig entwickelt werden muss.

„Ich kann es nur wieder sagen, wenn ich ihn erlebe, wenn ich ihn sehe, wenn er mich sieht, wahrnimmt. Wenn er sich auch interessiert für mich. Also nicht immer denkt, was denkt der? Nicht was der denkt, was denkt der und jetzt schon wieder. Dann kommst du auch in eine Blockade. Nein, interessiert ist, was ist das für ein Typ" (Interview 2 TP, §94).

8.6. Ressourcen

In der Bearbeitung der allgemeinen und konkreten fußballerischen Entwicklungsaufgaben bilden sich Ressourcen aus und werden für die erfolgreiche Bewältigung benötigt. Solche Ressourcen sind einerseits praktische Unterstützungsmaßnahmen des Vereins, wie der Fahrdienst, Material (Schuhe, Bälle, Übungsgerät, Rasen) und soziale Unterstützung in Form emotionaler Zuwendung und problemorientierter Beratung. Andererseits sind es die eigenen Fähigkeiten des Spielers selbst. In Bezug auf das Spiel konnten folgende Ressourcen aus den Aussagen der Gatekeeper extrahiert werden. Neben Ressourcen, die auf die physische Konstitution, die konditionellen und technischen Fertigkeiten des Spielers abheben, werden insbesondere psychosoziale Ressourcen angesprochen, die sich auf kognitive Fähigkeiten, auf die Einstellung des Spielers (Motivation und Volition) und soziale Kompetenzen beziehen.

„Vorteile hat er, wenn er schnell ist, wenn er zweikampfstark ist, wenn er Raffinessen hat usw. Ein Paradebeispiel ist der Spieler, der bei mir war mit 17 und bei dem ich das auch immer gesagt habe, bei dem meine Frau gesagt hatte, da kannst du dich nicht vertun, das war Spieler K, der mit 17 genauso war wie heute. Der alles konnte. Schnell, Übersicht, und taktisch spitze. Dem brauchte ich nicht sagen, wenn einer nur mit zwei Kontakten spielen darf und nur direkt ein Tor geschossen werden durfte. Der hat nie einen angegriffen, der schon einen Kontakt gespielt hat, weil er wusste, der kann das Tor nicht schießen, aber den anderen musste ich das hundert Mal sagen und immer wieder. Weil ich sagte, pass auf zum Fußballspielen gehört auch ein bisschen Intelligenz dazu" (Interview 4 TP, §3).

„Schnelligkeit. Schnelligkeit ist ein Thema heutzutage im Profifußball, das wird immer wichtiger. Ist ein Spieler da, der richtig gut, der aber enorm langsam ist, dann hat der schon keine Chance mehr, sich da oben durchzusetzen. Muss man ganz deutlich sagen. Ja also deswegen. Musst du da auch nach gucken. Also du guckst auf der einen Seite fußballerische Komponente, guckst eben Athletik, aber du guckst eben auch Charakter. Das ist ganz wichtig" (Interview 8 LL, §19).

Im Teamsport Fußball sind soziale Kompetenzen wichtige verbindende Elemente, die benötigt werden, damit sich andere Fähigkeiten des Spielers innerhalb mannschaftlicher Prozesse zu sinnvollen und erfolgreichen kollektiven Handlungen verbinden (siehe Kapitel 8.2). Der Spieler benötigt eine soziale Wahrnehmung und Orientierung, die ihm hilft, die Möglichkeiten der anderen und seine eigenen in der spezifischen Situation einzuschätzen und richtig zu deuten. Es bedarf entsprechend empathischer Fähigkeiten, die auf die affektive Dimensionen in den Handlungen des Mit- und Gegenspielers verweisen. Zudem muss der Spieler in der Lage sein, sein eigenes Vorhaben seinen Mitspielern mitzuteilen und das des Mitspielers zu verstehen. Das erfordert kommunikative Kompetenzen. Die Abstimmung zwischen den Spielern und ganzen Mannschaftsteilen erfolgt nicht zwangsläufig verbal, denn Körpersprache, Gestik und Mimik sind ebenfalls Teil des Kommunikationsprozesses.

"Ja, was für Eigenschaften sind das? Also ich würde sagen erst mal, dass man sich einordnen kann ins Kollektiv, dass man ein Teamplayer ist. Das man zum Teil Egoist ist. Zum Teil, aber man sollte schon mehr an das Ganze denken. An das Team denken" (Interview 9 LL, §19).

Die Spieler müssen zudem die Freiheiten, die sie auf dem Feld haben, selbstständig mit kreativen Lösungsmöglichkeiten füllen. Es gilt selber Entscheidungen zu treffen, die der Trainer den Spielern im Spiel selbst nicht abnehmen kann, und sie vor sich und der Mannschaft zu verantworten. Zwar können bestimmte Muster trainiert und eingeübt werden. Die Situationen im Fußball sind jedoch nie exakt gleich, sondern ähnlich sich nur. Dies verlangt einen permanenten Anpassungsprozess.

"Also, dass das ganz klar ist, wir haben eine Struktur und da gibt es mal Abweichungen, die können minimal sein, aber letztendlich hat sich eigentlich jeder in unserem Rahmen zu bewegen. Das ist genauso, wie auf dem Fußballfeld, da gibt es gewisse Vorgaben, aber die Spieler haben auch Freiheiten. Und wenn sie mit den Freiheiten umgehen können, was natürlich auch ein Stück weit Kreativität ist, solche Typen mag ich einfach. Die genau wissen: So jetzt ist aber die Grenze erreicht und in diesem Raster können wir uns bewegen aber dann immer wieder versuchen, trotzdem schlaue Dinge zu machen und einfach auch Spaß, das gehört ja auch dazu" (Interview 3 TA, §39).

Die Flexibilität in der strategisch-taktischen Ausrichtung ist abhängig von der Variabilität der Spieler in ihren Positionen. Dementsprechend gilt es für den Spieler die verschiedenen Positionen und verbundenen Rollen variabel auszufüllen und zu interpretieren. Es gilt auf die situativen Anforderungen im Spiel zu reagieren und entsprechende Lösungsmöglichkeiten für die verschiedenen Problematiken zu finden, die der Spielsituation angemessen sind. In den Augen des Interviewpartners 3 besteht das Spiel aus zwei grundsätzlichen Schwierigkeiten. Zum einen ist man gefordert selbst den Ball in das gegnerische Tor zu befördern, wenn das eigene Team in Ballbesitz ist und zum anderen den Ball zu erobern, wenn der Gegner den Ballbesitzt hat.

„Mehrere Positionen spielen zu lassen und umstellen. Ein linker Verteidiger kann auch rechter Verteidiger spielen. Denn, wenn er schlau ist und spielt LV, hat einen linken Fuß und spielt dann auf der RV mit dem linken Fuß, dann hat er einen Gegenspieler gegen sich, der normalerweise nicht gegen einen LV spielt. Man könnte auch negativ sagen, das geht nicht aus dem und dem Grund. Aber man kann auch sagen, wenn der schlau ist, ist das doch gut. Beim Spieler X haben wir das gemacht. Bei dem Spieler haben wir gesagt, du bist schlauer, also gehst du auf die andere Seite und hast dann viele Vorteile. Ok, flanken kann er dann halt nicht, mit seinen starken Fuß..." (Interview 2 TP, §2).

„Also letztendlich ist der Fußball immer ein Spiel, bei dem du ein Problem hast, wenn der Gegner den Ball hat, und dann ein Problem hast, wenn du selber den Ball hast. Das sind zwei Probleme und je mehr Lösungen ich da finde, verschiedenster Art, den Ball wieder zurück zu erobern oder Bälle dann auch Richtung Tor zu bringen, das verbessert meine Erfolgswahrscheinlichkeit. Also Spielintelligenz ist ein ganz großer Faktor und den sieht man schon auch, ob einer das hat oder nicht. Ob man den Mitspieler sieht oder der Gegner fällt und dann einfach im richtigen Moment auch die richtige Lösung zu finden. Das unterscheidet dann den Topspieler von dem Guten" (Interview 3 TA, §266-267).

Die Entwicklungsprozesse des Spielers erfordern grundsätzlich eine Form von Reflexivität, die es ermöglicht, sich selbst und die eigene Entwicklung zu hinterfragen und in den Kontext einzuordnen. Reflexivität ist nicht nur hinsichtlich der Entwicklungsaufgaben der Rahmenbedingungen der Talentförderung gefragt, sondern betrifft zudem die eigenen sportlichen Leistungen im Training und Spiel, einschließlich der eigenen Rolle innerhalb der Mannschaft.

„Ich glaube auch, dass man das im Training sehen kann. Wie gewisse Dinge umgesetzt werden. Mit welcher Konsequenz die dann auch trainiert werden. Ob man im Training dann den leichten Weg geht oder ob man gewisse Dinge ausprobiert, hinterfragt, auch da sich den Herausforderungen stellt" (Interview 4 SLP, §28).

„Und das einordnen können. "Ich mache jetzt mal langsamer". Zum Vater, "Ja ich tu alles, aber es ist jetzt auch nicht gut, wenn du mich nach dem Spiel noch immer 1.5 Std. im Auto kritisierst. Das hilft mir jetzt nicht." Die richtigen Leute zu finden und zu erkennen, das hilft mir selber. Aber mit dieser Klarheit der Reflektion. Nicht hilft es mir, wenn der mich immer nur lobt oder dann auch immer nur negativ kritisiert. Dann diese Balance zu finden über die Erfahrung" (Interview 2 TP, §28).

Gerade die eigene Reflexivität wird einigen Spielern von den Interviewten abgesprochen und sogar zu einem Generationsproblem erklärt. Eine solche Form der Generalisierung verweist eher darauf, dass mangelnde reflexive

Prozesse ggf. mit strukturellen Problemen zusammenhängen und die Bedingungen eine Reflektion der Spieler behindern.

„Heutzutage ist die eigene Einschätzung Wahnsinn. Die sind alle von sich so überzeugt. Ich weiß nicht, woran das liegt, ob das ein Generationsproblem ist oder nicht. Ich weiß es nicht. Die sind alle so von sich überzeugt. Und die meisten meinen auch, die werden Profis. Jetzt bei mir in meiner Stufe. Ich weiß, ich werde Profi. Es gibt ganz wenige, die Profi werden und trotzdem haben sie immer noch [die Vorstellung]. Ich weiß nicht, woran das liegt. Die verlieren die Realität. Haben überhaupt keine Einschätzung. Null, gar nichts."
(Interview 9 LL, §100)

Zusammenfassend lassen sich die psychosozialen Ressourcen, die in Bezug auf die Anforderungen des modernen Fußballspiels ausgearbeitet werden konnten, in diese fünf Komponenten ordnen, wobei soziale Wahrnehmung und Orientierung und kommunikative Kompetenzen als verbindende und vermittelnde Fähigkeiten zu verstehen sind.

- ☐ Einstellung auf und Anpassung in bekannten und unbekannten sportlichen Situationen (**Flexibilität**)
  - ◘ **Kommunikative Kompetenzen**
- ☐ Verständnis für sportliche Handlungen in der Mannschaft und in anderen sozialen Beziehungen (**Reflexivität**)
  - ◘ **Soziale Wahrnehmung/Orientierung**
- ☐ Übernahme von Verantwortung für sportliche und soziale Handlungen in tragenden oder unterstützenden Rollen (**Selbstständigkeit, Eigenverantwortlichkeit**)

Weiterhin beschreiben die Fußballlehrer viele weitere Ressourcen, die sich auf die Einstellung des Spielers beziehen. Dabei handelt es sich um motivationale und volitionale Aspekte. Die einstellungsbezogenen Ressourcen werden von den Gatekeepern unter dem Begriff der Mentalität zusammengefasst. Solche Ressourcen werden einerseits als treibende Kräfte verstanden, die dazu befähigen, technische, taktische, konditionelle und konstitutionelle Ressourcen aufzubauen. Andererseits helfen sie, mögliche Defizite in diesen Bereichen zu kompensieren. Sie liegen praktisch quer über den anderen Komponenten der Leistungsvorrausetzung. Andersherum scheinen die einstellungsbezogenen Ressourcen schwer durch die anderen Aspekte ausgeglichen werden zu können, so dass es Spieler, die zwar über ausgeprägte technische und taktische Ressourcen aufweisen, sie allerdings bspw. aufgrund fehlender Motivation nicht entsprechend dauerhaft einbringen können, schwer haben.

„Haben wir auch konkrete Beispiele. Auch Spieler, die man eigentlich nicht immer als Toptalente auf der Rechnung hatte, sondern einfach nur als gute Spieler. Ich glaube, dass die nicht durchstarten, nicht so explodieren, wie vielleicht der Talentierte könnte, wenn er halt eine Mentalität entwickelt und im Endeffekt entwickelt sich der Andere kontinuierlich. Es gibt aber auch konkrete

Beispiele bei uns, bei denen wir immer sagen, eigentlich ist der am Anfang der Saison in der Mannschaft nicht gesetzt gewesen und setzt sich aber immer wieder durch über seine Leistung, über seinen Willen. Fußball ist halt ein Laufsport, wir können alle gut kicken und alle sind super, aber du brauchst halt auch ein paar, die eine gewisse Mentalität von sich aus drinnen haben, mehr zu geben als eigentlich möglich ist. Und die haben dann auch eine Perspektive, obwohl sie vielleicht in manchen Dingen ein bisschen eingeschränkt sind" (Interview 3 TA, §215-217).

„Ja, ich denke, da sind wir wieder beim Thema Mentalität, dass der Biss schon eine Riesenrolle spielt, das sagt man oft, wenn man zwei Gleiche nimmt und der eine einfach ein Stück mehr Willen hat, einfach sich mehr quälen kann, dann hat er wahrscheinlich schon größeres Potential, den Sprung zu schaffen. Hinzufallen und öfter wieder aufzustehen. Und ich glaube schon, dass das Eigenschaften sind, die heutzutage unheimlich wichtig sind" (Interview 3 TA, §265).

„Ich meine einfach, dass die ein klares Ziel vor Augen haben und es immer wieder auch mit Fleiß füllen müssen." (Interview 3 TA, §10).

„Jetzt hat er natürlich unglaubliche Fähigkeiten, schnell, technisch versiert. Aber kein Herz. Kein Herz. Der hat heute wieder ein Tor gemacht. Aber kein Herz. Dann hat er gegen Verein AP gespielt letzte Woche 2:1 oder 2:0, spielt er eine Stunde sehr gut. Und in der letzten halben Stunde ist er wieder abgekackt." (Interview 4 TP, §122).

8.7. Soziale Beziehungen als Ressource

Der junge Fußballer ist in verschiedener Hinsicht auf sein soziales Netzwerk, das unterschiedliche Lebensbereiche betrifft, angewiesen. Die Personen des Netzwerks sind beratende Unterstützer, praktische Helfer, Spiegelbild und Widerpart der eigenen Entwicklung, vergleichende Konkurrenten und Teil von allgemeinen Entwicklungsaufgaben. Die sozialen Beziehungen sind für eine gelungene Entwicklung des Talents wichtig und müssen im Rahmen der Talentförderung berücksichtigt und einbezogen werden. Soziale Beziehungen sind nicht funktional zu verstehen und können so nicht gehandhabt und in die Talentförderung eingebaut werden. Soziale Konstellationen müssen passen und so zueinander finden, dass sie sich gegenseitig in fruchtbare Entwicklungspfade geleiten, so auch das Verständnis der Gatekeeper.

„Es bleibt dabei, dass Menschen mit Menschen arbeiten und nichts vom Band produziert wird. Und deswegen muss man auch Glück haben, dass menschliche Konstellationen zusammenpassen" (Interview 6 LL, §249).

8.7.1. Der Trainer als substantiell wertschätzende Beziehung auf Distanz

Der Trainer ist in der Organisation des Vereins der Hauptansprechpartner für den Spieler hinsichtlich seiner sportlichen Entwicklung. Somit ist der

Spieler auf die Beziehung zu dem Trainer angewiesen, da dieser nicht nur für die Förderung verantwortlich ist, sondern auch gleichzeitig über die weitere Zukunft des Spielers entscheidet. Er übernimmt die selektiven Aufgaben in der Talentförderung, auch wenn er nicht alleine handelt, so steht er dem Entscheidungsprozess doch vor. Der Trainer befindet sich dabei in dem Spannungsfeld, dass er auf der einen Seite substantielle Beziehungen zu den Spielern aufbauen muss und will, die dem Spieler Wertschätzung über seine sportlichen Leistungen hinaus vermitteln, ergo ihn als facettenreiche Person respektiert und ein echtes Interesse an seiner Entwicklung offenbart. Auf der anderen Seite muss er eine gewisse professionelle Distanz zu dem Spieler wahren, da er zu gleichen Teilen seinem gesamten Mannschaftskader verpflichtet ist und die subjektiven Entscheidungen des Trainers immer auch zum Nachteil vereinzelter Spieler reichen. Außerdem wollen die Trainer nicht in den Verdacht geraten, sich in dem lukrativen Transfergeschäft an den Spielern zu bereichern. Die notwendige Distanz zu den Spielern ist folglich in erster Linie auf die Bedingungen der Mannschaft und den Geschäftspraktiken der Talentförderung zurückzuführen und nicht mit Argumenten der Förderung zu begründen.

„Darum geht es uns ja. Das ist ja genau unsere Thematik, die wir immer haben mit ihnen. Wir wollen schon alles von ihnen, was sie haben, gerne sehen. Und dass sie mit sich Erfahrungen machen und mit uns und dass wir keine Arschlöcher sind, sondern dass wir wirklich Menschen sind. Das wissen sie auch. Natürlich müssen wir auch ab und zu ein Spiel gewinnen und stellen die Mannschaft auf, so gut wie möglich. Und natürlich ist es nicht immer gerecht. Wie auch immer im subjektiven Empfinden. Wir sind ja auch nur subjektiv. Aber dass wir uns echt bemühen keine Arschlöcher für sie zu sein. Und sie als Person wahrnehmen, nicht nur als Spieler. Was ein schmaler Grat ist, immer wieder. Aber, dass wir es versuchen. Mir ist das scheißegal in der Konsequenz, ob einer Bundesligaspieler wird oder aus der A-Jugend kommt oder nicht. Wirklich. Ich glaube, das ist sogar eine gute Vorrausetzung. Wenn wir gefühlt alles tun in einer emotionalen Weise miteinander. Das funktioniert nicht immer, man trennt sich ja auch. Aber wenn sie das Gefühl haben, dass es uns nicht egal ist, wer sie sind und was sie machen und wie sie sind. Weil ich weiß doch, wie es bei mir war, wenn ich das Gefühl gehabt habe, der Trainer interessiert sich für mich. Und einer sagt, " Du bist blind, du hast zu dünne Beine, du.." aber ich hatte das Gefühl, er mag mich trotzdem irgendwie, war es mir viel lieber, als einer, der nichts gesagt hat und ich das Gefühl hatte, er interessiert sich nicht" (Interview 2 TP, §90-92).

„Ja, die wissen, dass ich es ernst mit ihnen meine. Aber ich würde, wie soll ich sagen, kein inniges Verhältnis aufbauen, weil ich nicht in den Verdacht geraten will, mich an Spielern zu bereichern" (Interview 4 TP, §191-192).

Der gleiche Trainer, der die Distanz durch die Bedingungen des Geschäfts betont, macht in seinen Ausführungen sein funktionales Spielerverständnis deutlich. Für den Trainer müssen die Spieler funktionieren und seinen restriktiven Anweisungen folgen, und falls dies nicht der Fall ist, werden sie ausselektiert. Somit steht weniger der Spieler als Subjekt im Mittelpunkt, der sich selbst entwickeln muss, sondern vielmehr das Mannschaftssystem, welches mit einwandfreiem und kompatiblem (Spieler-)Material versorgt werden will, damit es funktioniert.

„Ich habe sie reingeschickt. Wenn einer meint, der müsste das anders machen, als ich verlangt habe. Ich sage nein, geh rein. Und wenn du morgen wie der Fuchs trainierst, kannst du morgen wiederkommen. Aber wenn du morgen auch nicht funktionierst, kannst du morgen auch wegbleiben. Dann gehst du zu Person EA und holst dir deine Papiere. Habe ich kein Problem mit. Weil verarschen konnte mich früher schon keiner und heute auch nicht. Dann müssen sie eher aufstehen. Verarschen konnte mich keiner. Auch die Topleute nicht. Habe ich kein Problem mit" (Interview 4 TP, §152).

Die Sichtweise des funktionalen Spielers wird jedoch nicht von den anderen Interviewpartnern geteilt, sondern stellt in den Interviews die Ausnahme dar. Die Trainer verstehen sich eher als äußerst kritische Begleiter der Entwicklung, wobei jedoch immer auf eine Basis des menschlichen Miteinanders wertgelegt wird, welche über ein rein zweckorientiertes Verständnis hinausgeht.

„Für mich ist der menschliche Aspekt ganz wichtig. Jeder Trainer kann sehr kritisch werden. Er darf aber nicht unter die Gürtellinie gehen. Er darf nie persönlich werden. Aber er muss kritisch sein. Und er muss dem Spieler das Gefühl geben, er ist kritisch, aber er will mir weiterhelfen. Das merke ich und das merken die Spieler dann auch ganz schnell, wie man mit den Spielern umgeht. Und deshalb sage ich, das ist für mich und auch im Verein allgemein unsere Philosophie. Das die Menschlichkeit an erster Stelle steht. Das sind auch alles Menschen und wir sind dafür da, um Menschen wie Menschen zu behandeln. Und das ist ein ganz wichtiger Aspekt hier bei uns" (Interview 9 LL, 89-90).

Die Leistungslogik der Bundesligaorientierung priorisiert die Aufgaben in der Trainer-Athlet-Beziehung in der Statuspassage. Die Aufgaben, die die Trainer in ihren Beziehungen zu Spielern im Übergang zum Seniorenfußball ausmachen, bestehen übergeordnet darin, die Spieler in die Bundesliga zu geleiten. Die Trainer der Zweiten Mannschaften sind dabei für die Heranführung des Spielers auf Bundesliganiveau zuständig. Es gilt den Spieler potentiell zu Einsätzen in der Lizenzmannschaft zu befähigen. Die Aufgabe scheint mit dem Lizenzstatus und den ersten Einsätzen erreicht und demnach als abgeschlossen. Die Etablierung des Spielers ist dann Aufgabe des Trainerteams der Lizenzmannschaft, die fertig ausgebildete Spieler erwarten. Die Etablierung des eigenen Nachwuchses stärkt sowohl die Trainer der Ausbildungsmannschaften, zu denen auch die Zweiten Mannschaften zählen, als auch den Profitrainer innerhalb des Vereins.

Kapitel 8 Ergebnisse – Talentförderung

„Ich denke schon, dass ein Trainer in der U23 öfter bereit sein soll, mit den Spielern zu reden, auf ihre Fehler hinzuweisen und natürlich anders zu schulen, ganz klar, weil sie ja noch in der Entwicklung stehen. Und deswegen glaube ich schon, dass ein U23-Trainer da nahe dran sein muss und weil ja ein U23-Trainer die Aufgabe hat hauptsächlich, Spieler an die Profimannschaft ran zu führen. Und am Ende kommen ja nur vier, fünf Kandidaten in der U23-Mannschaft in Frage, ob das in ein, zwei, drei Jahren passiert, sei mal dahingestellt. Das man mit den Spielern häufiger über ihre Entwicklung spricht. Klar. Ein Profitrainer erwartet fertige Spieler. Das kann ein U23-Trainer nicht erwarten" (Interview 6 LL, §193).

„Das ist ja auch wieder ein Thema, dass heute trotzdem jeder, der einen jungen Spieler einsetzen kann, der das dann normalerweise auch versucht, das Eigengewächs dann auch durchzubringen. Hilft dem Trainer dann im Verein, weil sonst bräuchte man das ja alles nicht machen" (Interview 3 TA, §66-67).

Die Trainer stehen im Vergleich zum Berater und zu den Familienangehörigen in der Pflicht dem Spieler eine relativierende Einordnung seiner Leistungen zu geben, dadurch die Reflexivität zu fördern, Einsichten und eine Metaperspektive auf die eigenen Möglichkeiten und sinnvolle realistische Zielsetzungen zu eröffnen. Schlussendlich empfinden sich alle Gatekeeper als diejenigen, die für eine ehrliche Rückmeldung an die Spieler stehen. Sie sehen es als ihre Aufgabe an für den Weg, den sie für den Spieler als richtig erachten, zu werben, den Spieler davon zu überzeugen, dass dieser Weg für sie der richtige ist, wobei ihnen bewusst ist, dass ihre Einordnung gegen die Vorstellungen der Spieler laufen kann und gegen die Interessen bedeutsamer Anderer.

„Ach, ich sehe mich schon eher in der zweiten Liga..., aber dann muss man dem Spieler natürlich schon die Augen öffnen und sagen: Pass mal auf. Aber ich sehe dich nicht in der Zweiten Liga und wenn du deine Nachfrage, die haben ja alle Berater, die wissen ja eigentlich auch, wo sie stehen, nur die persönliche Wahrnehmung und der Traum oftmals überschattet das natürlich" (Interview 3 TA, §88).

„Und das heißt, das ist für alle Clubs oft ein Identifikations- und psychologisches Problem. Denn, wenn du mit den Jungs dich unterhältst, auch die meist realistisch sind, die sagen, ja ich weiß, es ist schwer, aber die träumen zumindest davon, in der Ersten Mannschaft zu spielen. Und die Zweite Mannschaft ist dann immer eine Stufe darunter. Und wir sind sehr gut damit gefahren, den Spielern das nicht als Misserfolg, sondern als zusätzliche Stufe zu vermitteln. Wenn man ein Bild malen will, du kommst die Treppe hoch bis zur U19. Das ist ein riesen Schritt da oben hin. Den kannst du machen, aber dann kannst du dich auch verletzen. Dann kannst du dir auch eine Zerrung bei holen. Und wenn dazwischen eine Stufe ist, und du gehst darauf, dann ist es vielleicht leichter dahin zu kommen. Aber das muss ja auch gelebt werden, das Ganze. Und das bedeutet, dass du oft das Problem hast, dass das Niveau

nicht so gut ist, um dich nach vorne zu bringen, in den Zweiten Mannschaften" (Interview 7 LL, §24).

„Ja, das heißt, das ist eine ganz klare, vertrauensvolle, autoritäre Zusammenarbeit. So würde ich das mal sagen. Das heißt, die Spieler wissen ganz genau, dass das der Ansprechpartner ist, der ihnen helfen will, wenn sie es so annehmen. Also ich bin ein erster Hilfesteller, ein Ratgeber und ein Unterstützer. Auf diesem Weg natürlich aber auch ein Kritiker und vielleicht auch mal ein, nicht immer positiver Begleiter, sondern der kann ja auch mal negativ sein. Das kommt jetzt immer auf die Phase drauf an, wo sich der Spieler befindet und dementsprechend versuchen wir einfach Wege aufzuzeigen, damit sie irgendwann oben aufschlagen" (Interview 3 TA, 3 174-176).

Die kommunikative Aufgabe im Umgang mit den Spielern endet nicht bei den Trainern einer Zweiten Mannschaft. Ebenfalls sind die Profitrainer in ihrer Beziehung zu den jungen Spielern kommunikativ gefordert.

„Du musst eben mit ihnen reden. Ja ist nicht einfach. Aber wir reden mit ihnen und sie müssen uns auch nicht alles glauben oder uns sagen, ich will es unbedingt packen. Das ist auch ok, aber wir machen das mit unserem besten Wissen und Gewissen" (Interview 2 TP, §67).

Interessant ist, dass die Trainer sich nicht als Motivator des Spielers sehen. Einzelne Spieler anzutreiben und zu ermutigen, gehört nicht zu den Aufgaben des Trainers bzw. kann, wenn überhaupt, nur punktuell über kürzere Perioden sinnvoll sein. Der Antrieb des Spielers muss für sie grundsätzlich aus ihm selbst heraus erfolgen. Wenn diese Form der intrinsischen Motivation nicht vorhanden ist, halten die Gatekeeper eine fußballerische Karriere für nicht umsetzbar. Somit ist der Aufbau einer stabilen Leistungsmotivation eine allgemeine Entwicklungsaufgabe für Sportler, die schon mit dem Eintritt in den Leistungsfußball entwickelt werden muss.

„Mit dem Antreiben ist das so eine Sache. Man kann immer wieder Unterstützung geben, aber Spieler, die man nur antreiben muss, die schaffen es eh nicht. Das ist so. Jeder kann das anders machen und ich finde das auch toll, wenn junge Trainer sagen, ich kriege das hin und der braucht das. Dann sage ich immer, viel Spaß damit und habe ich auch gemacht als junger Trainer, aber meistens funktioniert das nicht. Das kann sein, dass man jemand mal durch ein Tal schieben kann. Vielleicht braucht er jemanden, aber nicht permanent. Das ist heutzutage nichts" (Interview 7 LL, §90).

Die strategische Führung des Vereins hat unmittelbar Auswirkungen auf die Beziehungsgeflechte zwischen Trainern und Spielern. Die Gatekeeper geben zu bedenken, dass sich Unsicherheiten im Arbeitsverhältnis des Trainers auf die Entwicklung des Nachwuchses auswirken. Wenn die Arbeit des Trainers von kurzfristigen Erfolgen abhängig ist, erscheint die langfristige Entwicklung der Talente eine Bürde, die keinen unmittelbaren Nutzen verspricht, obwohl die Talententwicklung zur Stärkung der eigenen Person im Verein führt (s. o.).

„Auch da gibt es unterschiedliche Typen. Es gibt wahrscheinlich welche, die gehen damit relativ offen um. Wahrscheinlich in der Öffentlichkeit vielleicht sogar. Ich muss gucken, dass ich meine nächsten Spiele gewinne, sonst bin ich weg. Da nützt es mir nichts, wenn ich jetzt mit einem 19-Jährigen noch mal ein Individualtraining mache. Aber die meisten werden das wahrscheinlich nicht so deutlich gegenüber der Mannschaft kommunizieren. Wichtig ist, da als Verein dem Trainer eine Sicherheit zu geben, in Anführungszeichen. Zu sagen, wir wollen was hier mit dir aufbauen. Du sollst auch auf den Nachwuchs setzen. Sollst auch damit arbeiten. Und ich glaube schon, dass man das Verhalten des Trainers letztendlich durch seine Handlung als Verein beeinflussen kann. Natürlich wenn ich jedes Jahr zwei neue Trainer habe, dann ist der nächste Trainer wahrscheinlich auch nicht da und sagt, ja ich bin hier fest im Sattel, dass ich mich erst mal um die Hausabteilung kümmern kann" (Interview 5 SLP, §89-90).

Der Trainer kann in der Beziehung zu den Spielern eine Art Mentorenrolle einnehmen. Mentor im Sinne eines Förderers, der zugleich auch eigene Akzente setzt und uneingeschränkt in die Fähigkeiten vertraut, der über die Gewährung einer Basissicherheit in Bezug auf die Fähigkeiten des Schützlings hinausgeht, sich durch tieferes Vertrauensverhältnis zum Spieler auszeichnet und als Ratgeber substantiell an der Entwicklung beteiligt ist. Die Rolle des Mentors kann aber auch durch andere Funktionsträger im Verein oder angehörige in Familie etc. eingenommen werden.

„Ich glaube, du brauchst immer ein Förderer in deiner Karriere. Das kann man nicht auf den Fußball begrenzen. Das ist wahrscheinlich im normalen Leben auch so. Im Berufsleben, wenn du einen hast, der wirklich Interesse daran hat, dich weiter zu bringen. Das kann ein Lehrer sein, dass kann in der Uni jemand sein. Das kann im normalen Arbeitsleben sein. Aber auch ein Trainer. Wo du sagst, ja, wenn du mal zurückblickst. Wir haben jetzt eine Schulung vor kurzem gehabt, wo die fragten, gibt es da welche? Da finden man meistens einen, bei dem man sagt, der hat mich besonders gefördert. Und wenn man so einen gerade im Übergangsbereich, Anfang Profibereich, hat, das ist schon wichtig. Auch da ist die Frage, liegt es am Förderer oder liegt es, an dem was ich gezeigt habe. Ich glaube, es ist schon wichtig, jemanden zu finden bei dem man ein gutes Gefühl hat, dass er einen voran bringen möchte" (Interview 5 SLP, §133).

8.7.2. Berater als zweckorientierte Sozialressource zur Wahrung des Spielerinteresses

Die Gatekeeper äußern eine grundsätzliche Skepsis gegenüber Spielerberatern und versuchen in jeglicher Weise, sich von ihnen und den Geschäftspraktiken zu distanzieren. Sie werfen ihnen vor, dass ihr einziges Interesse darin besteht, mittels des Spielers ökonomisches Kapital zu erwirtschaften. Im Zweifel berate er den Spieler nicht dahingehend, wie und wo er die besten Entwicklungsmöglichkeiten hat, sondern nur nach kurzfristigen ökonomischen Aspekten. Die Interviewpartner bemängeln, dass die ökonomischen Anreize sich nicht grundsätzlich mit den besten langfristigen Entwicklungsmöglichkeiten für den Spieler decken, so dass Interessenskonflikte bestehen. Das Geschäftsmodell ist so aufgebaut, dass vor allem erfolgreiche Spieler für Berater interessant sind, da die Berater prozentual an den Gehältern der Spieler beteiligt sind und an Ablösesummen, Vertragsabschlüssen und Wechselprämien verdienen. Spieler, die weniger erfolgreich sind, sprich in unteren Ligen spielen, weniger verdienen und so gut wie keine Ablösesummen bei Vereinswechseln erzielen, sind daher für die Geschäftstätigkeit der Berater weniger lukrativ, so dass die Gatekeeper von Erfahrungen berichten, dass Spieler in unteren Ligen vermehrt den Berater wechseln. Das geht einerseits vom Berater aus, für den der Spieler aus ökonomischen Gründen nicht relevant ist, andererseits ist es vom Spieler initiiert, der vom Berater keine Vereinsangebote geliefert bekommt und hofft, durch einen Beraterwechsel bessere Chancen auf dem Arbeitsmarkt zu erhalten.

„Meistens im Erfolgsfall. Im Misserfolgsfall trennen sich die Berater von den Spielern und dann sind die Spieler allein und haben keine Hilfe, wenn sie dann nicht so interessant für andere Vereine sind. Dann ist es auch schwer für die Berater. Und die Berater wollen Geld verdienen. Da geht es einfach nur um das. Wenn ein Spieler, der das nicht mehr hergibt, dann sind Spieler auch alleine. Wir haben schon viele Fälle gehabt. Haben Spieler gehabt, die haben hier den Vertrag aufgelöst und haben woanders noch nicht unterschrieben. Auf einmal ist dann der Spieler einfach falsch beraten worden und der Spieler steht ohne Vertrag da, weil der Verein im letzten Moment sein Angebot zurückzieht. Da gibt es verschiedene Dinge. Kenne ich mich im Allgemeinen auch nicht so aus. Ich merke es dann hier, wenn dann ein Spieler nicht mehr so interessant ist. Auf einmal wechselt er seinen Berater. Hängt auch damit zusammen, weil der Berater ihm keinen Verein bringen kann. Und weil er dann auch sagt, das sind Peanuts. Mit dem werde ich kein Geld mehr verdienen. Ich kann mich jetzt nicht die nächsten zehn Jahre um einen Spieler, der in der Oberliga oder in der Regionalliga spielt, kümmern. Da habe ich nur Arbeit mit und verdiene nichts und dann ist ein Spieler auch nicht mehr so interessant" (Interview 1 TA, §75).

Durch die ökonomischen Anreize des Geschäftsmodells, die nicht mit Entwicklungschancen verknüpft sind und somit zu Interessenkonflikten führen, halten die Interviewten die Berater aus ihren Erfahrungen für keine potentiell wertschätzende Beziehungspartner für den Spieler, die für ihre sportliche Entwicklung eine förderliche Rolle einnehmen können. Denn die Verbindung und die Beziehung zwischen Spieler und Berater ist für die Gatekeeper eher einem zweckorientierten Verhältnis zuzuordnen. Wobei der Zweck darin besteht, Kontakte zu potentiellen Vereinen zu knüpfen, Interessen des Spielers gegenüber dem Verein zu vertreten und schlussendlich Verträge zu Gunsten des Spielers auszuhandeln. Darin erkennen die Trainer in erster Linie die Aufgabe und auch die Berechtigung, die ein Spielerberater in dem System einnimmt.

"*Ich will mit diesen Experten nichts zu tun haben. Die sind da. Und für die Spieler sind sie gut. Ich kann das nur von den hinteren sagen. Als ich bei Verein ÖS war, da verdiente Spieler GY 100.000 im Monat und 700.000 vorweg und ein anderer verdiente 15.000 brutto. Und gleiche Kategorie verdiente 50.000. Und bei dem anderen Spieler war der Schwiegervater Schiedsrichter und der meinte, er könnte ihn beraten und der hat dann 15.000 gekriegt. So ist das. Und es sind unvorstellbare Summen, die da im Spiel sind. Jetzt ja noch viel mehr. Für Verein U ist das doch Kleingeld, wovon ich gerade gesprochen habe. Aber damals als ich mich zum ersten Mal für Zahlen interessierte habe, oder Zahlen gehört habe, dann ist es doch gut, wenn du einen Berater hast. Es ist einfach gut, fertig. Die Berater sind natürlich auch Ich AGS, die machen natürlich alles. ..Wenn einer verpflichtet wird für die Position, dann ruft sofort der Berater, ey wie kommt ihr jetzt dazu den Spieler zu verpflichten, da ist doch der und der da. Die machen schon noch Politik. Sind listig und mit allen Wassern gewaschen. Und ich denke auch im unteren Bereich wird es ähnlich sein*" (Interview 4 TP, §192).

Die Vereine sind durch die ökonomische Dominanz, die eine langfristige Förderlogik konterkariert, dazu gezwungen, für ihren langfristig geplanten Karriereweg im eigenen Verein für den Spieler höhere Gehälter als für die Liga üblich sind, zu zahlen, um die Berater und damit den Spieler von einem Verbleib in der eigenen U23 zu überzeugen. Die Berater sollen mit den höheren Gehältern und damit auch mit ihrem eigenen höheren Einkommen davon abgehalten werden, den Spieler zu einem Wechsel zu einem anderen Klub zu raten. Somit sind nicht primär der Karriereplan und die Ausbildung, die der Spieler in der U23 erhält, das ausschlaggebende Argument, sondern die ökonomischen Anreize. Für Klubs, die dies nicht leisten können, erschwert sich die Möglichkeit Talente langfristig aufzubauen und an den Verein zu binden.

"*Wie auch auf dem freien Markt gibt es seriöse und unseriöse Berater. Und die einen wollen das schnelle Geld, die anderen wollen eine sinnvolle Karriereentwicklung. Das kommt ganz drauf an, an wen man da gerät. Und die Berater verdienen am meisten Geld, umso mehr der Spieler verdient. Und der Spieler verdient im Normalfall dort in der höheren Liga mehr Geld. Auch normal. Das heißt schon, um den Spieler hier zu halten und dem diesen Weg über die U23 schmackhaft zu machen, dem muss man dann auch im Normalfall ein bisschen mehr Geld geben oder im Schnitt mehr Geld als vielleicht für diese Liga (zurzeit vierte Liga) angemessen wäre*" (Interview 6 LL, §123-124).

Die tatsächlich kritische Begleitung der Entwicklung des Spielers, einschließlich Leistungsrückmeldungen, ist in den Augen der Interviewten in der Berater-Spieler-Beziehung gar nicht unbedingt erwünscht. Der Berater dient eher als Puffer, der die kritischen Äußerungen des Trainers durch positive Bekräftigung des Spielers auffängt. Falls die Einschätzungen des Beraters und des Spielers zu weit auseinander gehen, gefährdet eine kritische Auseinandersetzung des Beraters die Zusammenarbeit mit dem Spieler, so die Beobachtungen der Interviewten.

„Ja eine ganz wichtige Rolle und leider können sie dem Spieler nicht immer die Wahrheit sagen, die Berater. Weil, wenn sie dem Spieler die Wahrheit sagen und mit denen nicht einer Meinung sind, dann sind sie den Spieler wieder los. Der geht zum nächsten Berater, weil der dem vielleicht ein bisschen mehr nach dem Mund redet. Das ist die Frage dabei, die Berater sehen das oftmals schon ein, dass es vernünftig ist und trotzdem sprechen sie dagegen an, wenn wir das so machen. Weil sie einfach Angst haben ihre Spieler zu verlieren, mit denen sie ja noch mal gutes Geld verdienen wollen" (Interview 8 LL, §71).

„Eins kommt immer hinzu, was früher nicht der Fall war oder in den ersten Jahren bei mir nicht der Fall war. Die Berater fangen ja immer früher an. Die kommen schon mit 14,15, 16 Jahren. Und wenn der Berater immer sagt, wie gut der Junge ist und der Trainer sagt, da, da und da musst du dich enorm verbessern, sonst hast du keine Chance, dann hören die Jungs natürlich lieber das Lob der Berater als die Kritik des Trainers" (Interview 4 TP, §63).

Die Interviewten haben eine Vorstellung eines idealen Beraters, der tatsächlich die Entwicklungsperspektive und die Entwicklungsbedingungen des Spielers im Blick hat, ihn nicht nur kritisch sportlich sondern in vielen Lebenssituationen berät und stützt. Dabei soll er die langfristigen Aspekte der sportlichen Karriere, aber auch der Nachkarriere im Blick haben. Sie unterstellen allerdings, dass es den nötigen Weitblick nicht gibt und ständig Interessenkonflikte herrschen.

„Na, in dem er ihm sagt: Hör mal zu. Für dich eigentlich, so wie ich dich kennengelert habe, ist das beste Entwicklungsumfeld, für dich, das in Stadt J, oder Stadt K oder Stadt H. Weil hier deine Familie wohnt, weil ich spüre, dass der Trainer dich sehr wertschätzt und weil ich glaube, dass du hier individuell gefördert wirst, also der muss ihm dabei helfen, die Dinge einzuschätzen. Und dass ein Berater die Dinge einschätzt, dafür muss er mit mir sprechen und mit Trainer C sprechen und mit Trainer B sprechen. Er soll sich dann ein Bild machen und deshalb, ein gutes Bild, weil er halt mehr Erfahrung als der Spieler hat und ihm dann eine Empfehlung aussprechen. Und das aufgrund seiner Erfahrung. Und trotzdem ist es ja so, dass diese Empfehlung oft aufgrund von vielleicht personellen oder eigenen Netzwerken zustande kommt und nicht aufgrund objektiver Beurteilung der Situation. Ja, also dessen Aufgabe ist es, für den Jungen die beste Entscheidung mitzutreffen und das aufgrund seiner Erfahrung und was ich im Übrigen auch für nicht falsch halte, wenn es jemanden gibt, der den Spielern neutrale Hinweise gibt. Im Grunde zerren wir alle an so einem Jungen: Eltern, Verein, wenn es jemand gibt, der neutral beurteilen kann, was jetzt für den Jungen das Beste ist, muss das nicht schlecht sein. So *wie sich der Markt entwickelt hat, sind ja Berater auch nicht neutral" (Interview 6 LL, §127).*

8.7.3. Die schwierige Lösung von der Familie im Übergang

Die Eltern spielen eine besondere Rolle. Durch sie werden zuweilen große Erwartungen an den Spieler herangetragen und auf den Spieler projiziert. Zugleich leisten sie einen wesentlichen Teil der sozialen Unterstützung. Es wird den Eltern unterstellt, im Vergleich zu den anderen Akteuren im Geschäft der Ausbildung am ehesten die Interessen des Heranwachsenden wahrzunehmen und eine Form bedingungsloser Unterstützung zu praktizieren. Andererseits sehen die Interviewten die Gefahr, dass der Spieler mit den großen eigenen Hoffnungen der Elternteile konfrontiert wird, was für dann für den Spieler zur Belastung werden kann.

Die Erkenntnis der wichtigen Unterstützungselemente der Familie für den Spieler führt dazu, dass die Gatekeeper sehr wohl darauf bedacht sind, die sportlichen Entscheidungen mit den Angehörigen des Spielers abzustimmen und dafür zu sorgen, dass die Prozesse mitgetragen werden. Allerdings betonen sie, dass im Übergangsbereich, der Einbezug der Eltern keine Selbstverständlichkeit mehr darstellt und es nicht immer sinnvoll für die allgemeine Entwicklung im Verständnis eines gesunden Ablösungsprozesses des Spielers ist, die Familie als Ansprechpartner einzubeziehen.

"Ja, auf der einen Seite musst du ja die Eltern schon mal ernst nehmen. Das ist das entscheidende. Das ist schon mal wichtig. Eltern sind nun mal Eltern. Die sind am nächsten an ihren Kindern dran. Das sind ja immer ihre Kinder und bleiben auch ihre Kinder. Aber das gibt es im Herrenbereich ja ganz selten noch, dass wir da noch mit den Eltern zu tun haben. Muss man ja auch ganz deutlich sagen. Dass ist ja der Ausnahmefall. Das Trainer X das überhaupt gemacht hat, sich mit dem Vater hingesetzt hat, das ist schon sensationell. Das muss man ganz ehrlich sagen. Und das kann normalerweise nicht sein. Das darf auch nicht sein. Du hast doch mit den Beratern auch noch zu tun" (Interview 8 LL, §64-65).

Die Familie stellt einen vertrauensvollen, behüteten Ort der Basissicherheit dar, der sich nicht über die tatsächliche Unterstützung in problematischen Situationen herstellt, sondern sich in einer Form emotionaler Nähe und Geborgenheit äußert.

"Aber der Ablösungsprozess wird ja nie stattfinden. Familie bleibt Familie. Und wenn ich heute 40 bin und meine Mutter würde noch leben, auch jetzt noch als Trainer, wenn es mir schlecht ginge, würde ich meine Frau und meine persönliche Familie aufsuchen, aber ich würde auch zu meinen Eltern gehen wollen. Weil du da einfach ein gutes Gefühl hast. Ich würde jetzt mit meinen Eltern nicht über meine Probleme reden. Aber die Nähe würde mir gut tun. Deshalb ist Familie doch wahnsinnig wichtig" (Interview 1 TA, §84).

„Ja, das ist schon so, dass sie wissen, dass der Trainer über sie urteilt. Familie ist ja noch vertrauter, wie alles andere, also das heißt, wenn ich irgendwo hin gehen kann, dann dahin. Weil die sagen mir auch normalerweise ehrlich, wie sie das sehen oder unterstützen mich einfach. Vielleicht brauche ich gerade Streicheleinheiten, aber der Trainer gibt sie mir natürlich nicht, weil ich dem Trainer halt auf den Keks gehe. Ja, dann sagt der auch: Moment, so Freund. Jetzt zeig mir erstmal wieder was, bevor ich mich mit dir beschäftige und dann ist natürlich in der Familie immer einfacher. Das weiß ich auch aus eigener Erfahrung, sich da auch ein bisschen vielleicht aufzubauen, um da wieder neu anzugreifen. Das ist oftmals dann der Fall, wenn ich ein paar Mal ein auf die Fresse gekriegt habe" (Interview 3 TA, §185-187).

8.7.4. Partnerschaftliche Beziehungen als ordnende und stabilisierende Ressource

Die Gatekeeper erkennen, dass die Spieler durch partnerschaftliche Beziehungen Werteverschiebungen erleben und feste stabile Beziehungen ebenfalls eine Form von emotionalem Halt und Sicherheit vermitteln.

„Ja, er hat gemeint, dass sie Halt haben. Am besten haben sie eine Partnerin, die ehrlich zu ihnen ist und wenn sie eine Partnerin haben, die dieses Verständnis aufbringt und auch sieht. Und dieser Überehrgeiz und alles andere schlecht macht drum herum. Oder versucht einen objektiven Blick darauf zu haben, dann ist das vielleicht sogar Freundschaft" (Interview 2 TP, §119).

Die Interviewten halten stabile Partnerschaften als potentiell positiv für die Leistungsentwicklung. Dabei wird nicht nur emotionale Unterstützung geleistet. Vor allem eine Form sozialer Kontrolle wird von den Partner ausgeübt, denn die ökonomischen Möglichkeiten und damit auch die Möglichkeiten, in Verhaltensweisen zu investieren, die für den Leistungssport nicht förderlich sind und sich negativ auf die fußballerische oder auch soziale Entwicklung des Spielers auswirken, sind vorhanden. Daher halten die Gatekeeper stabilisierende partnerschaftliche Beziehungen, die den Spieler in einer professionellen Lebensform stützen, für positiv in Bezug auf die Entwicklung des Talents.

„Ich glaube schon, dass sich das noch entwickeln kann. Man ist da total überrascht, was da noch möglich ist. Ich habe da in meiner Karriere als Profitrainer auch ältere, schon Erwachsene gehabt, wo ich gesagt hatte, da kannst du ein Ei drüber schlagen und drei Jahre später hörst du von denen.... das ist ja Wahnsinn. Was ist passiert? Das Leben drum herum spielt eben eine sehr große Rolle Die eine Frau ist weg und die andere Frau ist gekommen und die hat dann gesagt, jetzt gehen wir das Thema hier an. Du kannst noch fünf Jahre spielen. Das ziehst du aber durch. Da denkst du, es ist doch nicht zu fassen. Und der Spieler selber sagt, hätte ich mal fünf Jahre früher angefangen" (Interview 7 LL, §34).

8.7.5. Freundschaften außerhalb des Fußballs als wertschätzende Beziehungen

Vertraute Gleichaltrige innerhalb des Fußballs und in der Mannschaft sind als Bezugspunkt mit inhaltlichen Interessenüberschneidungen ebenfalls wichtig für den Spieler und kollektive Leistungen. Aber eher in strategischen, auf den Fußball bezogenen Kategorien, als in Form stabiler Freundschaften, die auch in privaten Dimensionen bedeutsam sind. Innerhalb der Mannschaften herrscht eine starke Konkurrenz. Sie erstreckt sich auf den Auf- und Abstieg innerhalb der Hierarchie der Mannschaft und ggf. des Fußballinternats.

„Ja, also ist beides wichtig, natürlich benötigt man innerhalb der Mannschaft Freunde. Weil dann hat man einen anderen Halt und kann anders, ich nenn es mal so, innerhalb der Hierarchie arbeiten. Auch politische Themen sind bei einer Ansammlung von zwischen zwanzig und dreißig Jährigen auch wichtig" (Interview 6 LL, §135).

Einer der Trainer sieht vor allem Freundschaftsbeziehungen außerhalb des Fußballs, die durch ein wirkliches zwischenmenschliches Interesse geprägt sind und über die Wertschätzung der sportlichen Leistungen hinausgehen, als wichtige Stütze der Spieler. Solche sind langfristige Beziehungen, die sie schon vor der fußballerischen Karriere geknüpft und vertieft haben. Dabei sieht er die räumliche Distanz und zeitliche Einschränkung des Spielers als großes Hindernis, die Freundschaften aufrecht zu erhalten.

„Wichtig, wenn sie Freunde haben. Wenn sie wirklich Freunde haben. Gibt ja ein Verständnis von Freundschaft. Auch außerhalb des Fußballs, wäre es gut. Aber es ist ja schwierig. Wenn sie woanders wohnen. Ja klar, man kann telefonieren. Wenn sie wirklich Menschen haben, die sich ernsthaft für sie interessieren, dann ist das ein großer Schatz. Vielleicht der größte. Wahrscheinlich einer der größten Schätze im Leben. Wenn sie Freunde haben. Es gibt die verschiedensten Formen von Beziehungen. Aber wenn sie gute Beziehungen haben, das ist sehr hilfreich" (Interview 2 TP, §116).

Eher lose Freundschaften außerhalb des Fußballs, die sich zu späteren Zeitpunkten ergeben, können in der Wahrnehmung der Interviewten ebenfalls problematisch beladen sein und einen unprofessionellen Lebensstil für den Leistungssport befördern. Diese Freunde haben andere Interessen und können u. U. die Verpflichtungen, die durch den Fußball entstehen, nicht nachvollziehen.

„Ja sind bei uns auch schon einige Spieler in der U23 unter die Räder gekommen, weil sie einfach einen schlechten Freundeskreis hatten. Das gibt es. Man weiß das. Man wusste das in der Vergangenheit. Aber als ich in der U23 Trainer war, habe ich das immer festgestellt, dass da gewisse Leute, die ein gewissen Freundeskreis hatten, die haben sich auf Spiele ganz schlecht vorbereitet. Dann haben wir auch Signale gehört von außen. Weil man auch

so ein bisschen Kontakte hatte. Haben wir nachmittags um 15.00 Uhr gespielt. Der war bis morgens um 5 Uhr da und da. Gibt es also. Die Freunde können dann auch negativ für den Weg sein" (Interview 9 LL, §112).

8.7.6. Mannschaftskameraden zwischen vergleichender Konkurrenz und feindlicher Rivalität

Die Mannschaft als soziales Gefüge hat analog zum Trainer zunächst in den Augen der Interviewten eine rein sportliche Funktion. Das soziale Gefüge ist vordringlich zweckorientiert. Der Zweck ist der fußballerische Erfolg und die weitere Entwicklung des Einzelnen. Stabile und vertrauensvolle Peerbeziehungen, die in Richtung von Freundschaften gehen, sind in der Anlage von Mannschaften nicht vorgesehen und auch deshalb für die Spieler schwierig zu entwickeln. So bestehen die Kontakte zwischen den Mannschaftskameraden selten über die Zeit der gemeinsamen Mannschaftszugehörigkeit hinaus, insbesondere wenn die neuen Mannschaften in unterschiedlichen Hierarchien in der Leistungslogik angesiedelt sind.

"Ja, na klar. Also es gibt Spieler, wenn die den Sprung geschafft haben, die klar sind, dann kommen sie noch viel zu ehemaligen Mitspielern in die Kabine, und dann kann es halt sein, dass er auch irgendwann gar nicht mehr kommt. Und dann weißt du schon Bescheid, da ist die Abnabelung vollzogen. Es zieht ihn oft zur nächsten Ebene und da bleibt halt kein Platz mehr für die anderen. Also das ist schon so, Feierabend, nächste Mannschaft, tschüss. Habe halt dann vergessen, dass ich mit einigen fünf Jahre zusammengespielt habe in der Jugend" (Interview 3 TA, §231-233).

In den Mannschaften kommen Spieler mit unterschiedlichen Interessenslagen zusammen, die sich aber auf einer grundsätzlichen Ebene verständigen müssen. Das gemeinsame ist somit nicht von vornherein gegeben, sondern es muss hergestellt und u.U. vorgegeben werden. Die Unterschiede entstehen durch die verschiedenen Kulturen, sich einschließende Werte, humoristische Verständnisse, die sich auch in sprachlichen Feinheiten finden und deshalb regional und national unterscheiden. Dadurch, dass sich die Einzugskreise der Vereine vergrößern müssen, sie Globalisierungstendenzen schon in den Leistungszentren aufweisen, ist es schwieriger das Gemeinsame herzustellen und zu finden.

"Und dass die Jungs unterschiedliche Interessen haben und deswegen auch unterschiedlich miteinander zusammen sind, das gab es schon immer und wird immer so sein. Aber wichtig ist das, wenn man gewisse Dinge angeht, dass man das dann gemeinsam macht. Also ihr müsst nicht alle abends zusammen weggehen oder so. Das gibt es ja heute nicht, das war vielleicht früher ein bisschen anders, da waren aber auch die Krater kleiner und ich sag mal die Jungs noch mehr aus der Region. Wir holen ja auch Spieler aus Land D oder sonst irgendwo dazu. Das war ja alles ein bisschen anders früher. Ich denke einfach auch wieder, da sind wir beim Thema, wenn die Jungs zusam-

men was entwickeln oder wir denen das vorgeben auch, dann haben wir auch ein ganz gutes Leben zusammen" (Interview 3 TA, §246).

Die Konkurrenzsituation, die in den Mannschaftsgefügen eine wesentliche Rolle spielt, wird von den Gatekeepern als grundsätzlich positiv bewertet und so lange forciert, wie sie zur gegenseitigen Entwicklung führt und sich durch die dauerhafte Konkurrenz keiner auf seinem Status ausruhen kann. Dabei wird darauf hingewiesen, dass eine gesunde Konkurrenzsituation mit Respekt und Anerkennung der Leistung des Mitspielers einhergeht. Die Situation gilt so lange als förderlich, wie die Spieler sich ungefähr auf dem gleichen Niveau befinden und der direkte Konkurrent nicht als übermächtig erscheint, was zur Resignation des Spielers führen und ihn in dem Betreiben der eigenen Entwicklung hindern kann. Der Fokus soll weniger auf dem Konkurrenten liegen als auf der eigenen Entwicklung. Vordringlich gilt, dass der Spieler sich mit seinen eigenen Stärken und Schwächen beschäftigen muss, als mit denen des Konkurrenten. Problematisch wird die Konkurrenz, wenn sie zur feindlichen Rivalität verkommt, sich Spieler auch verbal attackieren, das Zusammenspiel leidet und somit das Gemeinschaftliche im Team gefährdet wird. Konkurrenz muss deshalb so organisiert sein, dass sie die soziale Unterstützung, die im Team für die Verfolgung und Erreichung des gemeinschaftlichen Zwecks benötigt wird, nicht gefährdet.

„Ich finde halt einfach, dass Konkurrenz das Geschäft belebt. Das spornt an. Das sollte anspornen, es sollte jeden zu einer besseren Leistung bringen. Es sollte jeder wissen, dass wenn ich nicht fleißig bin, dass dann da auch wer anderes es sich verdient" (Interview 3 TA, § 235).

„Klar, wenn ich mich nur noch mit dem Konkurrenten beschäftige und nicht mehr an mir arbeite, dann ist es eher problematisch. Wenn ich vielleicht auch sehe, dass der Konkurrent zu übermächtig ist. Dass ich resigniere, kann aber auch sein, dass ich mich nicht beeinflussen lasse und auf meine Chancen warte. Ich würde trotzdem sagen, dass Konkurrenzkampf, der auf eine gute und faire Art und Weise ausgetragen wird, wichtig ist, um den nächsten Schritt zu machen" (Interview 9 LL, §110).

„Ja klar, wenn der Konkurrent als Feind wahrgenommen wird. Wissen Sie, es ist so, wenn ein Spieler im Training den anderen respektiert, dann bekämpft er ihn mit allen legalen Mitteln. Dann respektiert er ihn. Wenn er ihn schont, dann respektiert er ihn weniger. Das ist Respekt. Das kann man ihnen erzählen. Das verstehen sie. Wenn er den anderen bekämpft und es gibt einen Konflikt, weil er ihm auf den Fuß getreten ist. Und er ist hart. So macht er ihn besser. Das ist Respekt. Da muss sich der Spieler gar nicht drüber bewusst sein, er muss es nur so machen" (Interview 2 TP, §110).

Neben sozialer Unterstützung leistet das Mannschaftsgefüge soziale Kontrolle. Sie bezieht sich z.B. auf die Verhaltensweisen des einzelnen Spielers, der Schwierigkeiten hat, sich aufgrund seiner Situationen in die gemeinschaftlichen Aufgabenstellungen einzubringen und einzuordnen, bspw. werden

Spieler, die sich gerade in einem Zwischenstatus (siehe Kapitel 9.2.2.3.) befinden, nach ersten Schritten in der Lizenzmannschaft zurück in die Zweite Mannschaft kommen und Schwierigkeiten haben, ihre Ansprüche und Vorstellungen anzupassen, von den Mitspielern eingeordet, die versuchen, sie in die gemeinschaftliche Aufgabenstellung einzubeziehen. Die Mitspieler entwickeln ein Gespür dafür, inwieweit sich der Spieler noch bemüht, innerhalb der U23 Einsatz zu bringen oder er nun die Aufgabenstellung dort anders ein- bzw. unterschätzt und die eigene Person ggf. überhöht.

„Letztendlich hat der Spieler das schon vorher gemerkt, denn seine Mitspieler sind auch nicht dumm. Die sagen dem auch: Pass mal auf. Was ist denn mit dir los? Sag mal? Also das kriegt der relativ schnell mit, dass er sich nicht mehr so verhält und präsentiert, wie es vorher der Fall war. Weil unsere Spieler sind zwar jung, aber auch nicht dumm. Die kriegen das relativ schnell mit, dass einer da eine andere Schiene fährt" (Interview 3 TA, §220).

9. Karriereverläufe an der Nahtstelle zwischen Junioren- und Senioren-/Profifußball

Die Besonderheiten, die mit dem Übergang zum Senioren- bzw. Profifußball assoziiert sind, ergeben sich einerseits durch die Regularien, die auf Verbandsebene die Gestaltungsmöglichkeiten der Vereine rahmen (Vertragsvorgaben, Local-Player Klauseln etc.), andererseits durch die Konzepte und Strategien, mit denen die handelnden Akteure der Vereine ihre Talentförderung aufstellen (Bedeutung der Zweiten Mannschaft bzw. Unterhaltung einer Zweiten Mannschaft im Verein, Ausleihpraktiken etc.) und somit den Schritt der eigenen Talente in den Seniorenfußball anleiten und Karrierewege steuern.

9.1. „...die U23 soll Ausbildungsmannschaft sein"

Die Zweite Mannschaft eines Lizenzvereins nimmt bisher eine zentrale Stellung in der Heranführung junger Spieler in den Seniorenbereich ein. Die Betreuung selbst und die einhergehenden Aufgaben für die Trainer einer zweiten Mannschaft sind vielseitig und durch die Ausrichtung und Handhabung des Gesamtvereins bestimmt. Zuweilen ist die Zweite Mannschaft der Lizenzmannschaft in allen Bereichen untergeordnet und steht sowohl in der wöchentlichen Trainingsarbeit, wie in den Wettbewerbsspielen in der Abhängigkeit der Entscheidungen des Führungspersonals der Lizenzmannschaft, was von den Verantwortlichen der Zweiten Mannschaft ein großes Maß an Flexibilität erfordert, da diese mit ständig veränderten Personalsituationen in ihrem Kader konfrontiert sind. Zugleich wird kritisiert, dass in die Bewertung der wöchentlichen Spielergebnisse die Umstände, unter denen sie erbracht wurden, keine Berücksichtigung finden. Darin schwingt mit, dass das fluide Mannschaftsgefüge der Zweiten Mannschaften, zumindest für den mannschaftlichen Erfolg nicht förderlich ist.

„Fakt ist, es ist eine superspannende Aufgabe. Weil du fast jedes Jahr wieder eine neue Mannschaft hast, ist es natürlich auch schwierig mit den Verschiebungen der Spieler. Mal von der A-Jugend gehen sie hoch, je nachdem wie die Kadersituation ist, dann kommen wieder welche von den Profis. Du bist irgendwie immer dazwischen, das heißt, du musst unheimlich flexibel reagieren. Es kann sein, donnerstags planst du was für das Wochenende und dann freitags sagt der Cheftrainer: Du die zwei oder drei Spieler, die kommen oder ich brauche die zwei, drei bei mir, theoretisch. Kann auch passieren und dann musst du immer wieder aufs Neue reagieren und nach diesen Umständen, die da am Wochenende passieren, fragt keiner. Wenn du zwei zu null verloren hast, dann heißt es: Wie? Zwei zu null verloren? Aber, gut. Interessiert keinen unter welchen Umständen" (Interview 3 TA, §277-278).

Grundsätzlich wird die Zweite Mannschaft nicht als eigener Endpunkt im Seniorenfußball verstanden. Sie hat ihre Bedeutung als wesentlicher Baustein in der Ausbildungskette. Die Spieler sollen dort nicht einen längeren Teil ihrer fußballerischen Karriere bestreiten. Die Zweite Mannschaft dient dazu, den Spielern erste Schritte im Herrenbereich zu ermöglichen und ihre fußballerische Leistung den veränderten Qualitäten anzupassen und auszureifen.

„Auch das ist natürlich so, die U23 soll Ausbildungsmannschaft sein. Nach zwei, drei Jahren ist das Optimal-Ziel die eigene Profimannschaft. Wer es nach zwei Jahren noch nicht geschafft hat, der schafft es im Normalfall auch nicht. Deswegen sind ja die Verläufe so, dass die eigentlich allerhöchstens ein, sagen wir mal, zwei Jahre da in der Mannschaft verweilen sollten und sich dann für einen anderen Weg entscheiden müssen" (Interview 6 LL, §115).

„Aber U23 soll schon weiterhin ein wichtiger Bestandteil des Ausbildungskonzepts sein. Deswegen haben wir sie jetzt näher an die Profis ran geführt" (Interview LL, § 14).

In der formalen Aufstellung und Organisationsform der Vereine gibt es unterschiedliche Konzepte für die U23. Entweder ist die Zweite Mannschaft die höchste Mannschaft des Leistungszentrums und untersteht der Leitung der Verantwortlichen dort. Oder sie ist der Lizenzabteilung eines Vereins zugeordnet und wird von ihr gesteuert. Wobei die Bedeutung der Zweiten Mannschaft im Ausbildungskonzept des Vereins wächst, je stärker sie an der Bundesligamannschaft orientiert und formal zugewiesen ist. Problematisch ist, dass sich der Stellenwert der Zweiten Mannschaft nicht nur in den Vereinen unterscheidet, sondern gleichfalls innerhalb desselben Vereins in kurzen Intervallen verändern kann. Dies ist darauf zurückzuführen, dass die Ausbildungskonzeption von einzelnen Akteuren, die in erster Linie für die Lizenzmannschaften zuständig sind, abhängig ist. Durch häufige Personalfluktuation in den leitenden Positionen und einer gewissen Schnelllebigkeit des Geschäfts ergibt sich, dass sich die Bedeutung der U23 als Teil der Ausbildungskonzeption kurzfristig ändern kann. Einer langfristigen Entwicklungslogik stehen solch instabile Strukturen und eine personenabhängige, somit in die Beliebigkeit verfallende Ausrichtung der Talentförderung konträr entgegen.

„Ich denke der Stellenwert der U23 ist immer bei jedem Verein anders. Bei dem letzten Sportdirektor, war sie nicht so hoch. Bei dem aktuellen Sportdirektor ist sie sehr hoch. Sie ist bei uns zurzeit sehr wichtig. Das ist der Unterbau der Liga, sie spielen Regionalliga. Wollen die halten. Sind alles sehr junge Spieler. Hauptsächlich Spieler aus der eigenen U19. Wir haben sehr wenig Externe. Der eine Sportdirektor so, der andere so" (Interview 9 LL, §8).

Durchgängig äußern die Verantwortlichen, wie wichtig es für die Zweite Mannschaft ist, möglichst in der höchsten Spielklasse zu spielen, die für Zweite Mannschaften von Lizenzvereinen möglich ist (Dritte Liga). Sie erkennen darin den Vorteil eine adäquate und hohe Anforderung für die Spieler als letzte Stufe ihrer Ausbildung zu stellen und die Leistungsdifferenz zwischen höchster Ausbildungsmannschaft und Lizenzmannschaft zu minimieren. Dadurch fällt ihnen das Erkennen des Entwicklungsstandes leichter. Wenn ein junger Spieler sich in der Dritten Liga durchsetzen kann und mit positiver Leistung auffällt, dann ist es auch wahrscheinlich, dass er für die eigene Bundesligamannschaft befähigt scheint. Hingegen ist die gegnerische Qualität in den Regionalligen für die Interviewten zu niedrig, um aus den Leistungen der eigenen Spieler auf ihr Potential für die Erste Liga zu schließen.

„Ja, der hat was, aber ich kann das nicht beurteilen, wenn der bei uns in der Vierten Liga ist. Was für mich immanent wichtig ist, dass ich das beurteilen konnte, ist, wenn einer in der dritten Liga mit 17, 18 Jahren sich durchsetzt, der ist einer für den Verein U. Und Vierte Liga, wenn ich die Spiele jetzt letztes Jahr gesehen habe, dann kann ich nichts zu sagen, weil der Gegner einfach viel zu schlecht ist" (Interview 4 TP, §10-12).

„Da haben wir natürlich den Vorteil, ist ja nicht selbstverständlich, dass wir in der Dritten Liga spielen und nicht in der Regionalliga. Das ist natürlich für uns ein riesen Wert, das heißt die Jungs, die müssen ans Limit gehen, sonst haben die gar keine Chance und das wird jede Woche, wird das gefordert" (Interview 3 TA, §20-21).

Neben der Spielklasse, welche für die Entwicklung der Spieler in der letzten Ausbildungsmannschaft als einflussreich angesehen wird, gilt die Struktur der Mannschaft in den Zweiten Mannschaften als wichtiger Baustein, um lernförderliche Umgebungen für die Spieler zu schaffen. Die Gatekeeper halten es für sinnvoll, eine Anzahl von tragenden Spielern innerhalb der Mannschaft zu haben, um die herum Talente eingebaut und entwickelt werden können. Diese Spieler gelten als der tragende Kern der Mannschaft, durch die sie Stabilität erlangt. Dabei sind erfahrene Spieler, die sich am Ende ihrer Karriere befinden und ihren Großteil in höheren Ligen verbracht haben, wichtige Stützpfeiler der Mannschaft. Sie dienen der Orientierung der Talente, auf die sie sich beziehen und von deren Unterstützung sie profitieren.

„Dennoch ist es natürlich so, dass man schon vier, fünf, sechs Spieler benötigt, die diese Mannschaft tragen. Die benötigt man auf jeden Fall" (Interview 6 LL, §115).

„Nein, der hat bei mir schon vor 10 Jahren gespielt, den habe ich von Verein ÖK geholt. Ok der ist ein guter Junge, aber den kann man nicht vergleichen. Spieler EW konnte noch bei 15 Bundesligavereinen spielen, als der bei mir war, so gut war der und Spieler MC auch. Vielleicht nicht bei 15 aber bei zehn. Das waren schon Brücken. Auf dem Platz haben die schon den Spielern geholfen." (Interview 4 TP, §142)

Mannschaften enthalten durch kontinuierliche Interaktion eine eigene Dynamik, die die Leistungsfähigkeit des Einzelnen überhöhen kann oder zu Überschätzungen führen, welche sich offenbart, wenn die jungen Fußballer nicht mehr in ihrem Jahrgang zusammen sind, sondern in den Seniorenbereich gehen. Die Dynamik der Mannschaft kann dann nicht mehr über die individuellen Qualitäten hinwegtäuschen und sie verschleiern.

„Also es gibt auch keine großen Rückschlüsse auf Mannschaftserfolge. Wenn wir mit dem Jahrgang XX, mit dem Spieler P, müssten wir normalerweise Deutscher Meister werden. Das war eine Mannschaft, die gar nicht so hoch gehandelt worden ist. Die dann als relativ reife Mannschaft rübergekommen sind. Aber die waren nur als Gruppe so stark. Wenn die hinterher unterwegs waren, dann war das naja. Ist ja nun mal so bei jungen Leuten, bei denen so viel Interaktion ist (auch positiv), dann fühlen die sich hier wohl und stark und dann gehen die zwei Türen weiter und bekommen es nicht mehr hin." (Interview 7 LL, §40)

Eine Mannschaft kann unter gewissen Umständen Spieler verkraften, die nur eingeschränkt über soziale Kompetenzen verfügen bzw. problematisch in ihren Verhaltensweisen sind. Damit sind andere fußballerische Ressourcen angesprochen, die ein solcher Spieler in das gemeinsame Spiel einbringen kann und dadurch soziale Defizite kompensiert.

„Die werden es schwer haben. Die müssen schon so welche sportliche Waffen haben, dass sie dann durchkommen. Aber die hat kaum einer. Das sind sehr wenige, die solche Waffen haben. Sau schnell, sau präzisen Schuss und macht Kisten. Und hat auch noch Spielverständnis. Davon gibt es sehr wenige. Die kommen auch schon mit einer kleinen Pfeile [im Kopf] durch, weil die Mannschaft, diese Qualität von Spielern trägt. Die sehen, die sind wichtig für uns. Der hat zwar einen Schaden. Das ist ein Vollpfosten, aber der entscheidet für uns Spiele. Aber von denen gibt es leider zu wenig" (Interview 7 LL, §33-34).

Dabei hat die Zweite Mannschaft, wie schon anfangs beschrieben, das Problem immer, nur die Zweite Mannschaft zu sein, in einem System, in dem alles nur auf die Spitze hin ausgerichtet ist, erfolgreich bzw. in der vergleichenden Logik besser als andere zu sein. Die Widersprüchlichkeit einer Ausbildungslogik, die sich einerseits maßgeblich an der höchsten Leistungsklasse (Bundesliga) orientiert und auf Erfolg getrimmt ist, und anderseits zugleich auf Strukturen angewiesen ist, die schon per Definition und ihrem Status in öffentlicher Wahrnehmung und Verein selbst nicht dieser Logik entspricht („Zweite" Mannschaft), wird hier besonders deutlich.

„Uns ist es letztes Jahr bis zum Schluss gelungen, eine gute Stimmung zu haben, erfolgsorientiert zu arbeiten. Aber du bist nicht die Erste Mannschaft, sondern die Zweite Mannschaft eines Vereins. Und bei jedem Verein, egal welche Klasse, du bist eine Zweite Mannschaft. Das sagt es halt schon aus. Deshalb sind die Verhältnisse etwas anders. Die Wertigkeit ist anders. Wir können uns glücklich schätzen, dass wir hier die Zweite Mannschaft sind. Deshalb können wir hier gut arbeiten, vernünftig arbeiten. In einem anderen Verein ist das anders, weil vielleicht auch die finanziellen Möglichkeiten nicht da sind. Aber man muss manchmal improvisieren. Dann werden wieder Spieler abgezogen, weil die erste gerade mal Spieler braucht. Und im letzten Moment hat sich einer verletzt. Und es ist anders zu arbeiten. Und die Zielsetzung ist auch oftmals eine andere, wie in einer ersten Mannschaft" (Interview 1 TA, §77).

Die Zweite Mannschaft wird neben dem Zweck der Ausbildung als Einstieg für Rekonvaleszenten, die sich im Wiederaufbau ihrer Leistungsfähigkeit befinden, verwendet. Die Spieler sollen dort erste Schritte unter Wettkampfbedingungen sammeln, damit sie sich langsam wieder auf das geforderte Leistungsniveau der Lizenzmannschaft zu bewegen können. Die etablierten Lizenzspieler lehnen eine solche Eingliederung unter Umständen ab, da sie die „Zweite Mannschaft" nicht als angemessen und nicht ihrem Status entsprechend empfinden. Wenn die Funktion des Auffangbeckens für Rekonvaleszenten oder aus anderen Gründen aus der Ersten Mannschaft verbannte Spieler die Funktion der Ausbildung eigener Spieler überlagert, führt das dazu, dass Spieler den Verein verlassen.

„Profis, erfahrene Profis, die sagen nein zur Wiedereingliederung, in der U23 Mannschaft spiele ich nicht. Aber eigentlich, rein strukturell total sinnvoll ist für jeden, der wieder reinkommt. Wenn man vielleicht mit einem kleineren Tempo mit einer anderen Zweikampfhärte sich wieder nach einem Kreuzbandriss eingliedern kann" (Interview 6 LL, §106).

„Also eigentlich war die U23 schon sehr wichtig hier im Verein. Zwischendurch als wir CL gespielt haben, da war das ganz schwierig, weil du mit der zweiten Mannschaft nur ein Auffangbecken warst. Weil die [erste] Mannschaft teilweise zu gut war und die jungen Burschen einfach gar keine Chance hatten. Das hat dazu geführt, dass der ein oder andere uns auch verlassen hat" (Interview 8 LL, §16).

Zudem ist die Mannschaftsstruktur durch die Fluktuation durchaus heterogen. Neben Differenzen in der Leistungsfähigkeit, den Erfahrungen, demographischen Merkmalen und weiteren psychosozialen Komponenten bestehen enorme Gehaltsunterschiede in der Mannschaft. Ein etablierter Lizenzspieler, der als Rekonvaleszent in die Mannschaft stößt, unterscheidet sich in seinen Gehaltsbezügen von einem Spieler, der als 18. Mann den letzten Kaderplatz aus der eigenen A-Jugend auffüllt, erheblich.

„Im Übergangsbereich sind die Gehaltsstrukturen extrem unterschiedlich. Da spielen Spieler, die Profiverträge haben, für fünfstelliges Geld und da spielen Spieler, die dann so, sagen wir mal, als letzte A-Jugend-Spieler noch mit einem Vertrag in die U23 reingerutscht sind und ein Zwanzigstel davon verdienen. Und deshalb glaube ich, die Beziehung der Spieler verändert sich schon" (Interview 6 LL, §211).

9.2. Sequenztypen fußballerischer Statuspassagen vom Junioren- in den Seniorenbereich unterschieden nach spezifischen Entwicklungsaufgaben und Fördermöglichkeiten

Die Ergebnisse der Interviews stützen empirisch die theoretische Konstruktion, den Übergang der fußballerischen Karriere als Statuspassage zu fassen. Eine Statusorientierung der Talentförderung wird zuweilen in doppelter Hinsicht konstatiert. Die Interviewten betrachten die Ausrichtung der eigenen Arbeit (Statuserreichung als Qualitätsmerkmal der eigenen Arbeit) und auch die intentionale Ausrichtung des Spielers selbst hinsichtlich des Status Lizenzspieler, welches er als Ziel anstrebt und durch Handlungen verfolgt (vgl. Kapitel 8.3), teils sehr kritisch, andersherum gleichsam legitimatorisch.

9.2.1. Entscheidungsgrundlagen über den Eintritt in die Statuspassage

Den Gatekeepern obliegt die Entscheidung, welcher Spieler zu welchem Zeitpunkt den Eintritt in eine Statuspassage vollzieht, wobei der formale Zwang des kalendarischen Alters, welches den Spieler noch berechtigt, in der A-Jugend zu spielen, den Eintrittszeitpunkt nach hinten begrenzt. Unter bestimmten Bedingungen wird der Eintritt in die Seniorenmannschaften vorgezogen und Spieler, die eigentlich aufgrund ihres kalendarischen Alters noch in der Jugend spielen können, in den Seniorenbereich geleitet. Die Entscheidungen werden allerdings in den Vereinen und durch die Gatekeeper unterschiedlich gehandhabt und sind neben dem Entwicklungsstand des Spielers auch vom Stellenwert der Zweiten Mannschaft und der U19-Mannschaft im Verein abhängig.

"Und ich bin der Meinung, was man vor Jahren auch gemacht hat, auch bei uns, wenn einer die Möglichkeit hat, der in der A-Jugend spielt und so gut ist in der Regionalliga Männerfußball zu spielen, dann soll er spielen. Also die Jungen auch. Das ist auch unsere Philosophie, dass wenn A-Jugendspieler es schon schaffen, Männerfußball zu spielen, dann sollen sie da spielen" (Interview 9 LL, §10-11).

"Bei uns ist es so, dass Spieler eher in der U19 spielen. Wir machen es eben nicht so, dass wir die Spieler hochziehen. Das hängt natürlich auch damit zusammen, dass wir mit dem Trainer E auch eine erfolgreiche U19 haben möchten. Und die Wertigkeit mehr auf der U19 liegt, als auf der U23. Deshalb sind wir da auch ambitioniert für die 3. Liga. In den meisten Vereinen ist es dann schon so, dass die Spieler zur U23 hochgezogen werden. Finde ich, in dem einen oder anderen Fall auch interessanter für den Spieler. Dass er einfach im Herrenfußball schneller ankommt, weil das doch ein brutaler Unterschied ist. Ich merke das immer, wenn die U19 Spieler hochkommen, dass das für die wahnsinnig schwer ist, den nächsten Schritt zu machen. Bei uns im Verein wird das so gehändelt. Aber wir fahren damit auch nicht schlecht. Aber es ist so, dass ein Spieler L letztes Jahr schon mal bei uns gespielt hat. Aber

meistens ist es so, dass die Spieler in der U19 bleiben. Dieses Jahr mit Spieler M ist es angedacht, aber dann muss man auch erst mal abwarten, ob es dann auch so stattfindet" (Interview 1 TA, §7).

Schwierigkeiten ergeben sich hinsichtlich der Entscheidungsbefugnis über den Eintritt des Spielers in die Statuspassage. Die Zuständigkeit, so wird bemängelt, erscheint nicht immer eindeutig geregelt. Viele Akteure, die aufgrund der Professionalisierungstendenzen für ihren Bereich mitsprechen und auch aufgrund ihrer Spezialisierung eine Berechtigung haben dies zu tun, haben mitunter konträre Positionen zum Zeitpunkt des Eingangs in die Statuspassage, was teilweise zu starken Differenzen und Legitimationsverweisen der eigenen Entscheidungsberechtigung führt.

"Das ist ja nicht so, dass immer alle die gleiche Meinung haben von dem Spieler. Einige meinen, wenn die mal 20 Minuten zugucken, die meinen, dass könnten sie besser beurteilen als ich, der drei Jahre mit dem gearbeitet hat" (Interview 4 TP, §21).

"Das kann ich dir nicht sagen, denn ich habe mit denen überhaupt keinen Kontakt. Ich sehe die und dann wird darüber gesprochen. Wer wird übernommen und wer nicht. Und wenn sich dann die Experten in der Beurteilung einig sind, wenn dann drei verschiedene Leute sagen, dass reicht nicht und ich sage dann auch das reicht nicht. Dann wird der weggeschickt. Und wenn ich sage, ich will den übernehmen, dann haben die anderen beiden nichts mehr zu sagen. Das ist ja klar" (Interview 4 TP, §115).

Bezogen auf ihre eigene Urteilsfähigkeit stützen sich die Gatekeeper in ihrer Argumentation auf die Zeit der Zusammenarbeit, die zu einer intensiven Kenntnis des Spielers und seinem Leistungspotential befähigt. Sie verweisen darauf, dass in der gemeinsamen Praxis des Fußballs die zentralen Merkmale des Spielers in Bezug auf diese Praxis zu beobachten sind. Durch die intensive und längere Beobachtung des Spielers und seiner Verhaltensweisen, sehen Sie sich in der Lage, das Leistungspotential des Spielers einzuschätzen. Dabei erweist es sich als positiver Effekt, wenn die Spieler selber von einem der Entscheidungsträger ausgebildet worden sind, somit mit den taktischen Vorstellungen des Trainers vom Fußballspiel und mit ihm selbst vertraut sind.

"Und die spielen ja ähnlich. Ich habe die Spieler bis jetzt ja immer gekannt. Jetzt wird es ja weniger, weil ich ja jetzt schon länger hier bin. Vorher war ich ja im NLZ drüben. Das war super. Dann, seit dem ich nun in dieser Funktion bin, seit 1 1/2 Jahren, da habe ich einige dazu genommen, die habe ich selber trainiert in der A-Jugend. Das war perfekt. Taktisch musste ich nicht mehr viel machen mit denen. Auch nicht für die Stressresistenz. Die waren schon sehr klar" (Interview 2 TP, §75).

Die Entscheidung hängt schlussendlich von den verschiedenen Einflussgrößen ab, die auch schon in den anderen Zusammenhängen skizziert wurden bzw. anschließend noch aufgegriffen werden. Kriterien der Entscheidung beziehen sich auf den Bearbeitungsstand der fußballerischen Entwicklungsaufgaben, auf das aktuelle Leistungsniveau des Spielers und die aktuellen Anforderungen in der jeweiligen Mannschaft, in der er sich derzeit befindet, sowie verbandliche Regularien, die die Verantwortlichen veranlassen eine Statuspassage einzuleiten. Solche Regularien können dazu führen, dass Spieler dem Status nach in eine Passage aufgenommen werden, die u.U. der Entwicklung des Spielers nicht entspricht bzw. deren Leistungsniveau er niemals erreichen wird.

„Da sind die Konflikte vorprogrammiert. Berater, Umfeld, Eltern. Vielleicht hat man dem Spieler nur einen Vertrag gegeben wegen der Local-Player-Klausel. Weil so und so viel Spieler brauchst du und es wurde nicht klar geäußert, dass er deshalb den Vertrag bekommt und dass er aber klarer Spieler der U23 ist" (Interview 1 TA, §88).

9.2.2. Sequenztypen von Statuspassagen

In einer heuristischen Typisierung der elf bzw. später neun unterschiedlichen Entwicklungswege, mit denen die Gatekeeper unter Verwendung der Visualisierungshilfen konfrontiert wurden, konnten zunächst drei zentrale Sequenzen von Statuspassagen analysiert werden. Hierbei handelt es sich um Sequenzen, die sich unter den Begriffen des **Statuswechsels, der Statusfolge, des Dropouts** und dem des **Zwischenstatus** fassen und ordnen lassen. Die Sequenzen enthalten sowohl Verläufe von Aufwärtskarrieren als auch von Abwärtskarrieren. Nachfolgend wird die formale Logik der Sequenzen der Statusabfolgen skizziert und schematisch dargestellt.

Tabelle 2 Statuspassagen - schematische Darstellung

Statussequenz	Statusmerkmale	Schematische Abfolge
Statuswechsel	-Ein Statusübergang -Endstatus ungleich dem Ausgangsstatus	A→C
		A→B
Statusfolge	-Zwei Statusübergänge -Ausgangs- und Mittelstatus ungleich dem Endstatus	A→B→C
		A→C→B
Zwischenstatus	-Zwei Statusübergänge -Mittlere Status ist ein Mischstatus und enthält Anteile des Endstatus	A→BC→C
		A→BC→B
		A→ABC→B A→ABC→C
		A→E→B A→E→C
Dropout	-Der jeweilige letzte Übergang endet mit dem Austritt aus dem Leistungsfußball	A→D A→B→D A→C→D A→BC→D A→ABC→D A→E→D

[1] A=Leistungsbereich Leistungszentren (Junioren); B=3.-5.Liga (Auch Zweite Mannschaften von Lizenzvereinen); C=1.u 2. Bundesliga oder 1. u. 2. Liga in Europa; D=Drop Out 6.Liga oder tiefer (bzw. Karriereende); E= Sonderfall Ausleihe

9.2.2.1. Statuswechsel

Der **Statuswechsel** zeichnet sich durch lediglich einen einzigen Übergang von einem Status in einen anderen Status aus. Damit ist der Status, der direkt nach dem Status des Juniorenspielers eingenommen wird, der Endstatus. Er verfestigt sich mit zunehmender Dauer und wird bis zum Ende der aktiven Karriere nicht mehr verlassen. In der schematischen Darstellung können die Verläufe, wie folgt, gefasst werden:

A→C

Beispielhafter Verlauf: Der Spieler erhält noch als A-Jugendlicher einen Lizenzspielervertrag, trainiert einzig bei der Profimannschaft des Vereins mit und erhält sukzessive Spielzeit in der Bundesliga und kann sich innerhalb kürzester Zeit in der Profimannschaft etablieren.

A→B

Beispielhafter Verlauf: Der Spieler erhält, nachdem er aus dem Jugendbereich altersbedingt ausscheidet, einen Amateurspielervertag bei einem Viertligisten und ordnet sich innerhalb dieser Liga ein.

Zu A→C

Diese Form des Statuswechsels wird laut den Gatekeepern in der öffentlichen Wahrnehmung als die idealtypische Verlaufssequenz betrachtet und von einer enormen medialen Aufmerksamkeit begleitet. Die Spieler gelten in der Öffentlichkeit als die nationalen Nachwuchshoffnungen und werden dementsprechend hofiert. In der Erfahrung der Verantwortlichen sind solche Verläufe allerdings selten und entsprechen nicht ihren alltäglichen Erfahrungen von Übergangssequenzen. Die Aufgabe der Förderung sehen sie bei solchen Ausnahmespielern eher untergeordnet, wichtiger erscheint ihnen, die Belastungen und die Anforderungen in der ersten Zeit im Profikader zu steuern, denn selbst das Ausnahmetalent benötigt zuweilen eine Phase der Eingewöhnung und Anpassung. In dieser Zeit kommt es darauf an, den Spieler an die neue Qualität des Trainings heranzuführen, aber auch darauf, die Belastungen und Erfahrungen des Wettkampfs zu lenken. Der direkte Verlauf A→C enthält den größten Qualitätsunterschied zwischen vorherigem Leistungsniveau in der Juniorenbundesliga und dem nachfolgenden Status als Lizenzspieler in der 1. oder 2. Bundesliga; eine Anpassungsphase scheint dementsprechend unumgänglich.

„Die Gefahren liegen ja eigentlich beim Verein, dass er vielleicht falsch betreut wird, dass man die Belastung falsch steuert, dass man annimmt, dass ein Jugendspieler diese Belastungsintensität sofort mithalten kann. Der Fehler wird gemacht, dass man nicht geduldig ist" (Interview 6 LL, §98-99).

Die Spieler, die diese Qualität besitzen, werden bevor oder spätestens zum Beginn des Eintritts in die Statuspassage von internationalen Vereinen umworben. Der Schritt direkt in eine ausländische Profiliga zu wechseln, wird von den Trainern und Leitern Leistungszentren als nicht erstrebenswert angesehen, da sie aufgrund der positiven Entwicklungen in der Bundesliga keinen Grund für den Fortgang in eine für sie unattraktivere Liga von niedrigerem Leistungsniveau sehen.

"Die Toptalente, die kriegen natürlich Anfragen aus dem Ausland. Es gibt ja relativ wenige, die dann den Schritt auch machen. Das ist eher selten. Ist im Normalfall auch nicht ratsam, weil man in Deutschland schon gute Vorrausetzungen hat, sich weiter zu entwickeln. Kann aber auch Sinn machen. Es kommt immer drauf an, was der Beweggrund ist. Und wenn es jetzt wirklich sportliche Gründe hat, gibt es auch Ligen, die für junge Spieler interessant sind" (Interview 5 SLP, §60).

Eine besondere Schwierigkeit in den Lizenzmannschaften wird hinsichtlich des großen Betreuungsbedarfs von jungen Spielern gesehen. Es wird beanstandet, dass die Betreuung des Spielers aufgrund der Größe des Kaders nicht, oder nicht vollständig in dem erforderlichen Maße durch den Cheftrainer abgedeckt werden kann. Daher ist es notwendig die Einbindung der jungen Spieler an jemanden zu delegieren und ihn für diese Aufgabe zu instruieren. Er muss verstärkt auf den Kommunikationsbedarf des jungen Spielers achten und diesem nachkommen.

"Aber gerade ein Profitrainer, wenn der 23 Spieler hat, dann ist es noch ein bisschen leichter. Wenn du 30 Spieler hast, kannst du nicht jedem gerecht werden. Dann muss eine andere Aufgabenverteilung da sein. Das heißt, der Cheftrainer muss auch überspitzt gesagt hauptsächlich dafür da sein, dass die ersten Elf funktionieren. Muss auch das große Ganze im Überblick haben. Muss auch viele andere Dinge, wie Medien, Sponsoren etc. erfüllen. Muss sich vielleicht mit dem nächsten Gegner beschäftigen. Du musst auch da zumindest einen Co-Trainer haben, der auch die jungen Spieler genauer im Blickfeld hat. So übergeordnet, was können die gebrauchen. Brauchen die mal ein bisschen Druck? Brauchen, die eine gute Ansprache? Müssen die mal in den Arm genommen werden? Auch diesen Austausch. Ja ich glaube, dass es schon ganz wichtig ist. Der Cheftrainer kann sich nicht jede Woche hinsetzen und mit dem Spieler eine Videoanalyse machen, oder 10-15 Minuten Einzelgespräche führen. Das ist zeitlich auch gar nicht möglich. Dass der natürlich die Gesamtverantwortung hat; jetzt keinen Spieler links liegen lassen darf; gerade keinen Jungendspieler, auch die natürlich fordern/ fördern muss, ist auch klar. Aber es ist natürlich leichter, wenn du 23 Spieler hast" (Interview 5 SLP, §50).

Für die Spieler selbst stellen sich für diesen sehr seltenen direkten Übergang in eine Lizenzmannschaft verschiedene Entwicklungsaufgaben, die mit den allgemeinen fußballerischen Entwicklungsaufgaben der Statuspassage (siehe Kapitel 8.4) verbunden sind, sich allerdings in ihren Dimensionen recht spezifisch ausprägen. Die erste Entwicklungsaufgabe, die schon in dem ersten Zitat angedeutet wird, besteht zunächst darin, **sich innerhalb kürzester Zeit an das Niveau der BL anzupassen**, was aufgrund des enormen Qualitätssprungs eine enorme Herausforderung ist. Weiterhin müssen die Talente der Sequenz des Statussprungs **mit den enormen äußeren Erwartungen umgehen**. Der Eintritt in die Bundesligamannschaft bedeutet für den Spieler eine zusätzliche Aufmerksamkeit, die ihm von diesem Zeitpunkt an stetig zu Teil wird. Seine ersten Schritte auf der großen Fußballbühne werden von vielen kritischen Stimmen medial und unmittelbar durch das Publikum begleitet. Neben der Berichterstattung und der wöchentlichen Leistungsbewertung ihrer sportlichen Tätigkeit, die in den Fachmagazinen, in den Internetplattformen und in den Fernsehsendungen aufbereitet wird, müssen sie mit der unmittelbaren Präsenz großer Zuschauermaßen zurechtkommen und ihre Leistung von diesen äußeren Einflussfaktoren unabhängig abrufen können. Neben dieser Öffentlichkeit, zu der die Spieler zuweilen keine unmittelbare Verbindung in Form von persönlichen Beziehungen haben, wird ihre Entwicklung zusehends von ihnen bekannten Personen ihres direkten Umfelds verfolgt, beobachtet und bewertet.

„Ist natürlich dann schon schade, wenn du vor 40- 50.000 Zuschauern spielst und dann doch noch mal ein anderer Druck da ist. Fernsehen, Kameras und am nächsten Tag, die Kritik in der Zeitung und die Freunde, die ihn drauf ansprechen. Ich glaube, das ist dann noch mal eine andere Stufe, die man überschreiten muss. In der dann auch viele junge Spieler scheitern, die vielleicht das Talent haben, aber die mit dieser Situation, mit diesem Druck vielleicht auch nicht klar kommen und Reaktionen zeigen, die dann eher kontraproduktiv sind" (Interview 5 SLP, §30).

Eine Aufgabe, die immer durchgängig in der Argumentation der Gatekeeper auftaucht, besteht darin, **sich gegen die Anfeindungen etablierter Lizenzspieler durchzusetzen**. Die geforderte Durchsetzungsfähigkeit ist zwar für die Talente nichts Neues, neu ist jedoch ihre Qualität. In der Selektionslogik der Talentförderung wird immer von den Spielern verlangt, sich gegen ihre direkten Konkurrenten zu behaupten. Denn Selektionsvorgänge herrschen durchgängig in den Juniorenleistungsmannschaften und sind systemimmanent. Die Sequenz A→C enthält nun die Besonderheit, dass die Konkurrenten selbst zur Elite gehören und selber über die nötigen Ressourcen des Durchsetzungsvermögens verfügen. Sie kennen sich innerhalb der Mannschaft und innerhalb des Feldes, in dem es diese Form der Durchsetzungsfähigkeit benötigt, bestens aus und sind auch nicht ohne weiteres bereit, das Feld zu räumen. In der eigenen Mannschaft geht es um Statuskämpfe, um Stammplätze und auch um Prämien, die zwischen den erfahrenen Spielern und den jungen aufstrebenden verteilt werden wollen. Daher kommt es vor, dass die jungen Spieler aus der eigenen Mannschaft heraus attackiert werden, nicht nur durch sportlichen Einsatz sondern auch durch psychischen Druck.

"Auf dem Trainingsplatz. Das akzeptieren die sehr schnell. Registrieren das auch, wenn er sehr gut ist, dann hat er auch automatisch ein paar Feinde. Und dann kommt das Thema Mentalität auf. Dann gibt es ja auch die unterschiedlichsten Möglichkeiten, um sich da durchzusetzen. Wenn ein Spieler merkt, er wird attackiert, wie auch immer, hast du die Persönlichkeit dich auch in der Kabine verbal zur Wehr zu setzen, oder bist du der kleine Junge" (Interview 7 LL, §48).

"Das Wichtigste ist dann, dass man gut ist. Dass man sich durchsetzen kann. Es nützt dir nichts ins Ausland zu gehen" (Interview 1 TA, §59).

Tabelle 3 Aufgaben und Fördermöglichkeiten des Verlaufs A→C

Schematische Abfolge	Beispielverlauf des Übergangs	Einhergehende Aufgaben	Spezifische Förderung
A→C	Von der A-Jugend direkt in die eigene Lizenzmannschaft	-mit enormen Erwartungen umgehen -gegen Anfeindungen etablierter Profispieler behaupten -innerhalb kurzer Zeit an BL-Niveau anpassen	-intensivierte Belastungssteuerung aufgrund des hohen Qualitätssprungs -Betreuung junger Spieler delegieren

Zu A→B

Diese Zuordnung ist in den Beurteilungen der Interviewpartner im Gegensatz zum Statussprung eine relativ häufig vorkommende Verlaufsform, aber genau wie der Statussprung nur von einem Statuswechsel gekennzeichnet. Die Spieler verlassen den Status, den sie nach dem Juniorenspielerstatus einnehmen, nicht mehr. Die Spieler ordnen sich entweder direkt einem anderen Verein in der Spielklasse von 3.-5. Liga zu oder sie spielen noch ein bis zwei Jahre in der U23 des eigenen Vereins, bevor sie dann zu einem anderen Verein wechseln. Der Status ändert sich durch den Wechsel zu einem anderen nicht, sondern der Spieler verbleibt in der Spielklasse und im Vertragsverhältnis eines Vertragsamateurs.

"Kommt natürlich vor, aber es stellt sich die Frage, ob es dann viele Fälle gibt, die dann wirklich noch mal den Sprung in den Profibereich geschafft haben. Es gibt dann viele für die es nicht weiter geht. Ich weiß jetzt nicht, bei uns in der U23, da haben jetzt eben auch 10-12 Spieler den Verein verlassen. Wo es eben bei uns nicht weiter ging. Wo dann eben einige in die Regionalliga gingen, einige in die Dritte Liga, aber auch der ein oder andere in die Oberliga

gewechselt ist. Kommt also schon durchaus vor, wahrscheinlich sogar mehr als die, die es direkt nach oben schaffen" (Interview 5 SLP, §62).

Da die Spieler in den U23-Mannschaften im Normalfall nicht länger als zwei Jahre verweilen, findet die tatsächlich Zuordnung nicht in einer Zweiten Mannschaft eines Lizenzvereins statt sondern zumeist in anderen Vereinen. In einer U23 wird zuweilen nur der erste Schritt in den Seniorenbereich begangen. Das wiederum hängt, wie schon beschrieben mit der Funktion der U23 als Ausbildungsmannschaft zusammen.

"Das ist nach zwei Jahren vorbei. Dann reicht es eben nicht höher hier bei uns. Ja und dann ist der nächste Schritt für die woanders hinzugehen. Teilweise tiefer. Nicht jeder wird in der ersten oder zweiten Liga landen. Dieses Jahr hatten wir zwei Spieler, die in der dritten Liga gelandet sind. Die anderen sind alle in der Regionalliga gelandet. Oder noch gar nicht. Und das sind dann die, wie sagt man so schön, das sind die, die den Sprung nicht geschafft haben. Die spielen dann zwei Jahre U23 und dann war es das bei uns. Die gehen dann eben woanders hin" (Interview 8 LL, §91).

"Und irgendwann ist ja klar, ich muss sehen, wer kommt nach oben. Weil es kommen jedes Jahr acht bis zehn Spieler aus der A-Jugend weiter. Und wenn die älteren dann nicht in der Lage sind, den jüngeren Leuten zu helfen, dann müssen sie weichen. Sonst, wenn ich einen guten Spieler habe, den lasse ich bis 23 da spielen und wenn der dann immer noch gut ist, dann kann er auch alt werden. Er braucht Gefühl für die Jungs und Verständnis und hilft ihnen auf dem Platz" (Interview 4 TP, §118).

Die Vereine geben die Spieler, denen sie keinen weiteren Sprung in die Lizenzmannschaft zutrauen, deshalb relativ schnell frei, so dass solche Spieler sich bei Zeiten in andere sportliche Umgebungen einfinden können. In der Ausbildungslogik der Gatekeeper dienen solche Spieler in den U23-Mannschaften als Stütze für die Entwicklung ihrer Toptalente, denen höhere sportliche Leistungen zugetraut werden und die sich kontinuierlich im Sinne eines Folgestatus oder Zwischenstatus an die Lizenzmannschaft annähern.

"Das ist eigentlich der Spieler, den wir hier, wenn er eine Möglichkeit hat, dem sofort auch die Freigabe geben" (Interview 7 LL, §58).

"Wir haben auch Spieler, denen wir mit siebzehn Verträge geben für die Zweite Mannschaft und dann aber sagen mit neunzehn: Das macht keinen Sinn. Du wirst nicht spielen, du schaffst es nicht. Da kommen schon wieder die nächsten nach, du bist überholt worden. Und dann sagt man: Okay machen wir einen Haken dran. Schau, Regionalliga, was weiß ich. Wir haben trotzdem noch ein Auge drauf, falls du dann vielleicht mit zwanzig, einundzwanzig nochmal einen Schritt machst. Aber in der Regel war es das dann" (Interview 3 TA, §144-145).

Daher muss der Spieler sich auf die **Strukturen eines Amateurvereins einstellen**. Die Bedingungen, die er dort vorfindet, entsprechen nicht der Professionalität des Lizenzvereins. Dem Spieler wird weniger an alltäglichen Aufgaben abgenommen, demnach muss er vorbereitende und nachbereitende Tätigkeiten selbst vollbringen, die nicht vom Verein übernommen werden. In erster Linie gilt es für Talente, die sich im Verlauf A→B bewegen, die **eigene Qualifikation für die Nachkarriere vorzubereiten**, die für diese Spieler eine berufliche Perspektive während bzw. anschließend an die sportliche Karriere ermöglicht. Die Spieler werden in den Ligen, in denen sie spielen, zwar genügend ökonomische Ressourcen erhalten, so dass sie sich während ihrer aktiven Zeit versorgen können, allerdings reichen die Ressourcen nicht für eine abschließende Versorgung in der Zeit der Nachkarriere.

„Dann schafft er es nicht ganz und dann geht er irgendwo anders hin. Und dann müssen wir schauen wegen dem Studium oder einer Lehre. Müssen dann aufpassen, dass er nicht in der Vierten Liga zehn bis zwölf Jahre hängen bleibt. Vielleicht probiert er es dort zwei, drei Jahre. Und dann entscheidet er, ich gehe in die Fünfte Liga oder Vierte Liga und mache noch was neben her. Das wäre gut. Das empfehlen wir." (Interview 2 TP, §49)

„Nein, wichtig ist ja auch immer, dass man die Schule parallel macht und das man ganz normal ins Berufsleben einsteigt. Für den einen ist es vielleicht, weil er besser ist, einfacher, auch über eine Beziehung zu einem vernünftigen Beruf zu kommen oder zu einem vernünftigen Job zu kommen. Das kann hilfreich sein. Aber das sollte man dann auch nutzen, wenn man so viel Zeit in den Sport investiert hat. Werde ich Trainer oder es gibt vielleicht einen Hauptsponsor. Da kann man vielleicht dort eine Ausbildung machen. Da gibt es bestimmt Möglichkeiten, dass dem geholfen wird" (Interview 1 TA, §67).

Dazu muss der Spieler den Sport nicht als ausschließliche Berufskarriere verstehen sondern als eine gute Möglichkeit, die dadurch entstehenden Ressourcen für andere berufliche Qualifikationen und Entwicklungen zu nutzen. Es gilt dementsprechend, seine eigenen sportlichen Möglichkeiten realistisch einzuschätzen. Auch ein aufbauender stufenweiser Karriereplan erscheint dahingehend sinnvoll, dass er nicht nur die fußballerische Karriere fokussiert, sondern begleitende und anschließende Karriereoptionen in anderen Bereichen einbezogen werden.

„Letztendlich muss er genauso denken, also er kann sich das Kellnern sparen, indem er Fußball spielt. Und dann.. die meisten studieren ja nicht. Ist ja nicht so, dass die aus dem Profifußball oder hier aus der Jugend raus sind, alle Abitur haben, sondern es gibt auch Realschüler und dann haben schon manche eine kleine Lehre angefangen, nicht durchgezogen, vielleicht fangen sie dann jetzt nochmal etwas an und ziehen es dann aber auch durch. Und wissen, dass es eben ihre Perspektive für die Zukunft ist und eben nicht mehr der Fußball. Also an erster Stelle. Und das dann auch ganz klar ist, dass man sagt: Okay mit einundzwanzig beispielsweise ist absehbar, ich schaffe das

nicht, rein in den ganz großen Fußball, also, dann auf das nächste Standbein setzen" (Interview 3 TA, §153).

Tabelle 4 Aufgaben und Förderung des Verlaufs A→B

Schematische Abfolge	Beispielverlauf des Übergangs	Einhergehende Aufgaben	Spezifische Förderung
A→B	Von der A-Jugend zu einem Regionalligateam	- an Amateurstrukturen anpassen -eigene Qualifikation für die Nachkarriere vorbereiten	-Karriereplanung unterstützen -breite Qualifikation fördern

9.2.2.2. Statusfolge

Bei der **Statusfolge** handelt es sich um zwei Übergänge innerhalb der Sequenz, wobei die Status jeweils eindeutig sind und sich nachfolgend ablösen. Dabei ist der mittlere Status ungleich dem Endstatus, in dem dann der Spieler den Hauptteil seiner Karriere absolviert. In der schematischen Darstellung kann diese Sequenz so gefasst werden:

A→B→C

Beispielhaft wechselt ein Spieler aus der Junioren- in eine Seniorenmannschaft der Regionalliga, wobei es sich dabei um eine Zweite Mannschaft eines Lizenzvereins handelt (U23). Der Spieler erhält einen Amateurvertrag und spielt ausschließlich in der Zweiten Mannschaft. Auch seine wöchentliche Trainingsarbeit verrichtet der Spieler in der Trainingsgruppe dort. Nachdem er konstante Leistungen erbracht hat, wird er in die Trainingsgruppe der Profimannschaft aufgenommen und absolviert fortan nur Spiele für die Lizenzmannschaft und erhält einen Lizenzspielervertrag.

A→C→B

Ein Spieler wechselt, nachdem er aus der Jugendmannschaft austritt, zu einem Bundesligaverein und erhält einen Lizenzspielervertrag. Er kann sich auf Dauer innerhalb der Mannschaft nicht durchsetzen und ihm werden auch im zweiten Jahr nur wenige Einsätze gewährt. Daraufhin wechselt er zu einem ambitionierten Traditionsklub der 3. Liga.

Zu A→B→C

Die Statusfolge wird von den Gatekeepern selbst als der ideale, bevorzugte Verlauf angesehen, im Gegensatz zur Vorstellung in der Öffentlichkeit, in der der direkte Verlauf A→C favorisiert wird und als Ideal gilt. Die Interviewten betonen die stabile, in kleinen Schritten verlaufende, stetige Aufwärtsentwicklung. Zugleich wird durch einen der Leistungszentrumsdirektoren berichtet, dass es die Statusfolge des A→B→C so gar nicht mehr geben würde, da die Spieler schon in der Jugend fertig ausgebildet seien und dann direkt an höhere Mannschaften bzw. die eigene Profimannschaft herangeführt werden.

„Der typische Verlauf ist der, dass die Spieler aus der U19 eigentlich zum größten Teil in der U23 landen. Dieses Jahr z.B. haben wir auch wieder acht oder neun. Das ist der große Teil. Der realistische Teil. Von denen, wird dann einer den nächsten Sprung mal irgendwann schaffen. Oder vielleicht auch zwei. Das ist realistisch. Mit nächsten Sprung meine ich aber, einen Vertrag unterschreiben und dann das Training bei den Profis. Und dann den ganz anderen Schritt. Dann dabei zu sein. Das ist dann meistens einer. Einer aus einem Jahrgang" (Interview 8 LL, §148).

„Dennoch ist es aber auch so, dass - werden Sie bestimmt wissen - in den letzten fünf, sechs, sieben Jahren diese Karriereverläufe von der Juniorenmannschaft in die U23, in die Profimannschaft, die gibt es gar nicht mehr. Man wird die guten Spieler, und die sind nun mal, in der A-Jugend zum Teil fertig ausgebildet. Die gehen entweder direkt in die Profimannschaft oder woanders hin. Und da hab ich (...) kann ich ganz, ganz viele Beispiele nennen (...)" (Interview 6 LL, §100).

Falls der Interviewte mit dieser Einschätzung richtig liegt, verwundert es umso mehr, dass die Gatekeeper, ihn einschließend, diesen Weg in den Seniorenfußball für die Entwicklung des Spielers als ideal bewerten. Denn es sind ja schließlich sie selbst, die mitverantwortlich für die Karriereverläufe sind und Einfluss darauf haben, auf welchem Weg sie ihren Spieler in den Seniorenfußball führen. Der Leiter des Leistungszentrums widerspricht sich hier auch, denn er sagt, dass in der Zukunft die Spieler in der U23 fertig ausgebildet werden sollen. Zuvor vertrat er den Standpunkt, dass die Spieler in den Jugendmannschaften schon fertig ausgebildet werden.

„Ja, das ist ein guter Weg. Also wie gesagt: Wir wollen das jetzt ändern, wir wollen unsere Spieler in der U23 fertig ausbilden, sie langsam heranführen, um sie dann in die Profimannschaft zu überführen" (Interview 6 LL, §104).

Die Zuständigkeiten sind in den Augen der Gesprächspartner in diesem Verlauf klar geregelt. Der Ansprechpartner für den Spieler ist der jeweilige Cheftrainer der Mannschaft. Dadurch hat der Spieler einen eindeutigen Bezugspunkt, erfordert aber eine enge Verzahnung und Abstimmungsprozesse der Verantwortlichen mit der Lizenzmannschaft, die auch institutionalisiert werden müssen.

"Der Amateurtrainer! Ich auch, aber der auch. Der sogar mehr. Wenn der Spieler in der U23 ist, dann gibt er die Empfehlung. Ich sehe nicht alle U23 Spiele. Und wir reden miteinander" (Interview 2 TP, §74-75).

Der Weg muss nicht zwangsläufig im eigenen Verein stattfinden. Er kann auch in anderen Vereinen fortgesetzt werden. Die Vereine sehen es als ihre Verpflichtung an, falls der Spieler nicht die Möglichkeit bekommen sollte, im eigenen Verein in den Profifußball einzusteigen, dass sie ihm durch Kontakte zu anderen Vereinen die Chance ermöglichen, obwohl sie primär für die eigene Mannschaft ausbilden.

"Das ist einfach auch der soziale Auftrag, den so ein Verein hat, wie alle großen Vereine, die so ausbilden, und dann muss man natürlich schon gucken, dass wir die Jungs ein bisschen an die Hand nehmen und versuchen, dann irgendwo anders zu platzieren im Profibereich. Natürlich will man erst mal für sich selbst ausbilden, aber ich denke im Rahmen des sozialen Auftrags und bei so viel Geld, wie mittlerweile in den Ligen unterwegs ist, ist es auch die Pflicht der Vereine, den Jungs weiter zu helfen und versuchen den ein oder anderen, der die technischen Eigenschaften, das fußballerische Vermögen, den Willen und Leidenschaft usw. hat, dass man denen dann auch noch hilft nach einem Jahr oder zwei Jahren im Profibereich unterzukommen" (Interview 1 TA, §15).

Als Entwicklungsaufgabe stellt sich vor allem, **den Zwischenschritt der U23 als Teil des eigenen Ausbildungsprozesses zu akzeptieren**. Diesen Schritt als sinnvolle Überleitung dem Spieler glaubhaft zu vermitteln, ihm und seinen beratenden und vertrauten Personen (Berater und Familie) einen sukzessive aufbauenden Karriereplan aufzuzeigen und diese bedeutsamen Ansprechpartner des Spielers in die Vorstellungen des Vereins einzubeziehen, sind die Fördermöglichkeiten, die sich für einen solchen Verlauf stellen.

Tabelle 5 Aufgaben und Fördermöglichkeiten des Verlaufs A→B→C

Schematische Abfolge	Beispielverlauf des Übergangs	Einhergehende Aufgaben	Spezifische Förderung
A→B→C	Von der A-Jugend in die U23 eines Lizenzvereins von dort aus zu einem Lizenzverein der Zweiten Liga	-Zweite Mannschaft als Ausbildungsschritt akzeptieren	-Zwischenschritt der U23 bzw. Amateurvertragsstatus vermitteln -Berater und Familie in langfristigen Karriereplan einbeziehen

Zu A→C→B

Zur Statusfolge gehört auch der absteigende Verlauf A→C→B. Der Spieler steigt nach der Jugend direkt in die Lizenzmannschaft ein. Es zeigt sich aber während der ersten Spielzeit, dass der Spieler die Anforderungen der Bundesliga nicht erfüllen kann und sich anschließend in eine der unteren Ligen einordnet. Solche Verläufe sind den Gatekeepern recht wenig präsent. Sie äußern zwar, dass ein solcher Verlauf theoretisch vorkommen kann, aber keinesfalls häufige Praxis ist. Sie haben in den meisten Fällen keinen Spieler vor Augen, der eine solche Sequenz durchlaufen hat, da solche Verläufe, die von schnellem Aufstieg und kontinuierlichem sportlichen Abstieg gekennzeichnet sind, mit dem beginnendem Abstieg häufige Vereinswechsel aufweisen und sich dadurch dem Fokus der ehemaligen Verantwortlichen entziehen.

„Kann alles sein, habe ich keine Erfahrungen. Es gibt ja auch Spieler, die kommen zurück. Wir haben einen Spieler gehabt, der ist als größtes Talent nach England gegangen, ist zurückgekommen und hat einen Profivertrag gekriegt und ist jetzt ausgeliehen zu Verein F. Ist jetzt abgestiegen und sucht jetzt auch einen Verein. Also da gibt es verschiedene Modelle. Das heißt nicht immer, dass das erfolgreich ist" (Interview 1 TA, §37).

Der Spieler kann den eigenen und äußeren Erwartungen im eigenen Verein und später auch in anderen Vereinen nicht gerecht werden, was dazu führt, dass er nach und nach weitere Stationen antritt. Dabei ist er mit der Entwicklungsaufgabe konfrontiert, **den eigenen sportlichen Abstieg zu bewältigen**, was von ihm verlangt zu akzeptieren, dass die eigene Leistungsfähigkeit nicht für das höchste fußballerische Niveau ausreichend ist. Zugleich muss er, nachdem er die Strukturen einer Lizenzmannschaft kennengelernt und sich auf sie eingestellt hat, **an die Strukturen einer Amateurmannschaft anpassen**. In der Förderung gilt es, den Spielern frühzeitig die Bedeutung weitere Qualifikationen nahe zu legen und die biographische Planung des Spielers voranzutreiben.

„Dann sagt man den Eltern: Hören Sie zu. Wir schätzen Ihren Sohn gerade so ein und wir gehen eigentlich davon aus, dass Profifußball, zumindest erste, zweite Liga vielleicht dritte Liga, äußerst schwierig wird. Wir schließen trotzdem nichts aus, weil wer weiß, was in den nächsten zwei, drei Jahren passiert. Aber eigentlich nach den Erfahrungen, die wir hier gemacht haben, wird Ihr Sohn kein Profi. Deswegen überlegen Sie sich gut, ob er die Lehre abbricht, die Ihrem Sohn einen unbefristeten Arbeitsplatz bis er siebenundsechzig ist, zusichert. Überlegen Sie sich das gut, und dann gibt man denen aber auch Zeit und dann redet man nochmal und wenn dann der Entschluss bestehen bleibt- Mein Junge bricht die Lehre ab- dann ist das so. Wir zwingen ja niemanden. Also wir versuchen schon den Blick zu schärfen, den der Eltern und der Jungs, aber da merken wir dann schon: Hier ist die Lage sehr falsch eingeschätzt" (Interview 6 LL, §203).

Tabelle 6 Aufgaben und Fördermaßnahmen des Verlaufs A→C→B

Schematische Abfolge	Beispielverlauf des Übergangs	Einhergehende Aufgaben	Spezifische Förderung
A→C→B	Nach der A-Jugend direkt zu einem Lizenzverein der 1. Bundesliga. Erhält keine Einsätze und wechselt danach zu einem Verein der 3. Liga	-den sportlichen Abstieg bewältigen -an Amateurstrukturen anpassen	-Spieler die Bedeutung weitere Qualifikation nahe legen -Biographischer Förderplan

9.2.2.3. Zwischenstatus

Der **Zwischenstatus** hat die Eigenschaft, dass er ebenfalls aus zwei Übergängen besteht. Der mittlere Status des Zwischenstatus ist im Gegensatz zum mittleren des Folgestatus kein reiner. Er enthält immer Anteile des Endstatus. Die spezifischen Verlaufsformen der Sequenz unterscheiden sich bezüglich der jeweiligen Entwicklungsaufgaben nicht in dem Maß, wie es in den anderen Verlaufsformen der beiden Statussequenzen Statuswechsel und Statusfolge der Fall ist. Das ist auf die Besonderheit des mittleren Status in Form eines Mischstatus zurückzuführen, aus denen die Anforderungen und folglich die Spezifität erwachsen. Aufgrund dessen werden die Verläufe A→BC→C und A→BC→B nicht weiter unterteilt behandelt und dementsprechend gemeinsam dargestellt.

A→BC→C

Der Spieler wechselt nach der A-Jugend in die U23-Mannschaft eines Vereins, trainiert hauptsächlich mit der Lizenzmannschaft und hat sowohl kurze Einsätze in der Bundesligamannschaft, als auch bei der U23, woraufhin er sich in der zweiten Saison in der Bundesligamannschaft festspielt und eindeutig zum Bestandteil des Kaders gehört.

A→BC→B

Der Spieler wechselt nach der A-Jugend in die U23-Mannschaft eines Vereins, trainiert hauptsächlich mit der Lizenzmannschaft und hat sowohl kurze Einsätze in der Bundesligamannschaft und in der U23. Im weiteren Verlauf erhält er so gut wie keine weiteren Einsätze in der Lizenzmannschaft und kann sich nicht dauerhaft durchsetzen. Daraufhin wechselt er nach zwei Spielzeiten zu einer Ersten Mannschaft in der Dritten Liga oder Regionalliga.

Ebenfalls kann der Zwischenstatus, wenn der Spieler noch im Jugendbereich berechtigt ist zu spielen, beim mittleren Status Anteile des Ausgangsstatus beinhalten, sprich der Spieler wird zwischenzeitlich wieder in der eigenen Juniorenmannschaft eingesetzt: A→ABC→B und A→ABC→C

In der qualitativen Bewertung des Entwicklungsstandes und der potentiellen Leistungsfähigkeit der Spieler, die eine Sequenz des Zwischenstatus durchlaufen, sehen die Interviewten sie in ihrer Leistungsfähigkeit und ihrem Leistungspotential hinter den Talenten, die die Sequenz des direkten Verlaufs A→C absolvieren. Dabei wird ihnen die Entwicklung zu einem Bundesligaspieler zugetraut. Das Talent ist vergleichsweise noch nicht in allen Bereichen seiner Entwicklung soweit stabil, dass es sich sofort innerhalb der Lizenzmannschaft durchsetzen kann und regelmäßige Spieleinsätze erlangt.

„Das Besondere ist ja schon mal, dass er die Qualität hat, in der Profimannschaft zum Einsatz zu kommen. Wenn man ihn da einsetzt, dann ist er ja schon ziemlich weit. Wahrscheinlich noch nicht so weit, dass man ihn ausschließlich bei den Profis lässt. Das heißt irgendwo ist noch ein gewisses Defizit, aber schon, so ist es ja auch richtig, einige Prozentpunkte unter diesem Spieler [Direkt]. Der geht ja sofort dahin und bleibt auch da. Er geht ja aber wieder einen Schritt zurück. Er kann von der Qualität noch nicht so weit sein. Aber das ist schon mal eine richtig gute Basis und das wäre für uns eine gewisse Wunschvorstellung und die ist auch realistisch für eine Vielzahl der Spieler. Wenn wir das hinkriegen, dass die Spieler die Qualität haben, dass der Profitrainer sagt, der kann hier mittrainieren, den setze ich auf die Bank oder der kann mal ein Bundesligaspiel machen, dann ist das schon sehr viel. Gar keine Frage" (Interview 7 LL, §50).

Die Begründungen dafür, dass junge Fußballer, die in der Lizenzmannschaft schon einige Einsätze hatten, zwischenzeitlich sogar auf dem Weg zum Stammspieler waren, dann doch zurück in die Zweite Mannschaft verschoben werden, variiert und wird auf die schnellere oder bessere Entwicklung direkter Konkurrenten, auf die körperliche Robustheit (Verletzung) oder auf die Umgestaltung des Lizenzkaders durch Neuverpflichtung externer Spieler zurückgeführt.

„Gibt ja auch andere Beispiele vielleicht mal bei uns vorletztes Jahr in der Rückrunde. Die dann mal zehn, zwölf, 15 Spiele in der Bundesliga gemacht haben, eigentlich schon hier waren. Die Frage ist dann, wenn er jetzt im Übergangsbereich zurückgeht. Wenn die sagen, ich bin schon hier bei den Profis, aber ich muss jetzt wieder über die U23 Spielpraxis sammeln, weil andere jetzt wieder vor mir sind, gesund sind oder besser sind, oder ein Neuzugang kam und dann den Weg auch wieder zurückgehen" (Interview 5 SLP, §36).

Im Gegensatz zum Folgestatus ist die Zeiteinheit, in der diese Sequenz verläuft, begrenzter. Die Interviewten halten den Zwischenstatus allenfalls für die Dauer einer Saison für akzeptabel, denn für die Entwicklung des Spielers wird ein solcher Status, der sich vor allem durch unklare Zugehörigkeiten zu einer Mannschaft auszeichnet, als nicht förderlich erachtet.

„...Das ist dann ja auch keine so tolle Zeit, in der du dich so verbessern kannst und dann in der U23 immer mal ein Spiel machst. Also nach einem Jahr muss so ein Spieler zu einer Profimannschaft, wo er ein gestandener Profi wird. Da muss der eigentlich weg. Oder die Tendenz ist einfach so, dass man sagt, er wird jetzt den nächsten Schritt machen. Er wird oben fest dabei sein und keine U23 mehr spielen. Da finde ich es immer ganz gut, wenn man das ein Jahr mitmacht. Dann finde ich es ganz interessant, aber dann sollte der nächste Step kommen. So lange sollte man sich auch nicht in diesen Ligen aufhalten" (Interview 1 TA, §37).

Das Pendeln zwischen den Mannschaften führt dazu, dass dem Spieler häufig eine Bezugsperson fehlt, der als direkter Ansprechpartner für seine sportliche Entwicklung bereitsteht und für ihn als solcher erkennbar ist. Für den Trainer der Zweiten Mannschaft ist die Aufgabe nicht zu lösen, da der Spieler, in der Wahrnehmung der Interviewten, sich an den dortigen Verantwortlichen orientiert, sobald er in den Trainingskreis und in die alltäglichen Prozesse der Lizenzmannschaft eingebunden wird. Das Phänomen ist auf die hierarchische Konstruktion in den Vereinen zurückzuführen, deren Vorgaben und Konzepte durch die Lizenzmannschaft erfolgen.

„Sobald die oben waren. Sobald die oben waren, hast du unten den Zugriff verloren. Dann wollen die erst mal nur mit den oben sprechen. Ja das ist. Da mache ich mir auch gar keine Illusion" (Interview 4 TP, §73).

„Naja, wenn die natürlich bei der Profimannschaft trainieren, ist der Profitrainer natürlich der erste Ansprechpartner. Letztendlich gibt der auch vor, was er haben möchte, wo der Spieler spielen soll. In der Regel vom System her unterscheidet sich vielleicht manchmal ein bisschen was, aber der Profitrainer ist ganz klar der, der den Deckel drauf macht und wenn der natürlich gewisse Sachen sehen will, müssen wir das auch natürlich dementsprechend umsetzen. Und wenn der Spieler, aber so eine Scheiße spielt, dass ich das nicht verantworten kann, dann nehme ich ihn trotzdem nach einer halben Stunde runter" (Interview 3 TA, §91).

„Meistens ist das generell bei uns auch so. Wir haben ja auch Spieler in der Zweiten Mannschaft, die nachher noch in der A-Jugend spielen können und die dann aber in der A-Jugend spielen. Letztendlich ist es dann klar, wenn sie dann zum Spieltag hingehen oder wenn sie im Training da sind, dann ist natürlich der jeweilige Trainer wieder der Ansprechpartner. Nur die Frage ist halt: Nehmen sie das alles an, was der dann erzählt oder sagen sie: Ja der kann mich mal. Und nächste Woche bin ich ja wieder oben" (Interview 3 TA, §95).

Die Vereine erkennen dieses Problem und nutzen die Orientierung des Spielers auf die Lizenzmannschaft, um bei Spielern zu werben und an sich zu binden. Deshalb werden die Talente, denen eine Entwicklung hin zur Lizenzmannschaft zugetraut wird, bei Themen der Vertragsverlängerung und Karriereplanung primär durch die Gatekeeper in der Lizenzmannschaft betreut bzw. diese hinzugezogen. Die glaubhafte Wertschätzung für Spieler, die evtl. nicht den direkten Statussprung in die Lizenzmannschaft vollführen und zunächst in der Zweiten Mannschaft spielen werden, kann einzig authentisch über die Manager und Trainer der Lizenzmannschaft erfolgen, so die Interviewten.

„Kommunikationsgeschichte (...) Man muss für diese Spieler intern eine Wertschätzung schaffen und hinbekommen. Diese Wertschätzung bekommt man, und zwar NUR, man kann erzählen was man will, die bekommt man definitiv nicht von mir. Diese Wertschätzung kann nur über den Cheftrainer und über den Manager geschaffen werden. Die glaubhaft und ja, nicht nur glaubhaft, sondern ganz klar, mit einem deutlichen Karriereplan vermitteln müssen: Hör zu. Wir arbeiten daran, dass du in die Profimannschaft kommst, wollen uns dafür aber Zeit nehmen, wollen geduldig bleiben. Hier ist ein Plan, der geht dreieinhalb Jahre und am Ende dieses Planes steht: Stammspieler, Profimannschaft. Sowas machen wir auch. Also wir schreiben dann mal vier, fünf Seiten auf und sagen dem: Hör zu, die nächsten drei Jahre haben wir uns das so vorgestellt" (Interview 6 LL, §108-109).

Eine solche Zentrierung und auch Nutzung der Orientierung der Spieler auf die Bundesliga äußert sich u.U. problematisch für die Selbsteinschätzung und damit für eine stabile Entwicklung des Spielers. Die Wertschätzung, die er durch die höchsten Instanzen des Vereins schon früh erfährt, suggeriert ihm einen Entwicklungsstand seiner Leistungsfähigkeit, den er derzeit tatsächlich noch gar nicht innehat, und evtl. durch die Diskrepanz zwischen seinem eigenen Selbstkonzept zu seinen tatsächlichen alltäglichen sportlichen Leistungen auch zukünftig nicht einnehmen kann.

„Das sind Fehler, die dürfen eigentlich nicht passieren. Dann war es aber so, dass der Bundesligatrainer große Stücke auf ihn gehalten hat. Das heißt als der Junge in der A-Jugend war, hat sich nur noch der Bundesligatrainer um ihn gekümmert. Der Junge war verletzt, hatte eine Scharmbeinentzündung. Der Bundesligatrainer hat das alles organisiert. Mit den ganzen Behandlungen, mit allem drum und dran bei den Profis. Gar nicht mehr bei uns im Leistungszentrum. Suggerierte dem Jungen wiederum, dass der Bundesligatrainer sich um ihn kümmert. „Aha der steht auf mich. Der baut auf mich" (Interview 8 LL, §40).

In der Praxis treten, bezogen auf die eindeutige Verantwortlichkeit dem Spieler gegenüber, Schwierigkeiten auf, obwohl in den Zertifizierungsvorgaben durch die DFL Zuschreibungen für diese Spieler gefordert sind, sich aber in den tatsächlichen Umsetzungen der Vereine nicht verwirklichen.

„Auch gute Frage. Wird auch oft schlecht gehandhabt, aber schreibt ja auch die Zertifizierung vor, dafür muss ein Verantwortlicher bestimmt werden.

Schwierig, wenn jemand zwischen Juniorenbereich und Profimannschaft pendelt, ist das ganz klar Trainer C und Trainer D, der Co-Trainer der Profimannschaft und dann stimmt man sich halt ab. Es ist schwer zu händeln. Wir haben jetzt rein konzeptionell dafür niemanden bestimmt, aber ich versuch mich darum zu kümmern. Man muss halt dran bleiben" (Interview 6 LL, §111).

Primär fehlt den Spielern eine klare Beziehungsstruktur, da das Mannschaftsgefüge andauernd variiert und somit die Auseinandersetzung und der Einfluss innerhalb der sozialen Beziehung zwischen den Spielern untereinander, aber auch zum Trainer erschwert werden. Zudem leidet die Leistung der Mannschaft unter der Fluktuation, da die Spieler sich nicht in das mannschaftliche Gefüge integrieren können bzw. das Spiel nicht aufeinander abgestimmt ist.

„Jetzt kommt das größte Problem dazu, als Trainer eines Übergangsspielers. So wie ich jetzt als Trainer in Mannschaft X. So wie ich es jetzt die letzten Jahre hatte, hast du gar keinen Einfluss mehr auf die Spieler. Weil die kamen entweder freitags zu mir ins Abschlusstraining oder gar nicht und haben samstags bei mir gespielt und waren sonntags wieder zum Auslaufen bei den Profis, oder zur Pflege. Das heißt, ich habe die freitags zum Abschlusstraining gehabt, da hast du nicht viel Einfluss. Die Trainingswoche ist vorbei. Ich hab sie dann mal zum Spiel gehabt. Ich konnte danach meinen Bericht erstatten, wenn die anderen es nicht gesehen haben und dann waren sie wieder weg. Aber wie soll ich dann einen Spieler greifen" (Interview 8 LL, §31-32).

Es kommt vor, dass Spieler, wie oben schon angedeutet, nicht nur zwischen der Lizenzmannschaft und der Zweiten Mannschaft wechseln; sie pendeln durchaus zwischenzeitlich zwischen drei Mannschaften, da sie teilweise wieder zurück in die A-Jugendmannschaft gehen und dort spielen, was die Orientierung des Spielers nicht vereinfacht. Deshalb ist nach Auffassung der Interviewten für die Förderung, eine übergeordnete institutionalisierte Person in Form eines Sportlichen Leiters sinnvoll, der die Einsätze und Entwicklungen der Spieler im Blick hat und akribisch verfolgt.

„Diese Spieler sind in verschiedenen Mannschaften unterwegs, also es kann gut sein, dass ein U19 Spieler in seiner Mannschaft spielt, in der U23 mal trainiert und zum Einsatz kommt und es kann ja sein, dass er bei den Profis dabei ist und es kann ja sein, dass er in der Nationalmannschaft spielt. Aber jeder dieser Trainer weiß ja nicht, wann ist er jetzt da gewesen oder bei dieser Mannschaft. Wo ist die Belastung. Und kriegt der Spieler auch immer ein Feedback über das, wo er gerade steht; was er machen muss, und das macht jetzt hier bei uns hauptverantwortlich der Trainer P, der sich genau um diese Themen letztendlich kümmert. Hat noch ein paar andere Aufgaben, aber das ist ganz wichtig, so dass die jeweiligen Mannschaftstrainer auch wissen, dass der U-19 Spieler da oder da war und gar nicht beim Mannschaftstraining war und dann wieder kommt. Dass es nicht so ist, dass der U19 Trainer fragt, na wie war es denn die letzten 14 Tage? Und dann sagt der Spieler: so und so

empfunden. Nein es muss einer da sein, der ganz genau weiß, er hat die und die Einheiten gehabt, da habe ich ihn vier Mal gesehen. Kannst du voll mit einbauen. Oder der sagt: Pass mal auf. Mach mal ein paar Tage Pause mit dem. Oder, wenn alles in Ordnung ist, ich habe das gesehen und das gesehen, noch mal Schwerpunkt Taktik, positionsspezifisches Verhalten, Kopfballspiel oder schieß mich tot. Das ist in einem Klub unheimlich wichtig, dass ist eine totale Hilfe für den Spieler. Der steht ja im Mittelpunkt. Das ist eine totale Hilfe für den Mannschaftstrainer und eine absolute Hilfe und Position für den Cheftrainer, für den Lizenztrainer und natürlich auch fürs Management. Das Management muss ja auch die Rückmeldung kriegen, ist der jetzt in seiner Entwicklung da gut aufgehoben? Oder das reicht noch nicht oder können wir den ausleihen? Sollen wir den Vertrag verlängern? Halten wir den noch ein Jahr oder kommt da nichts mehr" (Interview 7 LL, §26).

„Man streitet sich darüber, ob das sinnvoll ist oder nicht sinnvoll ist. Ich würde mal sagen, das ist Typ-bedingt. Wir haben z.B. letztes Jahr so einen Fall gehabt, wo wir auch einen U19 Spieler schon in die U23 gepackt haben, der davor als jüngerer Jahrgang in der U19 Bundesliga Topleistung gebracht hat. Und den haben wir dann da reingepackt. In der Vorbereitung zu den Profis nachdem er Stammspieler der U23 war. Nur der U23. Mit den Spielern haben wir schlechte Erfahrungen gemacht. Das ist aber wieder Typ-bedingt. Der Spieler ist sehr sensibel, sehr labil. Da sind auch Widerstände auf ihn eingetroffen, der konnte nicht damit umgehen. Der Trainer war sehr kritisch. Alles Mögliche und dem Spieler hat das nicht gut getan. Der ist jetzt ganz unten" (Interview 6 LL, §45-47).

Die spezifischen Entwicklungsaufgaben des Zwischenstatus ergeben sich aus der diffusen Konstruktion des mittleren Status, in dem sich erst durch die unklare Vermischung der Status Aufgaben des Übergangs stellen. Dazu zählt bspw. die Aufgabe, **die unterschiedlichen Spielstile in den Mannschaften zu akzeptieren und die eigenen Fähigkeiten dort flexibel einzubringen. Die eigene sportliche Leistung muss unabhängig von der Bedingung der unterschiedlich leistungsstarken Ligen erbracht werden.** Da sich die Bedingungen zwischen Erster Bundesliga und Regionalliga bspw. doch sehr stark unterscheiden, ist das ein schwieriges Unterfangen. Die Differenz von zwei bis drei Ligen, in denen der Spieler seine Leistung gleichsam abrufen muss, findet sich dementsprechend auch in der Leistungsfähigkeit der Spieler in eigener und gegnerischer Mannschaft. Von den Spielern, die in beiden Mannschaften zum Einsatz kommen, wird erwartet, dass sie **in der Zweiten Mannschaft Verantwortung übernehmen und vorne weg gehen. In der Lizenzmannschaft** sind sie die unerfahrenen jungen Spieler, die sich **in die hierarchische Ordnung einfügen müssen.**

„Es ist am Anfang immer schwierig, wenn die natürlich nicht mit der Mannschaft trainiert haben. Klar hat man eine einheitliche Spielphilosophie im Verein, aber letztendlich ist es trotzdem was anderes. Du hast andere Mitspieler, du hast andere Abläufe, die dritte Liga ist anders als die Bundesliga. Dem-

entsprechend musst du dich einfach auf die Sache einlassen und es reicht meistens dann nicht, wenn du zum Abschlusstraining kommst, fünf Standards mitmachst und dann spielst, weil du dich wahrscheinlich auf einem anderen Level siehst und die Mitspieler vielleicht dann auch erstmal sagen: Ich muss nicht meinen Platz opfern für den einen, der dann runterkommt und der hat keinen Bock oder was weiß ich was" (Interview 3 TA, §73).

Die Verantwortung im Kollektiv unabhängig von der Spielklasse zu übernehmen, wird umso schwieriger je größer die Leistungsdifferenzen zwischen den Mannschaften sind. Es gilt für den überlegenen Spieler Fehlerquellen anderer zu akzeptieren und deren Vermeidung bzw. die gelungene Spielhandlung zu fördern. Das Spiel in unteren Ligen geht gleichzeitig mit anderen Anforderungen im Spiel selbst einher, die vergleichsweise laufintensivere und korrigierende als bspw. kreative gelungene Teilhandlungen erfordern, auf die die Spieler sich in der höheren Spielklasse fokussieren können.

„Oben wird viel klarer einfacher und sachlicher gespielt. Da ist das Tempo mit den Beinen nicht so hoch. Da geht der Ball schneller, und unten werden viel mehr Fehler gemacht. Da musst du als Mannschaft viel mehr deinen eigenen Fehlern hinterher rennen. Das macht dich auch irgendwann kirre als Profi, weil du das nicht gewohnt bist. Da wird viel intelligenter und viel schlauer gespielt. Und in der U23 wird oft intensiver leidenschaftlicher gespielt. Aber es werden tausende von Fehlern gemacht und deshalb die Akzeptanz zu haben, jeden Fehler zu akzeptieren von den Kollegen, die oben bei einem selbst nicht akzeptiert werden. Weil die Kollegen sagen, du bist noch jung, reiß dich mal zusammen, spiele mal einen klaren Ball. Und unten werden die Fehler gemacht. Deshalb ist das meistens nicht so einfach für die Jungs, da zu spielen" (Interview 1 TA, §39).

In besonderer Weise müssen die Spieler **mit dem öffentlichen Interesse**, das ihnen zu Teil wird, **umgehen können**. Als Talente, die schon mal im Kader der Lizenzmannschaft waren und ggf. schon in der Bundesliga aufgelaufen sind, wird ihnen ein besonderes Maß an medialer Aufmerksamkeit entgegen gebracht. Ein in der öffentlichen Wahrnehmung mit dem Abstieg gleichgesetzter Einsatz in der Zweiten Mannschaft, bei dem es gleichgültig ist, welche Gründe und Intentionen tatsächlich hinter dem Vorgang liegen, findet ein enormes Interesse, und die Leistungen des Spielers in der dortigen Spielklasse werden sehr genau beäugt. Neben den Ausnahmen des rapiden Aufstiegs des Talents halten die Verantwortlichen nur das Moment des Scheiterns als interessant für die mediale Aufbereitung, zu denen der Einsatz in der Zweiten Mannschaft in der starren Leistungslogik des Fußballs interpretiert wird.

„Und das ist natürlich auch schwierig in unserem speziellen Fall in der Dritten Liga, da geht halt gar nichts und da wirst du auch relativ schnell merken, dass du da an deine Grenzen kommst und das dann natürlich auch beschissen aussieht und das natürlich die Öffentlichkeit trotzdem nach dir schaut. Wenn wir Spieler von der Profimannschaft einsetzen bei uns, dann

wird das immer zunächst Thema sein. Dann sind diese Spieler im Fokus..." (Interview 3 TA, §71).

Eine hohe Fluktuation in der Zweiten Mannschaft, durch viele Spieler, die punktuell von der Lizenzmannschaft zum Spieltag hin in die U23 geschoben werden, führt in der Betrachtung der Verantwortlichen -insbesondere der Amateurtrainer und Leiter der Leistungszentren- zu schlechteren Mannschaftsleistungen. Die Spieler, die unter der Woche mit der Lizenzmannschaft trainieren, nehmen Plätze der eigentlichen U23-Spieler im Kader ein, die dadurch ausgeschlossen werden. Eine frühzeitige Festlegung der Spieler, die am Wochenende in der U23 eingesetzt werden und somit in das Mannschaftstraining der Zweiten Mannschaft integriert werden können, als auch eine Begrenzung der potentiellen Plätze, die in der Zweiten Mannschaft für Spieler aus der Lizenzmannschaft zur Verfügung gestellt werden, erscheint für die Gatekeeper eine sinnvolle Fördermaßnahme.

„Man kann nicht alle Spieler in der U23 gebrauchen. Der Cheftrainer bestimmt gewisse Spieler. Das Bestimmen, weiß ich nicht, ob das der richtige Weg ist. Weil aus der Erfahrung, die ich dann da gemacht habe, umso mehr Spieler, die ich von oben runter bekommen habe, umso schwächer wurde unser Spiel. Wenn man zu viele da einsetzt, 4-5 Leute dann passt das nicht. Die Mannschaft ist dann nicht eingespielt. Viel schlimmer ist, dass das in die U23 unheimlich viel Unruhe reinbringt. Also die kommen oder meinen, die müssen da spielen. Dann schiebt man junge Spieler weg. Ganz aus dem Kader für den Spieltag und schon hat man Unruhe. Also das ist sehr schwierig. Ich persönlich, wenn ich noch mal U23 Trainer wäre, dann würde ich mich mit dem Ligatrainer absprechen, dass wenn ich pro Spieltag zwei Spieler pro Spieltag von oben kriege, würde das vollkommen ausreichen. Und drum herum würde ich dann meine Mannschaft, die dann täglich trainiert, aufbauen" (Interview 9 LL, §38).

Die diffuse Situation zwischen verschiedenen Mannschaften verlangt vom Spieler hohe reflexive Prozesse, die es ihm ermöglichen, sich selbst in die verschiedenen sozialen Gefüge einzuordnen und seine Entwicklung realistisch einzuschätzen. Die Reflexivität kann durch die Interaktion gefördert und muss angeleitet werden. Es geht darum den Spieler in der Einordnung seiner eigenen Leistungen und seiner eigenen Person durch nachfragende und erläuternde Kommunikation zu befähigen.

„In dem man mit ihm redet. „Wie hast du das wahrgenommen im Spiel? Bist du gelaufen im Spiel. Hast du gedacht du läufst?" Oder du schaltest schnell um." "Ja ich habe es nicht gemerkt. Ne jetzt, wenn sie es sagen. Ah ja." Was war? Zwei schlechte Szenen, dann hat er blockiert. "Ja, ich habe es nicht gemerkt" Die Stressresistenz unter schwierigen Bedingungen. Nicht nach dem Motto, egal, sondern abhaken. Ein Spiel setzt sich zusammen aus 250 Aktionen für einen Spieler, viele intuitive Sachen. Denkprozesse. Ich kann es

nur wieder sagen, wenn ich ihn erlebe, wenn ich ihn sehe, wenn er mich sieht, wahrnimmt" (Interview 2 TP, §94).

Weiterhin gilt es, dem Spieler eine sportliche Basis zu schaffen, in der er in ein kollektives Gefüge eingebettet ist. Für die Spieler soll eindeutig sein, dass sie Teil einer Mannschaft sind, zu der sie ein Zugehörigkeitsgefühl entwickeln. Dementsprechend müssen sie sich mit den Personen in der Mannschaft und den gemeinsamen Zielen identifizieren können. Außerdem kann die Fluktuation zwischen den Mannschaften durch einen kleineren Profikader begrenzt werden, so dass weniger Lizenzspieler zu den Spielern aussortiert und in die Zweite Mannschaft abgegeben werden müssen. Zudem wird von den Gatekeepern verlangt, an den Spielern, die hochgezogen werden, festzuhalten, und sie nicht nach ein paar Wochen wieder in die niedrigeren Mannschaften abzugeben. Wenn sie sich nicht durchsetzen sollten, dann müssen sie versuchen, sich in anderen Vereinen durchzusetzen.

„Ich glaube, was aber entscheidend ist, dass der Spieler nicht - da achten wir auch darauf - dass der nicht zwischen den einzelnen Mannschaft umherspringt. Das werden alle sagen, weil der braucht schon ein sportliches Zuhause oder auch ein emotionales Zuhause und deswegen sagen wir zum Beispiel, jetzt gerade bei Spieler O, drei Tage Profi-Training, den Rest hier im Haus wohnen, in der A-Jugend spielen, hier hat er seine Freunde. Man könnte jetzt auch sagen, er wohnt hier, spielt U23, trainiert Profis - da kommt der auch im Kopf durcheinander. Deshalb muss klar sein, wie gestalten wir das. Das ist bei dem klar, das war beim Spieler G auch dann irgendwann klarer, sagen wir es mal so" (Interview 6 LL, §45-47).

„Aber, wenn du das [Hochziehen] mit einem machst, dann muss das konsequent sein. Dann muss der da auch spielen in der nächst höheren Mannschaft und darf nicht, wenn der mal ein bisschen schwächer spielt, dann nicht spielen, sondern dann muss der auf Gedeih und Verderb auch durchgezogen werden" (Interview 8 LL, §43).

Tabelle 7 Aufgaben und Fördermöglichkeiten im Zwischenstatus

Schematische Abfolge	Beispielverlauf des Übergangs	Einhergehende Aufgaben	Spezifische Förderung
A→BC→C	Von der A-Jugend in die U23-Mannschaft eines Vereins, trainiert mit der Lizenzmannschaft, hat dort kurze Einsätze und spielt regelmäßig U23, später spielt er nur noch in der Lizenzmannschaft	-in der Lizenzmannschaft unterordnen, in der Zweiten Mannschaft/ Jugendmannschaft vorne Weg gehen

-die unterschiedlichen Spielstile der Mannschaften akzeptieren

-mit dem öffentlichen Interesse an den Einsätzen in der Zweiten Mannschaft umgehen

-Leistungen unabhängig der Bedingungen der Liga machen | -Dauer auf max. ein Jahr beschränken

-Ansprechpartner für den Spieler aus dem Profiabteilung benennen

-frühzeitig dort trainieren lassen, wo er am Wochenende spielt

-klare Kommunikation über die Defizite, die dem Spieler fehlen, um sich zu etablieren

- spezifische Fördermaßnahmen, um die Stärken des Spielers, die ihn für die Bundesliga potentiell befähigen, auszubauen

-kleinerer Profikader ermöglicht Raum für junge Spieler

-sportliches Zuhause schaffen |
| A→BC→B | Von der A-Jugend in die U23-Mannschaft eines Vereins, trainiert mit der Lizenzmannschaft und spielt ausschließlich U23, wechselt dann zu einer Mannschaft der 3.Liga | | |
| A→ABC→B/C | Als jüngerer Jahrgang der A-Jugend zur U23, trainiert mit den Profis, spielt sowohl in Kurzeinsätzen bei der U23 als auch hin und wieder bei der A-Jugend und wechselt dann zu einem Drittligisten oder schafft den Sprung in eine Lizenzmannschaft | | |

9.2.2.4. Sonderfall Ausleihe

Der Fall der Ausleihe kann als Sonderfall des Zwischenstatus angesehen werden. Die Besonderheit liegt darin, dass die unklare Zugehörigkeit sich nicht auf die Mannschaften im eigenen Verein bezieht, sondern sich viel mehr über die Grenzen des Vereins erweitert. In den Erfahrungen der Gatekeeper kommt es in der Regel nicht vor, dass Spieler direkt, nachdem sie aus dem Juniorenbereich austreten, an andere Vereine verliehen werden. Spieler, die für eine Ausleihe in Frage kommen, liegen in ihrer aktuellen Entwicklung der Leistungsfähigkeit zwischen denjenigen, die direkt den Sprung in die Lizenzmannschaft schaffen und denjenigen, die zwischen der Lizenzmannschaft und der Zweiten Mannschaft pendeln. Die fußballerische Anforderung innerhalb der Liga, in der die Zweite Mannschaft spielt, wird nicht als adäquate Anforderung für den Spieler erfasst und er gilt tendenziell als unterfordert. Daher erscheint der Weg der Ausleihe an einen Verein in der 1. oder 2. Bundesliga für sinnvoll. Zunächst absolviert der Spieler die ersten Schritte in den Seniorenfußball im eigenen Verein. Für die Spieler sehen die Interviewten die Schwierigkeit, dass er aus seinem gewohnten Umfeld herausgenommen wird und sich neu orientieren muss, was einen Anpassungsprozess an die neue Umgebung erfordert. Zudem kann der Spieler die Präferenz des Vereins zur Ausleihe als fehlende Wertschätzung auslegen. Außerdem besteht die Gefahr, die Ausleihe als persönlicher Misserfolg zu verstehen.

„Wir nehmen ihn zu uns, weil der interessant ist. Und die Erste oder Zweite Liga will ihn dann nicht, wenn er zu uns zu den Amateuren kommt. Oder das ist nie Thema. Wir geben ihn nicht weg. Wir schauen, was passiert bei unseren Amateuren und dann kann es sein, dass wenn er zwei Jahre bei uns ist, dass wir dann sagen, jetzt schauen wir mal. Wir haben das mal gemacht, Spieler Z zu Verein H und dann geschaut. Haben wir mal gemacht, aber das soll nicht die Regel sein. Spieler H zu Verein A. War bei den Profis, nicht ganz überzeugend und dann ist er zu Verein A in die Zweite Liga. Wenn er Erste Liga spielen kann, wenn nicht, dann geht er in die Zweite Liga. Mal sehen, ob wir in der Liga bleiben, vielleicht steigen wir ja auch ab und dann wären wir auch in der Zweiten Liga und dann sagen wir, jetzt halten wir ihn, weil wir kennen ihn schon Jahre lang und er weiß, wie wir kicken und vielleicht kriegt er da noch mal den Weg. Oder vielleicht spielt er dann bei uns in der Zweiten Liga, wenn wir nicht wieder aufsteigen und dann ist auch alles gut" (Interview 2 TP, §53).

„Ich würde das nicht für sinnvoll halten. Weil ich würde immer, wenn man einen guten Nachwuchsspieler hat, der dann vielleicht 3-4 Jahre in dem Verein gespielt hat, immer die Möglichkeit geben, sich zu Hause durchzusetzen. Den würde ich nie ausleihen. Den würde ich erst mal da rein stecken in die zweite Mannschaft oder in die erste Mannschaft, ist egal, um ihn da erst mal laufen zu lassen. Um ihn da erst mal diese Wertschätzung zu geben, damit er weiß oh ja der Verein, der baut auf mich. Und gleich diesen Schritt zu machen, da einen Cut zu ziehen. Pass auf, du bist gut, du bekommst bei uns

einen Profivertrag, aber wir leihen dich jetzt irgendwo in die Zweite Liga aus. Das ist reine Psychologie, vom Kopf her, was denkt der Spieler sich, warum machen die das, wieso warum, bin ich noch nicht gut für die. Ist er im alten Umfeld drei vier Jahre. Spielt er bei Verein O Fußball und dann kommt der Hammer und er sagt, wir leihen dich erst mal aus. Ein Jahr woanders hin. Der Spieler muss natürlich erst einmal zustimmen. Aber ich halte das von der Entwicklung her, gleich nach der U19, diesen Schritt zu machen, für nicht gut. Also ich würde den zu Hause lassen, gerade wenn der aus der Region kommt oder wenn der schon drei vier Jahre hier gespielt hat, hat er sich eingelebt, wenn man im alten Umfeld bleibt, ist man leistungsfähiger, als wenn man sein altes Umfeld verlässt und geht zu Verein T, oder irgendwo in die Zweite Liga. Weiß nicht, da brauch ich erst mal Zeit zur Anpassung, muss mich daran gewöhnen. Aber für Leistungsfähigkeit ist der Wohlfühlfaktor ganz wichtig" (Interview 9 LL, §54).

Grundsätzlich wird es von den Interviewten als sinnvoller erachtet, den Spieler selbst auszubilden, als ihn in andere Vereine zu geben. Das eröffnet dem Verein die Möglichkeit ihn selber in den eigenen Mannschaften einzusetzen. Wenn sie den Spieler verleihen, haben sie die Entwicklung des Spielers nicht mehr unter ihrer Kontrolle und können nicht auf sie einwirken. Dementsprechend wird die Ausleihe als eine Art Kontrollverlust verstanden. Ausgleichend muss ein Vertrauen in die Förderung des aufnehmenden Vereins vorhanden sein. Es wird bei mangelndem Vertrauen partiell versucht, dem Kontrollverlust durch vertragliche Regelungen des Ausleihgeschäfts entgegen zu wirken, vorausgesetzt der aufnehmende Klub ist bereit, sich auf solche Klauseln einzulassen. Solche vertragliche Regelungen beziehen sich bspw. auf die Einsatzzeit des Spielers. Je mehr Einsatzzeiten der Spieler erhält, desto geringer wird die Ausleihsumme, die der aufnehmende Verein an den abgebenden Verein zu entrichten hat. Dadurch soll sichergestellt werden, dass der Spieler ausreichend Zeit bekommt, sich innerhalb von Wettkampfsituationen zu beweisen und Spielerfahrungen zu sammeln, die ihm im eigenen Verein nicht ermöglicht werden können.

„Also, das mit dem Ausleihen, brauchst du alles nicht, wenn du die Jungs hier hast auf dem Hof. Und cool ist, dass du sie dann auch einsetzen kannst in der ersten Mannschaft. Denn sie sind ja da. Wenn du sie mal ausgeliehen hast, sind sie nicht mehr da, für den Moment" (Interview 3 TA, §279).

„Es gibt ja Modelle, dass Spieler ausgeliehen werden und je mehr sie spielen bei dem anderen Verein, desto weniger muss der Verein zahlen. Es gibt Modelle, bei denen Spieler ausgeliehen werden und für jedes Spiel, was er nicht spielt, muss der Verein uns zehntausend Euro geben. Und solche Sachen. So was gibt es ja schon heutzutage. Um die Gewissheit zu haben, dass da auch drauf geachtet wird, dass der auch zum Einsatz kommt. Aber das haben wir bis jetzt so noch nicht gemacht" (Interview 8 LL, §103-104).

Weiterhin werden nur Spieler ausgeliehen, die eine langfristige Perspektive im eigenen Verein haben und langfristige Verträge besitzen. Solche Verträge vermitteln dem Spieler Planungssicherheit und auch die Zugehörigkeit zum eigenen Verein. Neben der Qualität der Leistungsfähigkeit und des Entwicklungspotentials des Spielers sind die Kadersituation und die Position des Spielers Entscheidungskriterien über den Eintritt in den Zwischenstatus der Ausleihe.

„Ganz wichtig dabei ist, dass man über den Spieler, der weggeht, eines wissen muss. Wir leihen ja nur Spieler aus, die auch langfristig gebunden sind. Wenn der Spieler ein Jahr Vertrag hat und wir leihen ihn ein Jahr aus, dann ist er frei. Dann ist er eh weg. Dann brauchen wir ihn nicht mehr auszuleihen. Das heißt, du machst das ja nur dann, wenn du denkst oder wenn der Club die Vorstellung hat, in ein oder zwei Jahren ist er so, dass er die Chance hat hier zu spielen. Alles andere ist uninteressant. Dann können wir ihn auch gehen lassen, wenn wir die Möglichkeit nicht sehen. Das heißt der Spieler, den würde ich mal sehen mindestens in diesem Bereich [Fall 5]. Vielleicht sogar Tendenz zu diesem Spieler hier [Fall 1]. Die Tendenz dahin, nur deshalb, weil wenn er da ist, dann halten wir ihn ja bei den Profis. Aber es kann ja auch mal sein. Das beste Beispiel ist der Torwart. Wenn man sagt, der hat eigentlich die Qualität, aber wir haben jetzt drei Torhüter unter Vertrag. Dann wird er auch die nächsten ein, zwei Jahre nicht zum Zug kommen. Das ist dann vielleicht der Spieler, den wir direkt weggeben, aufgrund der Kadersituation. Aber dann muss auch hier gewährleistet sein, dass er die Möglichkeit hat zu spielen" (Interview 7 LL, §60).

Einstweilen wird die Diffusität des Ausleihgeschäftes, bzw. der Zwischenstatus als solcher, von den Spielern selbst, als nicht förderlich für ihre Entwicklung eingeschätzt und solch unklare Zugehörigkeiten abgelehnt. Die konsequente Neuorientierung hin zu einem anderen Verein und einhergehende öffnende Optionen werden der unklaren Zugehörigkeit und der möglichen Orientierungslosigkeit zwischen zwei Organisationen vorgezogen.

„Aber wenn einer wirklich weiterkommen möchte und eine realistische Selbsteinschätzung hat. Kann er es glaube ich schon recht gut abschätzen, ob es hier Sinn macht oder ob er über den Umweg nötig ist. Viele reagieren auch und sagen dann will ich auch komplett gehen. Die dann sagen dieses Hin und Her schieben, das ist jetzt auch nichts für mich. Da haben wir wirklich auch schon Fälle gehabt. Spieler K oder Spieler T wollten wir verlängern und dann eben ausleihen. Die dann aber gesagt haben, die dann vielleicht auch zu Recht gesagt haben, dann möchte ich den Schritt komplett gehen, konsequent gehen" (Interview 5 SLP, §56).

Für die Spieler stellt sich im Zwischenstatus der Ausleihe weiterhin die spezifische Entwicklungsaufgabe die, mit einer Ausleihe einhergehende **Veränderung der Umgebung zu bewältigen**. Das bezieht auf das soziale Umfeld des Spielers, aber auch darauf sich ganz konkret auf eine andere Art des

Spiels und des Trainings einzustellen und für die eigene Entwicklung zu nutzen. Der erforderliche Anpassungsprozess in der Bearbeitung der Aufgabe benötigen zeitliche Ressourcen, die es zu investieren gilt und dadurch, an diesen Bewältigungsprozess gebunden werden. Weiterhin gilt es für den Spieler ein Zugehörigkeitsgefühl zu der Mannschaft zu entwickeln, zu der er ausgeliehen wird. Da das Ausleihgeschäft und somit die Verweildauer zeitlich begrenzt ist, zumeist nicht über die einer Saison hinausgeht, ist die Integration und die Einbindung in gemeinsame Zielperspektiven problematisch.

„Ja das ist schwierig, Wohnortwechsel, Freundin ist zu Hause. Ist schwierig. Aber auch mal andere Sachen zu sehen, anderes Training. Das ist oft dann ganz anders. Eine andere Infrastruktur zu sehen, die ist nicht immer besser als bei uns, in der Regel ist sie nicht besser. Andere Menschen, eine andere Gegend, andere Sprache und anderes Essen, ist nicht so einfach" (Interview 2 TP, §55).

„Sagen wir mal Verein W leiht einen Spieler aus zu Verein O, direkt aus der U19 und der kommt hier nicht zum Zug. Ganz neues Umfeld und er kennt keinen. Vielleicht kennt er mal ein zwei aus den Vergleichen, in denen er gespielt hat. Gleicher Jahrgang, da kennt man ja jemanden. Im Training brauch er erst mal ein halbes Jahr bis er sich findet. Bis er das ganze Umfeld kennengelernt hat. Und im alten Verein. Er kennt die ganzen Abläufe, er kennt die ganzen Freunde und ist das für einen Jungen immer einfacher" (Interview 9 LL, §56).

Hinsichtlich der Fördermaßnahmen halten die Verantwortlichen es neben den vertraglichen Absicherungen für wichtig, die Entwicklung des Spielers von Seiten des abgebenden Vereins genau zu verfolgen und eine Kontaktperson zu installieren, die sich regelmäßig mit dem Spieler austauscht.

Tabelle 8 Aufgaben und Fördermaßnahmen des Verlaufs „Ausleihe"

Schematische Abfolge	Beispielverlauf des Übergangs	Einhergehende Aufgaben	Spezifische Förderung
A→E→B/C	Der Spieler wird nach der Jugend an einen Zweitligisten ausgeliehen und kehrt anschließend in die eigene Lizenzmannschaft zurück oder wird ggf. an einen Amateurverein abgegeben	-akzeptieren die Entwicklung zunächst nicht im eigenen Verein fortzusetzen -ein Zugehörigkeitsgefühl zur neuen Mannschaft entwickeln -sich an neue Bedingungen und kulturelle Veränderungen gewöhnen	-Ansprechpartner für den Spieler benennen und verfolgen -vertragliche Vereinbarungen mit ausleihendem Verein treffen, die die sportliche Entwicklung begünstig (Einsatzzeitanreize etc.)

9.2.2.5. Dropout

Die Variante, dass Spieler aus der Leistungslogik ausscheiden und die fußballerische Karriere auf Leistungsniveau beenden, ist immer gegeben und kommt in jedem Sequenztyp vor, wird daher nicht einzeln in den Sequenztypen aufgegriffen, sondern gemeinschaftlich erörtert, da resultierende Aufgaben und Austrittsgründe Analogien aufweisen.

A→D

Der Spieler entscheidet sich aufgrund dessen, dass er in der A-Jugendmannschaft im Leistungszentrum seines Vereins über vier Einsätze nicht hinausgekommen ist, den Leistungssport zu beenden, verfolgt weiterhin andere Ziele und studiert bspw. im Ausland.

A→B→D, A→C→D und A→BC→D

Der Spieler erleidet, nachdem er erste Schritte im Seniorenbereich unternommen hat, eine Verletzung, die ihn zwingt oder ihn dazu veranlasst den Leistungssport zu beenden.

In allen Sequenzen ist das Ausscheiden aus dem Leistungssport möglich und findet statt. Allerdings ist das ein sehr seltenes Ereignis, wie der Großteil der Gatekeeper betont. Zum einen wird das darauf zurückgeführt, dass tatsächlich der überwiegende Anteil der Spieler in Ligen bis einschließlich der fünfthöchsten Spielklasse verweilt, zum anderen dass der Interessenschwerpunkt und das Augenmerk der Interviewten, wie sie selbst erläutern zusehends auf den Toptalenten liegt und Spieler, die wenig Spielzeiten in ihren Mannschaften bekommen und dann eher unauffällig aus den Leistungszentren ausscheiden, wenig Beachtung finden und ihr weiterer Karriereverlauf nicht verfolgt wird.

„Das haben wir eigentlich kaum. Das muss man wirklich sagen. Die landen wirklich alle irgendwo im Fußball also 4. Liga auf alle Fälle. Also Karriereende, da kann ich mich nicht dran erinnern, dass wir das in letzter Zeit mal irgendwie gehabt haben" (Interview 8 LL, §141).

Als Intention für das Ausscheiden werden vor allem schwere oder dauerhafte Verletzungen genannt, die den Spieler dazu bewegen bzw. u.U. zwingen, den Leistungsfußball zu beenden. Die Interviewten bezeugen ihren Spielern, auch wenn sie es nicht schaffen, sich in den eigenen Mannschaften durchzusetzen, eine solide fußballerische Ausbildung, die sie befähigt, in den höheren Ligen Fuß zu fassen. Daher sei grundsätzlich niemand gezwungen, das Fußballspiel beim Ausscheiden aus einem Leistungszentrum aufzugeben, insofern keine Verletzungen vorliegen. Es wird von den Interviewten eingeräumt, dass es Spieler gibt, die sich bewusst gegen eine sportliche Karriere im Leistungsfußball entscheiden. Die aufgrund realistischer Einschätzungen der eigenen Möglichkeiten sagen, eine ökonomische Absicherung mittels meiner fußballerischen Leistungen wird nicht funktionieren, daher beenden sie das fußballerische Engagement und investieren vermehrt in andere Qualifikationsprozesse. Ähnlich zu Spielern, die ihre Karriere nach langer aktiver Phase beenden, ist es zentral für Spieler, die aus dem Leistungsfußball ausscheiden, **ihre zeitlichen Freiräume anderweitig sinnvoll zu füllen und zu nutzen.**

„Das gibt es manchmal. Er hatte dann vielleicht im Jugendbereich einen Kreuzbandriss, oder es ist irgendwas. Oder er bleibt noch ein Jahr bei den Amateuren. Und dann packt er es vielleicht nicht. Und dann macht er was anderes. Spielt er vielleicht in der Verbandliga. Ist auch ok für mich. Oft sind es Verletzungen, aber selten. Ja 6. Liga oder Karriereende ganz selten. Die werden alle genommen, weil die ja gut ausgebildet sind" (Interview 2 TP, §69-70).

„Ja es gibt ja welche, die dann durchaus auch erkennen, ich werde damit kein Geld verdienen. Ich höre auf und studiere jetzt. Verletzungen können sicherlich dazwischen kommen, es kann aber sicherlich auch eine bewusste Entscheidung sein, zu sagen ich studiere jetzt. Ist ja dann auch clever. Wenn man das dann erkennt, zu sagen für mich reicht es jetzt nicht, damit Geld zu verdienen, ist auch gut. Ich denke jetzt schon, dass er aus dem Sport, aus dem, was er hier auch mitgenommen hat, gelernt hat. Für das Leben gelernt hat, bzw. es schadet ja nicht. Gewisse Dinge, die man im Mannschaftssport grundsätzlich erlernt, im Berufsleben oder im Privatleben umzusetzen. Dazu

haben wir ja nicht nur eine sportliche Ausbildung, sondern auch eine schulische Ausbildung, auf die Wert gelegt wird" (Interview 5 SLP, §68-69).

Interessanterweise sehen sich die Vereine trotz des Phänomens, dass die Interviewten nicht wirklich über Fälle des Ausscheidens berichten können bzw. sie ihnen nicht präsent sind, in der förderlichen Verantwortung den Spielern gegenüber, die das Versprechen der fußballerischen Karriere nicht halten können. Sie verstehen es als ihre Aufgabe, die Förderung nicht auf die rein sportlichen Aspekte und somit der Leistungslogik zu beschränken. Sie wollen sich auch um die Förderung derjenigen bemühen, die in der Leistungsbewertung scheitern.

"Das gehört ja auch dazu. Denn alle die hier Fußballspielen, die sind natürlich glücklich, wenn sie die überragenden Profis werden. Aber rein um die menschliche Komponente her müssen wir uns schon um die Leute kümmern, die es nicht schaffen. Das ist schon wichtig. Und das ist auch etwas, was sich dann insgesamt hier in der Nachwuchsabteilung manifestiert. Dass man nicht nur auf die Toptalente und dafür alles macht und die anderen Fallen dann links und rechts weg und die guckt man dann hinterher nicht mehr an. So sollte das nicht sein" (Interview 7 LL, §70).

Tabelle 9 Aufgaben und Fördermaßnahmen des Dropouts

Schematische Abfolge	Beispielverlauf des Übergangs	Einhergehende Aufgaben	Spezifische Förderung
A→D A→B→D A→C→D A→BC→D	Der Spieler beendet seine Karriere	-entstehende Freizeit anderweitig sinnvoll füllen	-Wertschätzung für den Spieler vermitteln

9.2.3. Zusammenfassung

Der Zwischenstatus stellt das größte Konfliktfeld und den größten Handlungsbedarf in der Einschätzung der Trainer und Funktionäre dar. Er gilt nicht als stabiler und wünschenswerter Teil der fußballerischen Talentförderung. In der Bewertung der Interviewten gilt die Verlaufssequenz des Zwischenstatus in Hinsicht auf eine positive Entwicklung des Spielers als problematisch und nicht förderlich. Der Nutzen besteht für die Interviewten eher in der Überprüfung des Entwicklungstandes des Spielers hinsichtlich der allgemeinen fußballerischen Entwicklungsaufgaben, da sich die Anforderungen in diesem Status häufen, vielschichtig sind und die Spieler einstweilen mit persönlichen Niederlagen und Hürden konfrontiert werden, die vermehrt alltägliche Anpassungs- und Einordnungsprozesse erfordern. Es entstehen darüber hinaus zusätzliche Entwicklungsaufgaben, mit denen sich der Spieler einzig durch die Emergenz des Zwischenstatus in dieser Qualität auseinandersetzen muss. Es erstaunt, dass der Zwischenstatus, trotz der negati ven Bewertungen der Verantwortlichen, eine in der Förderpraxis relevante Sequenz darstellt, obwohl für die Entwicklung der Spieler die Sequenz des Folgestatus A→B→C als förderlicher erachtet wird. Die unklaren Zuständigkeiten, die formalen Bestimmungen, die Kaderpolitik der Lizenzmannschaft und die verschiedenen Akteure und Beziehungen des Talents sind Aspekte, die zu Sequenzen des Zwischenstatus beitragen. Die Sequenzverläufe, die mit Abwärtskarrieren verbunden sind, liegen nicht im Fokus der interviewten Akteure, dementsprechend konnten sie weniger präzise Aussagen treffen und Vorstellungen einbringen. Gleiches gilt jedoch für die Ausnahmetalente, die den direkten Verlauf A→C in die Lizenzmannschaft nehmen, da diese ebenso selten vorkommen und keine größere Förderung benötigen, da sie sich eher unproblematisch etablieren. Bei diesem Verlauf geht es darum den Anpassungsprozess und die Belastungen aufgrund des Qualitätssprungs im Training und Wettkampf zu steuern und zu managen.

Kapitel 9 Ergebnisse – Karriereverläufe

Tabelle 10 Übersicht der Aufgaben und Fördermaßnahmen der Statussequenzen

Status-sequenz	Status-merkmale	Schematische Abfolge	Einhergehende Aufgaben	Spezifische Förderung
Statuswechsel	-Ein Statusübergang -Endstatus ungleich dem Ausgangsstatus	A→C	-mit enormen Erwartungen umgehen -gegen Anfeindungen etablierter Profispieler behaupten -innerhalb kurzer Zeit an BL-Niveau anpassen	-intensivierte Belastungssteuerung aufgrund des hohen Qualitätssprungs -Betreuung junger Spieler delegieren
		A→B	- an Amateurstrukturen anpassen -eigene Qualifikation für die Nachkarriere vorbereiten	-Karriereplanung unterstützen -breite Qualifikation fördern
Statusfolge	-Zwei Statusübergänge -Ausgangs- und Mittelstatus ungleich dem Endstatus	A→B→C	-Zweite Mannschaft als Ausbildungsschritt akzeptieren	-Zwischenschritt der U23 bzw. Amateurvertragsstatus vermitteln -Berater und Familie in langfristigen Karriereplan einbeziehen
		A→C→B	-den sportlichen Abstieg bewältigen -an Amateurstrukturen anpassen	-Spieler die Bedeutung weitere Qualifikation nahe legen -Biographischer Förderplan

Kapitel 9 Ergebnisse – Karriereverläufe

Statussequenz	Statusmerkmale	Schematische Abfolge	Einhergehende Aufgaben	Spezifische Förderung
Zwischenstatus	-Zwei Statusübergänge -Mittlere Status ist ein Mischstatus und enthält Anteile des Endstatus	A→BC→C A→BC→B A→ABC→C A→ABC→B	-in der Lizenzmannschaft unterordnen, in der Zweiten Mannschaft vorne Weg gehen -die unterschiedlichen Spielstile der Mannschaften akzeptieren -mit dem öffentlichen Interesse an den Einsätzen in der Zweiten Mannschaft umgehen -Leistungen unabhängig der Bedingungen der Liga machen -Zusammenspiel bei Leistungsdifferenzen im Team fördern	-Dauer auf max. ein Jahr beschränken -Ansprechpartner für den Spieler aus der Profiabteilung benennen -frühzeitig dort trainieren lassen, wo er am Wochenende spielt -klare Kommunikation über die Defizite, die dem Spieler noch fehlen, um sich zu etablieren - spezifische Fördermaßnahmen, um die Stärken des Spielers auszubauen -kleinerer Profikader ermöglicht Raum für junge Spieler und verringert Fluktuation -sportliches Zuhause schaffen
		A→E→B A→E→C	-akzeptieren die Entwicklung zunächst nicht im eigenen Verein fortzusetzen -ein Zugehörigkeitsgefühl zur neuen Mannschaft entwickeln	-Ansprechpartner für den Spieler benennen und verfolgen -vertragliche Vereinbarungen mit ausleihendem Verein treffen, die die sportliche Entwicklung begünstig (Einsatzzeitanreize etc.)
Dropout	-der jeweilige letzte Übergang endet mit dem Austritt aus dem Leistungsfußball	A→D A→B→D A→C→D A→BC→D	-entstehende Freizeit anderweitig sinnvoll füllen	-Wertschätzung für den Spieler vermitteln

9.3 Typische Bewältigungsmuster und deren Merkmale

Aus den Ausführungen der Gesprächspartner zu ihren Beobachtungen, wie die Talente mit den sich stellenden Aufgaben und Anforderungen umgehen, lassen sich sechs verschiedene Bewältigungsmuster extrahieren und anhand der Merkmale der beschriebenen Bewältigungsprozesse in der sozialen Auseinandersetzung der Spieler verorten. Zu erkennen, wie Bewältigungsprozesse verlaufen und wann diese problematisch werden, ist für die Interviewten nicht so einfach, da es sich um komplexe Vorgänge handelt, die verschiedene Lebensbereiche tangieren, fließend verlaufen und durch die Vielzahl der Spieler in der Talentförderung schwierig zu überschauen sind. Das verlangt ein hohes Maß an sensibler Beobachtung und die Bereitschaft und Interesse, sich mit dem Spieler selbst zu beschäftigen und auf die Auseinandersetzung einzulassen.

„Das ist ein schwieriges Thema, denn es gibt ja meistens nicht diesen Punkt, an dem ein junger Spieler anfängt als zuverlässig, als seriös zu gelten. Der hat sich auf den Sport vorbereitet. Da gibt es ja nicht diesen Punkt, wo man von der einen Woche auf die nächste oder innerhalb eines Monats feststellt, dass der nur noch um die Häuser zieht. Das ist ja ein schleichender Prozess. Ich denke, dass das sehr schwierig ist. Bestimmte Dinge stellt man fest und das sage ich auch immer wieder den Trainern, dass sie versuchen müssen, alles zu beobachten. Aber vieles kriegst du einfach nicht mit. Und letzten Endes ist es die Summe von vielen Dingen, woran du es merkst. Vielleicht die sportliche Leistung, wie sich der Junge verändert. Kann ja alles sein. Das Umfeld, wer mit wem vom Trainingszentrum wegfährt. Das kann alles ein kleines Puzzleteil sein. Aber das Leben eines jungen Menschen ist so vielfältig, wer will das denn alles im Griff halten? Die Frage ist auch letztendlich, warum? Wollen wir auf alles Einfluss nehmen? Das schaffen wir nicht. Und wir können auch nicht für jede Lebenssituation eine Broschüre rausgeben. Ab Januar nimmst du diese Broschüre und dann nimmst du die andere. Gott sei Dank ist das Leben nicht so" (Interview 7 LL, §84).

Die Bewältigungshandlungen der Spieler werden in erster Linie in dem alltäglichen Umgang sichtbar und zeigen sich für die Trainer in Trainingssituationen, aber auch in Wettkampferfahrungen. Die sportlichen Leiter der Leistungszentren und Lizenzmannschaften erhalten Rückmeldungen über die Bewältigungsprozesse, der Spieler hingegen eher in Vertragsverhandlungen und Entwicklungsgesprächen, die mit ihnen geführt werden.

„Auch im Trainingsalltag, aber natürlich schlägt das auch dorthin aus, bloß dann extremer. Auch wie sie die Kommunikation mit anderen führen. Gestik, Mimik, Zugänglichkeit. Manche sind auch ruhiger, zurückgezogener, aber trotzdem haben sie eine Verbindung. Das Ganze, was in einer menschlichen Gruppierung passiert" (Interview 2 TP, §33).

„Ja, das ist genau das Gleiche, dass man dann bei einem auslaufenden Vertrag, bei Vertragsforderungen merkt, dass es total weit auseinander geht. Dass der Spieler sich rein setzt und sagt: Entweder, ich bekomme einen Profivertrag, oder ich gehe woanders hin. Na gut, bitteschön. Kannst du ja woanders hingehen. Kein Problem, der dann aber drei Monate später wieder am Tisch sitzt: Der kleine Vertrag wär es vielleicht doch gewesen. Vielleicht können die es gar nicht besser einschätzen. Also ich werde dann nicht sagen: Hör mal zu, du bist aber eine Pfeife. Was bildest denn du dir ein? Hau ab! Das macht man dann beim vierten oder fünften Mal. Allerdings am Anfang sagt man: Hör zu. Vielleicht siehst du das ein bisschen falsch. Ich erkläre dir das nochmal. Und dann denk darüber nach. Also es geht sehr oft, sehr weit auseinander" (Interview 6 LL, §205).

Kapitel 9 Ergebnisse – Karriereverläufe

Tabelle 11 Bewältigungsmuster und deren Merkmale

Bewältigungsmuster	Auseinandersetzung bzw. konkrete Bearbeitung der Spieler	Merkmale der Bewältigung
Kohärente Aufwärtsentwicklung	-übernimmt Verantwortung im Spiel -er ist für seine Mitspieler anspielbar -kann sich gegen etablierte Spieler wehren -trainiert und spielt konzentriert -setzt sich gegen Anfeindungen in der Mannschaft zu wehr - hat Freude und Spaß an fußballerischer Tätigkeit -der Karriereverlauf erscheint für den Spieler als sinnhaft und machbar –akzeptiert den ersten Schritt in den Seniorenfußball in Amateurliga -realistische Einschätzung der eigenen Möglichkeiten	-unauffälliger Entwicklungsverlauf -stabile Sozialbeziehungen und hohes Maß an sozialer Unterstützung -auf die eigene Entwicklung orientiert -Spieler sucht Ursachen bei Schwierigkeiten bei sich selbst, entwickelt eigene Lösungsmöglichkeiten und holt sich Unterstützung
Souveräne Handlung	-Fehler im Spiel führt bei ihm nicht zu Folgefehlern -trotz Rückstand kann er die gemeinsame Strategie umsetzen -Spannung in der Körperhaltung -akzeptiert Fehler der Mitspieler -stellt sich der Öffentlichkeit und lässt sich nicht irritieren -bringt seine Leistungen gegen starke und auch zu schwache Gegner -will von sich aus in der U23 spielen, wenn er bei den Profis nicht zum Einsatz kommt	-setzt sich gegen Widerstände durch -selbstbestimmtes Auftreten - Hohe Flexibilität im Spiel -Spieler ist sehr anpassungsfähig -realistische Selbsteinschätzung
Geliehene Stärke	-Spieler sind sehr darauf bedacht Statussymbole (Schuhe, Auto, Mannschaftsfoto) des Lizenzstatus nach außen zu zeigen -Spieler sind in den Vertragsgesprächen nicht in erster Linie an ihren Entwicklungsmöglichkeiten interessiert sondern am Lizenzspielerstatus	-kann Leistungen nicht über längere Zeit aufrechterhalten -häufige Konflikte mit Mannschaftskameraden und Trainerteam -Legitimationsprobleme der eigenen Zielsetzung

Bewälti-gungsmuster	Auseinandersetzung bzw. konkrete Bearbeitung der Spieler	Merkmale der Bewältigung
Dilatorische Problembehandlung	-Spieler vernachlässigt weitere Qualifikation bzw. achtet nur darauf, wo er momentan am meisten Geld verdient und nicht wo er seine Nachkarriere bestmöglich vorbereiten kann -Spieler führt ausschweifendes Nachtleben/ kommt müde zum Training -cooles und legeres Auftreten -Spieler hält sich im Training zurück, wie ein erfahrener Spieler -Spieler sucht Kontakt zu den verhaltensauffälligen Spielern im Team -Spieler stielt sich bei organisatorische Angelegenheiten in der Mannschaft aus der Verantwortung -problematische Peerbeziehungen	-stellt sich nicht den einhergehenden Aufgaben -Spieler scheut die Auseinandersetzung mit eigenen Mitspielern und Trainern -Fehler werden bei anderen gesucht, nicht im eigenen Verhalten -Spieler ist bei Rückschritten nicht mehr leistungsbereit -Schicken Berater vor
Schützende Flucht	-Spieler verkrampfen und sind verbissen -Spieler versteckt sich auf dem Platz/ ist nicht anspielbereit etc. -Spieler hat keine Einsätze in der Bundesliga und bringt in der Zweiten Mannschaft nur schlechte Leistungen, will daraufhin dann den Verein wechseln oder ausgeliehen werden.	-häufiger Vereinswechsel -leichterer Verletzungen in entscheidenden Situationen -Orientierung auf Misserfolg/ Abwärtsangst -hoher wahrgenommener Druck des eigenen Umfelds
Öffnende Kapitulation	-Erkennt im Training durch den Vergleich, dass er kein Bundesligaspieler wird und orientiert sich langfristig beruflich anders - Spieler ist den Verantwortlichen gegenüber verschlossen -Spieler hat keine Freude mehr am Spiel -Erwartungen des Umfelds übersteigen eigene Möglichkeiten	-eigene Zielsetzungen gehen nicht mit den aktuellen Anforderungen einher -Neuorientierung ermöglicht unbelasteten Weg

Die sechs identifizierten Bewältigungsmuster lassen sich in drei übergeordnete Kategorien fassen. Erstens beziehen sie sich auf **erfolgreiche Formen der Auseinandersetzung mit den Anforderungen**, zweitens auf die **anvisierten und verschleierten Formen der Auseinandersetzung** und drittens auf die **misslungene Form der Auseinandersetzung**. Für diese Form des Statuswechsels sind zwei typische Bewältigungsmuster aus den Aussagen der Verantwortlichen zu erkennen.

Die erste typische Bewältigungsform, die zu den erfolgreichen Bewältigungsmustern zählt, ist die **Kohärente Aufwärtsentwicklung**. Sie äußert sich dadurch, dass das Niveau der Anforderungen mit dem Aufbau der Ressourcen einhergeht. Es besteht keine Diskrepanz zwischen dem Selbstkonzept des Spielers und den Anforderungen (Stabilität). Er erkennt die gestellten Anforderungen als seine eigenen Aufgaben an und schiebt sie nicht ab. Sie erscheinen für ihn handhabbar und er erkennt in der Bearbeitung, der sich ihm stellenden Anforderungen eine Sinnhaftigkeit. Die kohärente Entwicklung erfordert einen disziplinierten Einsatz der eigenen Fähigkeiten, damit das innewohnende Potential entsprechend ausgeschöpft wird. Der Spieler entwickelt folglich seine Fähigkeiten adäquat zu den gestellten Anforderungen und justiert die eigenen Zielsetzungen.

„Denn ganz wichtig ist ja immer als junger Mensch, wenn du eine Sache anpackst und inhaltlich nicht davon überzeugt bist, dann ist es schwer. Du musst das Gefühl haben, das ist richtig, was ich jetzt mache. Und wenn das nicht der Fall ist, dann ist es meist auch problematisch. Deshalb können wir das nicht außen vor lassen, das ganze Thema" (Interview 7 LL, §80).

„In dem er auch immer konzentriert arbeitet und trainiert. Auch in den Spielen sein bestmögliches abruft und auf den Fußball fokussiert ist. Daran sieht man es eigentlich am besten, wie sich ein Spieler entwickelt. Man sagt ja Fleiß schlägt Talent. Das ist so und das wird auch so bleiben. Derjenige, der fokussiert ist, fleißig ist, konzentriert ist, der jeden Tag nutzt, um sich zu verbessern, um sicherer zu werden, dem wird es dann auch irgendwann in den Spielen helfen. Ganz klar" (Interview 1 TA, §24).

„Der ist klar im Kopf, der weiß, das er sau stark ist. Er überschätzt sich nicht. Er ist nicht eingebildet. Er ist happy, dass er da oben bei den Profis trainiert hat. Gegen Verein K ist er eingewechselt worden" (Interview 9 LL, §36).

Das Wesentliche an diesem Bewältigungsprozess für den Gatekeeper ist, dass er zumeist still, ohne größere Spannungen verläuft. Das äußert sich in einem verhältnismäßig geringen Kommunikationsbedarf des Spielers und seinem beratenden Umfeld mit den Verantwortlichen im Verein.

„Ja fällt dann wahrscheinlich nicht ganz so auf. Aber dann läuft es meistens auch gut. Deshalb gibt es dann wahrscheinlich keinen ganz großen Diskussionsbedarf. Diskussionsbedarf entsteht ja, wenn die Meinungen auseinandergehen. Wenn man einer Meinung ist, heißt es nicht, dass man dann gar

nicht mehr kommunizieren muss, aber diese Lücke ist einfach nicht da, wo man vermitteln muss" (Interview 5 SLP, §102).

Die kohärente Aufwärtsentwicklung ist nicht unmittelbar an die Erreichung höchster fußballerischer Leistungen (Bundesliga) geknüpft. Die Kohärenz besteht in dem sukzessiven Anstieg von Anforderungen und Ressourcen.

Das zweite erfolgreiche Bewältigungsmuster ist die **Souveräne Handlung**: Die Bewältigung von Anforderungen ist durch Handlungen erfolgreich, die aus sich heraus begründet und vollzogen werden, folglich durch einen hohen Anteil an Selbstbestimmung des Talents gekennzeichnet sind. Das bedeutet, dass der Spieler in der Lage ist, seine eigene Leistung und auch seinen Einfluss auf die kollektive Leistung von widrigen Umständen und Bedingungen unabhängig zu machen. Das bedeutet nicht, dass die Bedingungen nicht wirksam sind oder er diese verdrängen oder ausblenden muss, diese dürfen nur in der Bewertung für ihn keine Bedrohung darstellen, bzw. er muss aus sich heraus (selbstbestimmt) Ressourcen zur Verfügung haben, damit er seine Leistung trotzdem abzurufen und konstant erbringen kann. Der Bewältigungsprozess basiert auf gelungenen Leistungen und deren Einfluss auf die Entwicklung eigener Verantwortlichkeiten und eines stabilen und realistischen Selbstkonzepts.

„Aber auch Einsatzwille. Wie verhält er sich, wenn mal die Mannschaft zurück liegt und wie verhält er sich, wenn mal was gegen ihn läuft oder wie verhält er sich auch, wenn sie gegen zu starke Mannschaften spielen oder gegen zu schwache? Wie macht er trotzdem seinen Job? Es gibt schon so ein paar Parameter glaube ich, die man dann auf dem Platz sieht" (Interview 5 SLP, §19).

„Das war dann Spieler Y, Z. Wenn ich mal die beiden nenne. Wenn die beiden dann nicht gespielt haben bei der Profimannschaft, hat der mich sofort angerufen und hat gefragt, kann ich morgen bei euch spielen. Die kannst du mit Kusshand nehmen die Spieler. Du weißt, die reißen sich den Arsch auf. Aber die Spieler, die der Trainer bestimmt nach dem Spiel. „Du hast jetzt nicht gespielt, du spielst jetzt morgen 90, 75 oder 60 Minuten in der U23." Und die dann gleich so ein Gesicht ziehen. Dann ist das klar. Die Spieler können keine Höchstleistungen bringen. Weil sie das nicht wollen. Dann sind die versaut. Oder weil sie sagen, ich spiel da oben nicht und jetzt muss ich U23 spielen" (Interview 9 LL, §40-41).

Die **souveräne Handlung**, welche durchaus eng mit der kohärenten Aufwärtsentwicklung verknüpft ist, äußert sich dadurch, inwieweit der Spieler sich nicht durch äußere Umstände in seiner Leistung irritieren lässt, sondern kontinuierlich seine Ziele verfolgt, die er, als von sich selbst gesetzt, empfindet. Für seine Handlungen übernimmt der Spieler nach und nach Verantwortung und steht für getroffene Entscheidungen ein. Das wird in Spielsituationen sichtbar, in denen der Spieler misslungene Teilhandlungen überwindet und das Gesamtspiel als vollständige Handlung versteht. Dazu gehört auch die einzelne Aktion in den prozessualen Charakter des Spiels einordnen zu können.

„Ja bei einem Ausnahmetalent direkt aus der Jugend, wenn wir meinen, er ist schon so stabil. Es geht immer um Stabilität auf dem Platz und außerhalb des Platzes. Wie weit ist er. Das ist die Ausnahme" (Interview 2 TP, §9).

„Die lassen sich dann nicht von ihrem Weg abbringen. Die gehen ihren Weg weiter. Das müssen manche Leute auch ertragen. Ein Spieler OP, was hat der ertragen müssen. Muss man wirklich sagen. Der ewige Zweite. Aber trotzdem immer wieder weiter. Und dann hat er das entscheidende Tor gegen Land F wieder gemacht und dann doch wieder geschossen. Und war doch wieder da, obwohl sie ihn alle kritisiert haben" (Interview 8 LL, §217).

„In dem was er sagt, welche Gestik er macht. Wie er handelt. Kann er ein negatives Erlebnis sofort überwinden, interessiert ihn das nicht, weil er das Spiel als ganzen Prozess sieht, 95 Minuten und nicht dass ein Spieler einen Fehler macht und dann gleich einbricht. Oder die Spieler, die dann zwei gute Aktionen haben und dann leichtsinnig werden. Emotionale Kontrolle im positiven Sinne. Das sieht man, wenn man Jemanden ein paar Wochen kennt, oder oft ist besser man kennt ihn noch viel länger. Aber das sieht man dann schon, wie die Jungs dann sind" (Interview 2 TP, §30).

Die erste der beiden Bewältigungsformen zur anvisierten oder verschleierten Auseinandersetzung wird als **Geliehene Stärke** bezeichnet. Die Auseinandersetzungen werden dann schwierig, wenn Zielsetzungen oder Ressourcen sich von realistischen Entwicklungen des Talents ablösen und eine erfolgreiche Auseinandersetzung mit Hilfe anderer, nur vorgestellter Ressourcen erwartet wird. Hierbei handelt es sich um Spannungen zwischen den eigenen Zielsetzungen und Ressourcen, die zu Legitimationsproblemen führen. Sie verweisen darauf, dass die Spieler ihre Stärke oder besser die Bewältigung der Anforderungen durch symbolische, vorgestellte Ressourcen suggerieren, die jedoch nicht auf ihren eigenen Fähigkeiten beruhen.

„Was ist mit dem los? Der ist anders, du merkst einfach, die kommen dann anders zurück in die U23, als sie vorher waren. Vorher waren sie eine Mannschaft, dann haben sie sich integriert, haben keine Welle gemacht, nichts. Und auf einmal kommen sie und meinen, ja und wenn es die Schuhe sind, einfach zu zeigen: Ich bin jetzt mehr, als ich eigentlich bin. Nur nicht so leistungsbereit, wie ich eigentlich vorher war" (Interview 3 TA, §211-213).

„Ja für viele spielt das wirklich auch da in den Vertragsgesprächen, da geht es jetzt nicht wirklich darum, wie sieht meine sportliche Entwicklung aus. Was habt ihr denn mit mir vor? Nein Lizenzspielerstatus, Auto, das ist schon wichtig" (Interview 5 SLP, §76).

„Das sehe ich auf dem Spielfeld. Also das sehe ich dann in Spielen, in denen ich einfach denke, sag mal, ich rede mit dem und denke mir: Alles ist

gut, der ist in der besten körperlichen Verfassung, der fühlt sich Top, Position passt, alles passt und trotzdem setzt er es nicht um und dann sieht man halt schon manchmal im Vorfeld, das ist seine Körpersprache, das ist einfach ein (...) Du siehst es am Laufstil, manchmal siehst du sogar schon, ob ein Spieler jetzt die Spannung hat oder ob er sie nicht hat. Einfach und wenn die paar Prozente fehlen, dann sieht es dann einfach nachher scheiße aus, und ich glaube, das ist eine Einstellungssache, einfach diese Ansprüche, die ich habe. Ich bin ein Topspieler, aber eigentlich bin ich ein cooler Typ und dieses Coole macht seine Leistung kaputt" (Interview 3 TA, §201-204).

Die vorgestellten Ressourcen können bspw. die Schuhe des Spielers sein, die seinen Status als Lizenzspieler und damit die Fähigkeiten, die damit assoziiert werden, symbolisch darstellen. Eine weitere Komponente wird hier aufgeworfen, die besonders für den Zwischenstatus zutrifft. Solange die Spieler eine klare Bezugseinheit (Mannschaftszuordnung) haben, können sie eigene Ressourcen aufbauen und entwickeln, diese sind aber auch zunächst auf die Mannschaft bezogen und funktionieren nicht unmittelbar in anderen Teams und auf einem vergleichsweise höherem Niveau der 1. Mannschaft. Die Spieler greifen dadurch, dass sie nun wieder in ihre alte Mannschaft zurückkommen, auf symbolische Ressourcen der 1.Mannschaft zurück. Die Ressourcen sind allerdings nur vorgestellt und keine eigene Stärke. Für ihre Leistung und ihre tatsächliche Entwicklung sind diese Ressourcen problematisch, da sie nur kurzfristig wirksam sind und schließlich sogar der weiteren Entwicklungen hinderlich sein können.

Bei der zweiten typischen Bewältigungsform, der **Dilatorischen Problembehandlung** werden schwierige Auseinandersetzungen „auf die lange Bank geschoben" und damit psychosoziale Entwicklungen blockiert, da anstehende Aufgaben nicht gelöst werden, sondern ihre Bewältigung vermieden wird, was nur dazu führt, dass die Aufgaben zu späteren Zeitpunkten und ggf. in erhöhter Komplexität bewältigt werden müssen. Es geht somit um Schwierigkeiten, die durch ihre ausgesetzte Bearbeitung zur Schwächungen von Selbstbestimmung und Verantwortung des Spielers führen.

„Das heißt nicht immer, dass das erfolgreich ist. Das Wichtigste ist dann, dass man gut ist. Dass man sich durchsetzen kann. Es nützt dir nichts, ins Ausland zu gehen. Oder dahin oder dahin. Überall kommt es ans Tageslicht. Du kannst Vieles mal ein Vierteljahr, mal ein halbes Jahr verdecken. Aber irgendwann musst du deine Leistung bringen, sonst wirst du da dann auch nicht spielen" (Interview 1 TA, §59).

„Ja das merkst du an den Verhaltensweisen. Z.B. dass ein Spieler J davon spricht: Er hat hier keine Chance bei uns und er müsste eigentlich in die zweite Liga ausgeliehen werden. Wo ich dem Jungen erst mal sagen muss, du mein Freund, pass mal auf, du hast hier in der Regionalliga gerade mal zehn Spiele gemacht. Ansonsten warst du nur verletzt. Und von den zehn Spielen waren acht scheiße" (Interview 8 LL, §176).

„Dann mäht er einen um, Elfmeter 1:1. Das sind so Dinge, da ist immer ein anderer Schuld. Dann habe ich kein Problem mit, dann sage ich, Spieler alles wunderbar, ich war der Blinde, der dich nicht hat großkriegen können. Dann war ich zu schlecht, dich groß zu kriegen, aber ein anderer war auch nicht gut genug. Denn mit 20 kannst du ja noch sagen, wenn der mich nicht weiterbringt, dann gehe ich dahin und dann bringt der mich weiter. Er hat ja die Möglichkeiten über die anderen Vereine gehabt. Aber zu schlecht. Verbissen ehrgeizig, aber keine Realität. Aber irgendwann mal, entweder ich mach Tore oder ich verhindere Tore oder ich bereite Tore vor, aber wenn ich nichts machen kann, ich kann keine verhindern. Ich kann keine schießen. Ich kann keine vorbereiten. Welche Berechtigung habe ich dann, bei Verein U zu spielen" (Interview 4 TP, §120).

Die misslungene Auseinandersetzung äußert sich in dem Muster der **Schützenden Flucht**. Darunter fallen die Auseinandersetzungen, die nicht erfolgreich bewältigt werden können und die nicht geeignet erscheinen, sie „auszusitzen" erscheinen, woraufhin die Talente zur Flucht aus der Verantwortung (und der Karriere) tendieren. Die wesentlichen Kennzeichen sind die Orientierung auf Misserfolg, und deren Einfluss auf Abwärtskarrieren.

„Der Spieler D, der die meisten Tore in den U-Mannschaften erzielt hat und dann kommt er zu mir und hat natürlich mit Spieler Ü und Spieler H zwei Granaten vor der Brust. Kommt nicht ans Spielen und wenn er spielt, dann spielt er schlecht. Dann will er den Vertrag verlängern. Dann verlängern wir den Vertrag und drei Wochen später will er in Land K, und hinterher hat er weder in Land K noch bei uns geschafft und dann hat der Vater gesagt, der Trainer L wäre schuld gewesen, weil bei Trainer J hat er immer gespielt. Er war relativ früh fertig. Vorher ist er allen davongelaufen. Aber die anderen haben aufgeholt, haben ihn überholt in der Geschwindigkeit, und dann kam der nicht mehr klar" (Interview 4 TP, §45).

Ein Merkmal der schützenden Flucht ist, dass Spieler häufig den Verein wechseln und versuchen, dadurch aus der Verantwortung zu entkommen, die eigenen Fähigkeiten auszubauen. Der Spieler stiehlt sich aus der Verantwortung, da die Aufgabe, sich gegen die beiden gesetzten Spieler zu behaupten, für ihn unüberwindbar erscheint. Seine zentrale Stärke und Ressource Schnelligkeit, die ihm während der Juniorenjahre geholfen hat, relativiert sich im Übergang im Vergleich zu anderen Spielern, die über die Stärke inzwischen ebenfalls verfügen und in anderen Bereichen überlegen sind.

Eine zweite misslungene Form der Auseinandersetzung entspricht der **öffnenden Kapitulation**. Das Bewältigungsmuster wird von den Gatekeepern mit dem Dropout assoziiert. Die Kapitulation führt in diesem Fall dazu, dass sie den Spieler aus der Verantwortung entlässt und einen anderen, unbelasteten Weg eröffnet. Es geht demnach um Erfahrungen des Misserfolgs, die das Talent zur flexiblen Neuorientierung drängen und ihm somit helfen, sich in einem positiven Sinne außerhalb fußballerischer Karrieren weiterzuentwickeln.

„Ein Spieler, der dann aufgehört und dann eine Ausbildung gemacht hat und gesagt hat, das ist es nicht. Die gibt es ja auch. Dann müssten wir ja Scheuklappen haben, wenn du denkst, alle Jungs, die hier rumlaufen, sind so fokussiert, wie man selber oder die, die es geschafft haben. Nein, dann muss man sagen, ok, da gibt es welche, die sagen, es gibt noch andere Dinge im Leben. Und die auch die Erfahrung machen, so positiv das auch hier ist oder in jedem anderen LZ, die dann irgendwann für sich erkennen, das ist es dann doch nicht und so intelligent sind, das zu erkennen. Und auch einfach sagen, pass auf, bevor ich jetzt da für kleines Geld spiele, auch die noch ganz gut sind, die das erkennen, ich muss mir ein zweites Standbein aufbauen. Das ist es nicht, denn da oben komme ich nicht ran. Die gibt es. Ganz bestimmt und wenn die es doch zu positiv sehen, dann sind wir auch alle aufgerufen, das ein bisschen zu relativieren. Aber das ist ganz selten" (Interview 7 LL, §74).

„Die sind vielleicht enttäuscht oder schaffen sich das Alibi, um nicht aufzufliegen. Du hast es nicht geschafft. Der Vater hat die Welle gemacht, die Mutter, der Berater. Dann ist es vielleicht besser für so einen Jungen aufzuhören. Weil er sagt, macht mir keinen Spaß mehr, ich höre auf, weil er nicht raus kommt aus der Nummer. Vor ihm wurde ein Berg aufgebaut, den konnte er nie übersteigen und dann ist es für ihn vielleicht besser, er hört auf und geht Radfahren. Bleibt beim Sport, weil er einfach der Schmach aus dem Weg gehen will. Aber die Schmach hat dann auch sein Umfeld betrieben, in dem sie einfach zu sehr nach außen gegangen ist, weil sie gesagt haben, mein Junge wird Profi. Weil man vielleicht auch in dieser Zeit nicht ganz auf dem Teppich geblieben ist. Da gibt es sicherlich Jungs, die aufhören" (Interview 3 TA, §118-120).

10. Zusammenfassende Interpretation und Diskussion

Zwar sind in dem Analyseverfahren qualitativer Daten und folglich in der Darstellung der Ergebnisse interpretative Prozesse enthalten, eine zusammenfassende Einordnung hinsichtlich der untersuchungsleitenden Fragestellung und ein analytischer Rückbezug auf das ausgemachte Desiderat im Forschungsstand kennzeichnet jedoch den epistemologischen Wert der Arbeit. Es lässt sich festhalten, dass die Experten die enthaltene Problematik in der Praxis des Übergangs effizient zugänglich machen. Sie eröffnen einen tieferen Einblick in die teilweise unstrukturierten und widersprüchlichen Praktiken der Übergangsphase. Die ambivalenten Zielvorstellungen und Herangehensweisen werden als Ausdruck der Komplexität der Entwicklungsvorgänge gewertet. Die Ergebnisse zeigen, dass die Anleitung der Spieler in der Phase des Übergangs zuweilen ohne tiefere Systematik und primär erfahrungsbasiert erfolgt. Tiefergehende analytische Herangehensweisen und darauf basierende Strategien sind nicht existent. Wenn fixierte Konzeptionen für den Übergang in den Senioren-/Profibereich in den Vereinen erarbeitet wurden, so ist ihre praktische Relevanz für die Entscheidungsträger nicht ersichtlich und nicht handlungsleitend. Die Anleitung der Statuspassage basiert eher auf intuitiven Entscheidungen. Die schriftliche Fixierung der Strategie bleibt in der Schublade und wird dort bis zum nächsten Zertifizierungsverfahren des Nachwuchsleistungszentrums verwahrt. Zudem ist die Bedeutung der Ausbildung im Verein stark abhängig von einzelnen Akteuren. Mit dem Kommen und Gehen der sportlichen Leitung der Lizenzmannschaft wechselt u.U. auch die Ausrichtung der Nachwuchsabteilung. Eine dauerhafte, langfristige Ausrichtung der Ausbildung ist, wenn sie durch die sportliche Leitung der Lizenzmannschaft bestimmt ist, in dem schnelllebigen Geschäft der Bundesliga schwer umzusetzen.

Hingegen recht präzise sind die Vorstellungen zu den Anforderungen, die die Statuspassage des Fußballs kennzeichnen. Entsprechende Ressourcen; insbesondere personale Stärken, sind den Gatekeepern gleichfalls präsent und fassbar. Konkretisierende Vorstellungen darüber, wie die entsprechenden Fähigkeiten entwickelt werden bzw. die Entwicklung unterstützt werden kann, sind hingegen nicht sonderlich ausgeprägt. Die Bedeutung der sozialen Beziehung im Vermittlungsprozess ist allerdings äußerst stark in dem Bewusstsein der Interviewten verankert.

Die Entscheidungen über den Eintritt in die Statuspassage und den jeweiligen Verläufen, die daraufhin angeleitet werden, hängen eng mit den aufgebauten Ressourcen und entsprechender Leistungsentwicklung zusammen. Insgesamt ist es möglich, die ausgemachten und beschriebenen Übergangsverläufe in Sequenzen der Statuspassage zusammenzufassen.

10. Diskussion

10.1. Sequenztypen - Widersprüche zwischen Förderanspruch und praktischer Umsetzung

Entsprechend der übergeordneten Fragestellung ist es im Laufe des Analyseprozesses gelungen, die Übergangsverläufe in der Statuspassage schematisch zu fassen und in die drei Sequenztypen „Statusfolge", „Statuswechsel" und „Zwischenstatus" zu gliedern. Die identifizierten Anforderungen zu den jeweiligen Übergangsverläufen sind recht trennscharf zuzuordnen. Gerade weil die Übergangsverläufe spezifische Aufgaben für den Spieler beinhalten, ist es notwendig, auch die Förderung entsprechend zu justieren. Ein Spieler, der soeben fest in die Lizenzmannschaft aufgenommen wurde und dort seine ersten Pflichtspiele in den Arenen der Bundesliga bestreitet, ist mit anderen Aufgaben konfrontiert als ein Spieler, der noch gerade in den Kader der U23-Mannschaft gerutscht ist. Dies zeigen die Beobachtungen der Interviewten deutlich.

Daher ist es angezeigt, die Übergangsverläufe und Einsätze der Spieler zu dokumentieren. In den modernen Datenbanken und Talentmanagementprogrammen sind die Einsätze und Trainingseinheiten für die Vereine relativ gut zu überblicken. Die tabellarische Übersicht (Tabelle 10.) bietet eine Grundlage, Spieler entsprechend einzuordnen und zeigt auf, welche Anforderungen auf sie zukommen bzw. wie sie unterstützt werden können. Die Systematisierung kann als Hilfestellung dienen, die enthaltenen spezifischen Anforderungen für die Trainer und Funktionäre zu erfassen, so dass sie in einer systematischen Förderung Berücksichtigung finden. Die Übergangsverläufe gewinnen so an inhaltlicher Struktur und sind für die handelnden Personen überschaubar.

Allgemein zeigt sich, dass die Sequenzen Folgestatus und Wechselstatus im Sinne einer systematisierten Förderung unproblematisch sind. Das gilt für den Zwischenstatus so nicht. Er erhält seine Besonderheit dadurch, dass der mittlere Status ein Mischstatus ist, also der Spieler für eine bestimmte Zeit innerhalb der Statuspassage nicht eindeutig einer Mannschaft zugeordnet werden kann. Der Existenz dieser Statussequenz generiert nicht aus einer Logik der Förderung. Für die Entwicklung der Spieler halten die Gatekeeper den Zwischenstatus sogar für kontraproduktiv. Dass die Sequenz des Zwischenstatus zustande kommt, ist viel mehr als Ausdruck verschiedener Interessenkonstellationen innerhalb des Vereins zu verstehen. Der Zwischenstatus ist also eher Resultat einer Kompromisslösung. Ein Großteil der Anforderungen des Zwischenstatus entsteht aus der unklaren Mannschaftszugehörigkeit und den verbundenen unterschiedlichen Spielstärken. Solche Anforderungen werden vermeintlich nach dem Übergang nicht mehr auf den Spieler in seiner sportlichen Karriere zukommen. Es stellt sich die Frage, ob die Kompetenzen und Fähigkeiten, die dabei aufgebaut werden, im späteren Verlauf der Karriere nützlich sind. Zusätzlich zu den Anforderungen, die aus den allgemeinen Entwicklungsaufgaben der Statuspassage erwachsen, entstehen so Belastungen, die maximal zur Überprüfung des Durchsetzungsvermögens des Spielers dienen (Selektionsfunktion). Hält er den Spagat zwischen den Mannschaften nicht aus und entwickelt sich nicht weiter, wird dem Spieler die notwendige Widerstandsfähigkeit abgesprochen.

Wenn auf beiden Seiten jedoch eindeutige Vorstellungen über den Ablauf der Statuspassage vorliegen, welche konkreten Entwicklungsschritte mit klaren Bezugsgrößen (Mannschaftsstrukturen) im Lernprozess anvisiert werden, erhält die Statuspassage eine hohe Verbindlichkeit. Eine schrittweise Erhöhung der Anforderungen scheint für einen langfristigen stabilen Entwicklungsverlauf erfolgsversprechender (Folgestatus), auch wenn ggf. die einzelnen Abschnitte der Passage schnell durchschritten werden.

„Öffentliches Wissen um den zeitlichen Ablauf einer Statuspassage hat sowohl für diejenigen, die die Statuspassage durchlaufen, als auch für diejenigen, die sie begleiten, hohe Verbindlichkeit in Bezug auf die Gestaltung der Statuspassage. Ist der Ablauf bekannt oder sogar niedergeschrieben, wissen die Akteure um die Erwartungen, die sie an den jeweils anderen stellen können, somit steigt auch die Handlungssicherheit der beteiligten Akteure" (Mozygemba, 2011, S.36).

Eine Checkliste, die sich dementsprechend an die allgemeinen Entwicklungsaufgaben des Übergangs und den jeweiligen Anforderungen des Übergangsverlaufs anlehnt, erhöht die Verbindlichkeit und schafft in gewisser Weise für beide Seiten (Argumentations-) Sicherheit. Es müssen schriftlich fixierte Konzepte für unterschiedliche Typen von Sequenzen fußballerischer Statuspassgen schriftlich niedergelegt werden und das ist entscheidender tatsächlich Anwendung finden.

10.2. Komprimierte Ausbildung in einer verlängerten Jugendphase

Eine Tendenz, die sich in der derzeitigen Talentförderung niederschlägt, ist die Verkürzung der Ausbildungszeit vom Beginn des Engagements bis hin zur Meisterschaftsphase. Die Karrierephasen im Leistungsfußball verschieben sich in frühere Altersbereiche (siehe Abb. 18). Die Talente werden in jüngeren Jahren gescoutet und in die Nachwuchsleistungszentren geholt. Damit beginnt zumeist die Spezialisierung auf die eine Sportart - Fußball. Der Eintritt in die Meisterschaftsphase findet ebenfalls früher statt. Ein Hinweis darauf ist, dass sich das Durchschnittsalter der Mannschaften verjüngt. Spieler, die noch bis zu einem Alter von Mitte/Ende 30 Profifußball auf höchstem Niveau spielen (können), finden sich nur noch selten. Bei der EM 2012 hatte die Deutsche Nationalmannschaft ein Durchschnittsalter von 24,4 Jahren und war damit die jüngste Mannschaft. Lag der Altersdurchschnitt in der Bundesligasaison 2000/2001 noch bei 27,1 Jahren sank er bereits in der Saison 2012/2013 auf 25,4 Jahre. Dieser Trend setzt sich fort.

10. Diskussion

Abbildung 18 Karrierephasen im Wandel (Eigene Darstellung

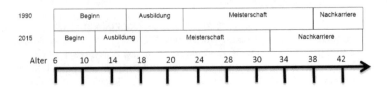

Einen wesentlichen Baustein am Ende der Ausbildungsphase bilden die Zweiten Mannschaften (U23) in den Vereinen. In diesen Mannschaften sollen die Spieler ihre letzten Entwicklungsschritte durchschreiten und sich an das Niveau des Seniorenfußballs anpassen. Für die Gatekeeper in der hiesigen Untersuchung ist die U23 die wesentliche Entwicklungsstufe eines schrittweise, sich in kleinen Etappen vollziehenden Ausbildungsprozesse. Wenn Spieler in die Lizenzmannschaften aufsteigen, erwarten die Trainer der Bundesligamannschaft, dass sie „fertig" ausgebildete Spieler erhalten.[7] Nun zeigt sich in den Äußerungen der Interviewten, dass den Spielern die erforderliche Zeit zur Anpassung, die der letzten Phase des Ausbildungsprozesses entspricht, nicht mehr eingeräumt wird, bzw. sie stark komprimiert erscheint. In der Idealvorstellung, dem direkten Sprung in die Bundesligamannschaft, wird die Anpassung direkt in der Lizenzmannschaft vorgenommen und in kürzester Zeit geleistet. Die Spieler müssen in der Wahrnehmung der Gatekeeper in kürzerer Zeit gleiche oder sogar höhere Anforderungen bewältigen und Lern- und Entwicklungsschritte früher abschließen. Wenn Spieler in den Seniorenbereich wechseln, wird von ihnen erwartet, dass sie über das Leistungspotential verfügen, auf dem Niveau der Bundesliga mithalten zu können. Somit müssen die Spieler bis zum Ende der Juniorenphase die wesentlichen Lernprozesse vollzogen haben. Im Sinne einer andauernden Entwicklung (lebenslanges Lernen) ist die Vorstellung des „fertig ausgebildeten Spielers" ein Trugbild und daher eine inadäquate Formulierung des Anspruchsniveaus. Bei Eintritt in die Lizenzmannschaft kann höchstens davon ausgegangen werden, dass der Spieler die Anforderung auf dem Niveau der Bundesliga bewältigen kann, was zugleich ggf. Unterstützungsprozesse erfordert. Der Entwicklungsprozess ist aber mitnichten finalisiert.

Aufgrund der aktuellen Neuerungen in den Regularien zur Lizenzierung der Vereine durch die DFL lässt sich prognostizieren, dass sich die Tendenz zur Komprimierung der Anpassungsphase und somit auch zur Verkürzung der Ausbildungszeit fortsetzen wird. Die Abschaffung der verpflichtenden Unterhaltung einer Zweiten Mannschaft für Lizenzvereine ist ein eindeutiges Kennzeichen dafür, dass die Vereine weniger Bereitschaft zeigen, Spielern entsprechende Zeiträume der Anpassung im Übergang in den Seniorenbereich zur

---

[7] „Ein Profitrainer erwartet fertige Spieler. Das kann ein U23-Trainer nicht erwarten." (Interview[6] LL, §193) (vgl. Kapitel 8.7.1.)

10. Diskussion

Verfügung zu stellen. Denn die Initiative zur Lockerung der geltenden Regelung wurde von den Lizenzvereinen aus betrieben, nicht vom Verband. Demnach kann davon ausgegangen werden, dass die Lizenzvereine zumindest in Teilen nicht gewillt sind, die Strukturen für diejenigen Spieler selbst bereit zu stellen, die nach dem Austritt aus der Juniorenphase noch nicht an das Niveau der Lizenzmannschaft anknüpfen können. Nachdem die ersten Vereine (Bayer Leverkusen, Eintracht Frankfurt) ihre Zweiten Mannschaften zur Saison 2014/2015 zurückgezogen haben, darf man gespannt sein, welchen Effekt das auf das Talentförderungssystem der jungen Spieler haben wird. Es kann davon ausgegangen werden, dass die Ausbildung der Spieler, die das Leistungsniveau der Bundesliga zum Zeitpunkt des Eintritts in den Seniorenbereich noch nicht erreicht haben, an andere (Amateur-)Vereine ausgelagert wird. Es ist zu bezweifeln, dass diese Vereine eine Förderung auf gleichem Niveau wie die Lizenzmannschaften leisten können, da sie in den meisten Fällen nicht über die entsprechenden Ressourcen und Erfahrungen verfügen. Dementsprechend müssten sich hypothetisch die Entwicklungschancen für die entsprechenden Spieler verschlechtern, die zukünftig in den Ersten Mannschaften der Amateurvereine ausgebildet werden.

Wenn sich der Großteil der Erstligisten zur Abschaffung ihrer U23-Mannschaft entscheidet, ist zu vermuten, dass die „Jagd auf die Talente" sich immer weiter in jüngere Altersbereiche verschiebt. Die Problematik der Talentprognose bleibt auch ohne U23-Mannschaft bestehen bzw. sie verschärft sich sogar noch. Das Risiko, die Entwicklungsfähigkeit hin zum finalen Leistungsniveau eines Spielers falsch einzuschätzen, erhöht sich, je früher sie prognostiziert wird. Schlussendlich ist die Flexibilisierung der U23-Mannschaften ein Schritt, die Selektionslogik der Talentförderung wieder zu verstärken damit zugleich Strukturen der Förderung zu reduzieren. Das ist problematisch, denn „Talentfördermaßnahmen, die den Entwicklungsprozess als entscheidendes Kriterium auffassen, auf frühe und irreversible Selektionsentscheidungen verzichten" (Harttgen et al., 2010, S.79).

Neben der Verdichtung der sportlichen Ausbildungsphase steigen auch die Anforderungen in der schulischen Qualifikation. Von den Schülern wird im Rahmen der G8-Reform und der Einführung des Zentralabiturs ein gleiches Lernpensum innerhalb kürzerer Zeit erwartet. Es ist nicht verwunderlich, dass bei den erhöhten Qualifikationsanforderungen in den Ausbildungsprozessen andere Entwicklungsaufgaben nicht entsprechend bzw. nur dilatorisch bearbeitet werden. Dass führt dazu, dass sich die Jugendphase insgesamt ausdehnt. Dass wird auch von den Verantwortlichen der Talentförderung so wahrgenommen und stimmt mit dem bisherigen Forschungsstand zur Veränderung der Jugendphase überein (Hurrelmann, 2007, siehe auch Kapitel 2.2.). Bspw. setzt die sexuelle Reife früher ein. Andere Kennzeichen für das Erwachsenwerden sind mit dem Ende des Ausbildungsprozesses noch nicht erreicht. Dies betrifft insbesondere Aspekte der Selbstständigkeitsentwicklung und der ökonomischen Unabhängigkeit. Auch die Familiengründung verschiebt sich zunehmend in die vierte Lebensdekade. Für die jugendlichen Fußballtalente

10. Diskussion

wird die Selbstständigkeitsentwicklung zusätzlich erschwert, da ihnen aufgrund der verdichteten Ausbildungsprozesse eine Vielzahl von alltäglichen Handlungen, in denen sie Selbstständigkeit sukzessive entwickeln können und die Verantwortung für ihr Handeln auf sie übergeht, abgenommen werden. Die Professionalisierung der Talentförderung und Ausdifferenzierung der jeweiligen Zuständigkeiten führt auch zu einer „Rundumversorgung" in den Nachwuchsakademien, wie diese Art der Fürsorge von den Gatekeepern bezeichnet wird. Selbstständigkeit wird im Alltag der Talente u.U. nicht notwendig und, wenn nicht gezielt in pädagogischen Konzepten etabliert, auch nicht gefördert. Hingegen ist die ökonomische Unabhängigkeit für das Fußballtalent schneller zu erreichen. Die Entwicklungsaufgabe stellt sich jedoch in einer anderen Dimension, da der Umgang mit enormen ökonomischen Ressourcen erlernt werden muss, zumal wenn die Spieler nicht in privilegierten Familienverhältnissen aufgewachsen sind.

Die juvenile Entwicklung der Spieler ist mit dem Eintritt in die Statuspassage zum Seniorenfußball noch nicht abgeschlossen. Sie benötigen Zeit, die anstehenden Entwicklungsaufgaben zu bewältigen. Fehltritte, austarierende Grenzannäherungen und –Überschreitungen, die Teil des Bewältigungsprozesses sind, werden nach dem Verlassen der Ausbildungsphase jedoch nicht mehr toleriert. Gerade die mediale Öffentlichkeit beäugt solche Fehltritte sehr genau und registriert sie nicht gerade wohlwollend. Das führt zu der Gefahr, dass die Spieler zur Aufschiebung der Auseinandersetzung mit den anstehenden Aufgaben verleitet werden. Deren Nichtbewältigung jedoch schwächt, da der entsprechende Aufbau der Ressourcen ausbleibt.

Die Talentförderung steht in der Verantwortung, dass allgemeine Entwicklungsaufgaben in der Jugend- und Ausbildungsphase bearbeitet werden können. Dazu muss genauer analysiert werden, welche Unterstützungsleistungen tatsächlich sinnvoll sind und was den Spielern selbst überlassen werden kann. Dabei zeichnet sich ab, das Augenmerk auf alltägliche Handlungskompetenzen zu legen. Die Spieler müssen die Möglichkeit erhalten eigenständige Entscheidungen zu treffen und diese dann auch zu verantworten. Das verlangt Strukturen in der Ausbildung, in denen die Talente eigene Handlungsmöglichkeiten haben. Das bedeutet nicht nur ihnen Handlungsspielräume zu geben sondern sie in die Lage zu versetzen, souverän selbst entscheiden zu können (Empowerment). Im Sinne einer partizipativen Förderung, die den Spieler als Subjekt anerkennt, gilt dies auch für seine sportliche Entwicklung. Es wäre jedoch ein großer Fehler anzunehmen, dass man den Spieler mit den Entscheidungen alleine lassen kann. Denn nicht per se verfügt das Talent über die nötige Reflexivität. Es geht eher darum, es an der Entscheidungsfindung zu beteiligen und sukzessive die Verantwortung auf den Spieler zu übertragen. Eine natürliche Begrenzung der Sinnhaftigkeit solcher Entwicklungsprozesse ist durch die individuellen Möglichkeiten des Spielers gegeben.

Wenn der Erziehungsauftrag, insbesondere für die Jugendlichen, die sich in den Internaten befinden, partikulär auf die Vereine übergeht, stehen sie in der Verantwortung die Spieler in ihren Entwicklungsprozessen zu stützen. Die bedeutsamen Trainer, Funktionäre und Betreuer haben eine Vorbildfunktion hinsichtlich der Vermittlung von Normen und Werten, die als Handlungsorientierungen für die Spieler dienen. Die Gatekeeper sind Teil der fußballerischen Ausbildung und müssen diese annehmen und ausfüllen. Wenn sich in modernen Gesellschaften die Handlungsmöglichkeiten generell erweitern, wird das Bedürfnis nach grenzgebender Orientierung (Boundary management) größer (vgl. Keupp, 2008, S.303). Zumal wenn dynamische Ressourcen wie Geld und Zeit mit dem Eintritt in die Statuspassage überproportional im Vergleich zum Juniorenalter zur Verfügung stehen. Unmittelbar mit der Beendigung der fußballerischen Ausbildungsphase endet zumeist auch der schulische Qualifizierungsprozess. Der Spieler, der aufgrund der hohen Anforderungen in den beiden Bereichen bis dahin wenige Räume hatte, die er selbst füllen musste, wird nun dahingehend gefordert, und zwar mit der Maßgabe, dass sich seine Lebensweise mit seinen eigenen sportlichen Zielsetzungen vereinbaren lässt.

10.3. Die Orientierung auf den Lizenzspielerstatus – Das Dilemma in der Zielsetzung der Talentförderung

Die Kritik gegen die Betrachtung der fußballerischen Übergänge als Statuspassagen mit dem Einwand *„die Orientierung auf den Status untergrabe den prozesshaften Charakter von Übergängen"* erweist sich als zutreffend, jedoch anders als in der eigentlichen Intention. Die Orientierung auf den fußballerischen Status ist tatsächlich ein wesentliches Problem, das starke Ambivalenzen erzeugt. Er ist aber weniger ein Problem des konzeptionellen Ansatzes der Untersuchung, als vielmehr eine inhaltliche Schwierigkeit der Talentförderung. Der Lizenzspielerstatus („Fußballprofi sein") ist in der fußballerischen Karriere so dominant, dass sogar einiges für den analytischen Zugang über das Konzept der Statuspassage spricht. Denn es hebt das Problem hervor und erlaubt den Zugriff. Die so angelegte Untersuchung stellt heraus, dass die sportliche Entwicklung schwierig wird, wenn die Orientierung auf den Status „Lizenzspieler" dominiert. Wenn der Lizenzspielerstatus einmal erreicht ist, gilt es ihn nur zu erhalten, zu bewahren. Die Orientierung erfolgt nicht mehr auf die weitere Entwicklung, so lautet der Tenor in den Beobachtungen der Trainer und Funktionäre. In einem solchen Fall genügt es dann, „nur noch" den direkten Konkurrenten zu übertreffen, um den Lizenzspielerstatus zu sichern. Die Beobachtungen der Gatekeeper zur Statusorientierung entspricht der im theoretischen Kontext der Leistungsmotivationsforschung bezeichneten Egoorientierung und stimmt mit den entsprechenden Erkenntnissen überein (siehe Kapitel 3.3.2).

Weiterhin unterliegen die Spieler dem Trugschluss, dass sobald sie den Profivertrag unterschrieben haben, damit auch der Sprung in die Bundesliga absolviert ist. Zumindest formal auf dem Papier haben sie den Status des Profifußballers erklommen. Dass die formale Ebene bisweilen nicht mit der Wirk-

10. Diskussion

lichkeit übereinstimmen muss, erfahren sie dann, wenn ihnen die Einsätze in der Bundesligamannschaft verwehrt bleiben und sie aushilfsweise an die U23 abgegeben werden, bzw. ihnen dann nahe gelegt wird, sich einen anderen Verein zu suchen. Es kann davon ausgegangen werden, dass der Lizenzspielerstatus nicht nur ein formaler ist sondern sich dieser auch durch die Stellung in der Mannschaft und dem Verein, die eng verbunden mit den entsprechenden sportlichen Leistungen sind, konstituiert.

Die Orientierung auf den Lizenzspielerstatus geht mit der Bedeutungserhöhung von Statussymbolen einher. An der erhöhten Wertigkeit der Statussymbole wird für die Gatekeeper die Statusorientierung wahrnehmbar. Wenn das Mannschaftsfoto des Lizenzspielerkaders oder das Fahrzeug, das nur für Lizenzspieler vom Vereinssponsor zur Verfügung gestellt wird, wichtiger erscheint, als die alltägliche Trainingsarbeit und die Beschäftigung mit dem wesentlichen Fußballgeschehen bzw. der eigenen Entwicklung, ist das ein Alarmsignal für die Gatekeeper. Es verweist darauf, dass die Schere zwischen sportlichem Anspruch und der tatsächlichen Leistungsentwicklung schrittweise auseinandergeht. Dies muss genau beobachtet werden, denn es ist nicht unwahrscheinlich, dass der Spieler Schwierigkeiten hat seinen Status durch seine Leistungsfähigkeit nachzuweisen und daher versucht diesen, durch die entsprechenden Statussymbole zu sichern und sichtbar zu demonstrieren.

Die starke Ambivalenz der Statuspassage und der Talentförderung insgesamt liegt nun darin, dass die beteiligten Akteure einerseits die Statusorientierung ihrer Talente als problematisch für die Entwicklung ansehen, andererseits sie die gleiche Orientierung, die sie in der Ausrichtung ihres Systems vornehmen und als Maßstab und Referenz für ihre eigene Arbeit setzen. Es ist also gar nicht verwunderlich, wenn die Spieler sich gleiche Maßstäbe und Zielsetzungen suchen. Es ist anzunehmen, dass sich die Ausrichtung der Talentförderung durch Internalisierungs- und Integrationsprozesse in die eigenen Zielsetzungen des Spielers überträgt. Selbstverständlich haben der formale Status und die entsprechenden Statussymbole eine enorme Anziehungskraft. Jedoch geht eine stabile sportliche Entwicklung nicht von dem formalen Status aus. Wenn die prognostische Leistungsfähigkeit, die durch den ersten Profivertrag attestiert wird, nicht durch fußballerische Leistung auf dem Platz eingelöst wird, wird sich der Spieler in dem Lizenzspielerstatus nicht etablieren.

Dementsprechend gilt es zu klären, welche alternativen Orientierungen vorgenommen werden können, bzw. mit der Lizenzspielerorientierung verknüpft werden können, denn diese erscheint als äußerst dominant und wird von den verschiedenen Akteuren, insbesondere der Öffentlichkeit, gewahrt. Eine Orientierung auf die eigene sportlicher Entwicklung hat immer einen prozessualen Charakter. Sie enthält die Schwierigkeit, auf überprüfbare Ziele hin zu arbeiten. Daher erscheinen austarierte Zwischenziele sinnvoll. Der Lizenzspielerstatus kann entsprechend als Zwischenresultat der positiven fußballerischen Entwicklung verstanden werden. Resultate der sportlichen Karriere, aber auch einzelne Ergebnisse eines Spiels sind faktisch und sind entsprechend wirkungsmächtig in der sozialen Praxis. Es muss näher geklärt werden, welche Bedeutung einzelne Ergebnisse für den Entwicklungsprozess haben und wie sich diese sinnvoll in das Referenzsystem von Talentförderung einbetten lassen, ohne dass sie den prozessualen Charakter der sportlichen Entwicklung überlagern. Da die Talentprognose Teil der Talentförderung ist, muss sie sich auch an den finalen Leistungen der Spieler messen lassen. Das ist allerdings nicht mit dem Vertragsstatus gleichzusetzen. Die Vertragsform kann maximal als Surrogatparameter der Ergebnisqualität in internen und externen Evaluationsprozessen der eigenen Arbeit dienen. Als eigene Zieldimension greift das Erreichen des Lizenzspielervertrags zu kurz, denn allein die Verpflichtung des eigenen Nachwuchses für die Lizenzmannschaft und dessen Ausstattung mit einem entsprechenden Vertrag sichert nicht den sportlichen Erfolg der Mannschaft oder die Karriere des einzelnen Spielers.

10.4. Das soziale Netzwerk des Talents – Sicherheitsgebende und zweckdienliche Beziehungen im unsicheren Übergang

Die Gatekeeper streichen durchgängig die Bedeutung des sozialen Netzwerks für die Entwicklung des Talents heraus und beziehen sich selbst mit ein. Das Netzwerk ist allerdings facettenreich und die Verbindungen haben für die Entwicklung des Talents unterschiedliche Funktionen innerhalb des Talentförderungssystems. Die Beziehungen reichen von vertrauensvollen starken Bindungen, die sich in erster Linie durch die Vermittlung von Basissicherheit auszeichnen, bis hin zu sehr zweckrationalen schwachen Bindungen, die innerhalb des Systems notwendige Funktionen einnehmen und nur eine geringe emotionale Nähe aufweisen.

Für eine stabile Entwicklung des Talents, insbesondere für die Aufgaben im Übergang, sind vertrauensvolle wertschätzende Beziehungen eine wichtige Ressource. In solchen Beziehungen erfahren sie die grundlegende Basissicherheit in Bezug auf ihr Selbstkonzept. Diese Sicherheit ermöglicht die eigenen Stärken auszubauen und weiterzuentwickeln. Sie ermöglicht auch sich die eigenen Defizite zu vergegenwärtigen und an ihnen zu arbeiten. Gerade innerhalb der Statuspassage, in der alte gefestigte Strukturen aufgebrochen werden und eine Form von Unsicherheit entsteht, sind solche Bindungen stabilisierend. Durch die Sicherheit, die die Spieler in ihren starken Beziehungen erfahren, wirkt die nötige Kritik bezüglich ihrer fußballerischen Leistungen nicht destabilisierend. Vielmehr kann diese als Unterstützung der Entwicklung aufgenommen und verarbeitet werden. Die Basissicherheit zeichnet sich dadurch aus, dass den Spielern eine breite Wertschätzung zu Teil wird, die über die Leistungsbewertung innerhalb der Rolle als Fußballer hinausgeht. Der Aufbau und die Stabilität solcher Beziehungen verlangt eine wechselseitige Wertschätzung. Schon die bisherigen Befunde unterstreichen, dass eine solche Basissicherheit in den familiären Beziehungsgeflechten erfahren wird (siehe Kapitel 3.4.2).

10. Diskussion

In den Peerbeziehungen sehen die Gatekeeper grundsätzlich ebenfalls starke Bindungen. Die Interviews bekräftigen allerdings die vorigen Befunde, dass substantiell wertschätzende Freundschaften eher außerhalb des Fußballs aufgebaut werden und dass deren Erhalt durch ihren stark strukturierten Alltag, der ihnen wenige Räume lässt die Beziehungen zu pflegen, erschwert wird. Eher lose Bekanntschaften, in denen der Spieler wenig soziale Kontrolle und Unterstützung für seine sportlichen Aufgaben und einen professionellen Lebensstil erfahren, sehen die Gatekeeper als problematisch für die erfolgreiche Bewältigung der Statuspassage an. Sie beobachten, dass Spieler Peerbeziehungen nicht ohne Hindernisse zu langfristigen stabilen Freundschaften ausbauen können. Zeitliche Verpflichtungen, wahrgenommene ambivalente Gefühle zwischen Neid, Missgunst und Bewunderung erschweren den Aufbau von Freundschaftsbeziehungen. Daher ist es nicht verwunderlich, wenn stabile Freundschaften zu Gleichaltrigen aufgebaut werden, zu denen der Kontakt vor der fußballerischen Karriere entstanden und die sportliche Dimension nicht dominant ist.

Die Beziehungen innerhalb der Mannschaft gehören eher zu den zweckrationalen, da mit steigender Karrierephase die Konkurrenz stetig zunimmt. Die Spieler sind in den hierarchischen Strukturen der Mannschaft und des Fußballsystems gefangen, müssen sich behaupten und Allianzen schmieden. Mit dem Fortschreiten der sportlichen Karriere und im Übergang in den Seniorenfußball nimmt die Zweckrationalität in den Mannschaftsbeziehungen weiter zu, so dass es größerer Anstrengungen bedarf das Gemeinsame herzustellen.[8] Akzeptanz innerhalb der Mannschaft, in der die Talente erstmals auf ältere Mitspieler treffen, erhalten sie aufgrund ihrer fußballerischen Leistungen. Wenn sie eine wesentliche Verstärkung für das Team darstellen, werden die Spieler recht schnell in den Mannschaftskreis integriert, wie die Gatekeeper ausführen. Gleichzeitig beobachten sie, dass die Konkurrenzsituation in der Bundesligamannschaft sich im Vergleich zu den Jugend- und Zweiten Mannschaften noch erhöht. Das Talent ist, wie jeder neue Spieler auf der gleichen Position, eine Bedrohung für den Stammplatz des Etablierten. Dass bedeutet auch immer einen Angriff auf den Status des etablierten Spielers, der bemüht ist diesen zu erhalten (siehe Kapitel 10.3). Anders als im Juniorenalter ist der Status für den Etablierten nicht nur eine vage (antreibende) Hoffnung, denn für den Etablierten geht es um die Wahrung des Erreichten.

Die Beziehung zum Trainer ist ambivalent. Einerseits hat sie einen zweckrationalen Kern, der sich zunächst einmal auf die professionelle Ebene bezieht. Die Beziehung erhält ihre Bedeutung über den Bereich des Sports. Daher tangiert sie weitere Lebensbereiche nur über diesen Einfluss. Andererseits ist die Bindung eine relativ starke, da für die Entwicklungsprozesse eine

---

[8] Ein Hinweis darauf liefert auch die derzeitig hohe Konjunktur an Teambuildungmaßnahmen. Der Höhepunkt wurde vorerst in der Nationalmannschaft bei der WM 2014 mit dem Bau einer eigenen Unterkunft erreicht, deren Funktion insbesondere in der Förderung des mannschaftlichen Zusammenhalts bestand.

10. Diskussion

intensive Auseinandersetzung von den Spielern gewünscht (siehe Kapitel 3.4.1) und auch von den Gatekeepern als sinnvoll erachtet wird. Zwischen dem Förderer und dem Geförderten muss grundsätzlich ein gegenseitiges Interesse an dem Gegenüber vorhanden sein, dessen Basis es ist, die Passage gemeinsam erfolgreich zu gestalten. Wenn die Spieler das Gefühl haben, dass der Gatekeeper eine gewisse Gleichgültigkeit ihnen und somit ihrer sportlichen Entwicklung gegenüber zeigt, sind die entsprechenden Lern- und Entwicklungsprozesse erschwert. Die Vermittlung einer substantiellen Wertschätzung für jeden Spieler ist die kommunikative Anforderung an den Trainer und zugleich die Basis einer kritischen und professionellen Auseinandersetzung. Diese ist wiederum das Fundament auf dem Lernfortschritte erzielt werden. Der Trainer sieht sich jedoch vor der Herausforderung, jedem Spieler das benötigte und gewünschte Maß an Zuwendung zukommen zu lassen. Diese nimmt mit der Größe des Kaders zu.

Die Gatekeeper können sich nicht ihrer selektiven Aufgabe widersetzen. Die Selektion ist Teil der Beziehung zwischen Gatekeeper und Passant der Statuspassage. Selektionsentscheidungen können die Spieler einfacher akzeptieren, je besser diese für sie nachzuvollziehen sind. Nachzuvollziehen sind Entscheidungen dann, wenn die Selektionskriterien auf gemeinsamen Zielvereinbarungen beruhen, sie schriftlich fixiert und deren Einhaltung anhand von gesammelten Daten (Videosequenzen etc.) überprüfbar sind.

10. Diskussion

Abbildung 19 Soziales Netzwerk des Talents (Eigene Darstellung)

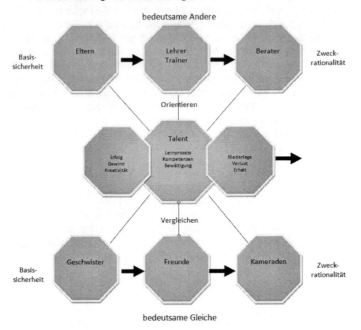

Die früher einsetzende Spezialisierung/Talentausbildung und einhergehende Professionalisierung wirkt sich auch auf die Beziehungen der Spieler zu den Spielervermittlern und -beratern aus. Sie treten früher in das Netzwerk der Spieler ein. Die Spieler werden von den Vereinen in jüngeren Altersbereichen rekrutiert und mit Verträgen ausgestattet. Da es sich bei diesen Verträgen nicht mehr um einheitliche Förderverträge handelt, erhält das Fachwissen der Berater größere Bedeutung. Die Gatekeeper sehen die Berater als zweckrationale Beziehungen und gehen zunächst von ihrer Funktion innerhalb des Fußballgeschäfts aus. Sie verstehen die Berater primär als Advokaten, die die Position des Spielers gegenüber dem Verein und somit auch den Gatekeepern gegenüber vertreten. Als problematisch erscheint, dass das Honorar des Spielerberaters prozentual an den Vertrag des Spielers und an Transfergelder gekoppelt ist. In den Interviews wird betont, dass die Berater deshalb die finanziellen Interessen des Spielers bestens Vertreten können, denn sie sind mit ihren eigenen deckungsgleich. Das gilt jedoch nicht gleichermaßen für die Entwicklungsmöglichkeiten des Spielers, da sich hier die Interessen nicht unbedingt überschneiden, da hohe Saläre nicht automatisch mit förderlichen Entwicklungsbedingungen einhergehen. Welche Bedeutung die Berater tatsächlich für die psychosoziale Entwicklung der jungen Talente haben, kann aus der Perspektive der Gatekeeper nicht geklärt werden und verlangt eine Untersuchung der Beziehung zwischen den beiden Subjekten. Es kann davon ausgegangen werden, dass je eher die Berater in das Netzwerk der Jugendlichen eintreten und die Spieler langfristig begleiten, desto prägender ist ihr Einfluss auf deren Entwicklung. Keineswegs sind die zweckrationalen Beziehungen, wie die zum Berater, überflüssig. Gerade in einem so unübersichtlichen Tätigkeitsfeld, das größtenteils im Verborgenen stattfindet, erhalten Berater, die sich (vermeintlich) in dem Geschäftsfeld auskennen, ihre Berechtigung. Zudem stellen sie über ihr eigenes Netzwerk Kontakte zu den anderen Vereinen und potentiellen Arbeitgebern her. Hierin liegt die Stärke der vermutlich eher „schwachen Beiziehung" zwischen Talent und Berater (siehe Kapitel 4.2). Wenn der Berater des Spielers aus seinem engen Familienumfeld stammt, kann selbstverständlich nicht von einer schwachen Beziehung gesprochen werden.

10.5. Individualität in kollektiven Prozessen

Es herrscht eine Tendenz zur Individualisierung der Förderung im Training, die mit der faktischen Verschiedenheit der zu Fördernden in ihrem jeweiligen (sozialen) Kontext bergründet wird.[9] Der Einzelne und sein jeweiliger Beitrag zur kollektiven Leistung werden unter dem Begriff der Individualisierung besonders herausgestellt. Im Training bezieht sie sich darauf, die Anforderungen den unterschiedlichen Lernprozessen und dem jeweiligen Entwicklungsstand des Spielers anzupassen, denn diese sind nie für die gesamte Mannschaft gleich. Einzelne Aspekte und Voraussetzungen, wie Muskelaufbau und einzelne Techniken lassen sich durchaus individuell trainieren, wenn es jedoch um deren Anwendungen in der fußballerischen Praxis geht, sind diese nie losgelöst von Mit- und Gegenspieler zu erlernen. Die Möglichkeit eines individualisierten Trainings ist de facto begrenzt, denn die fußballerische Praxis ist eine soziale. Sie steht demnach in der kollektiven Abhängigkeit, ebenso wie in der des Einzelnen. Schmidt geht davon aus, dass sich Individuelles und Kollektives in der sozialen Praxis aufhebt. Denn durch den Vollzug entstehen immer wieder gemeinsame Vorstellungen über die richtige Ausführung der Bewegungsschemata, die den Fußball auszeichnen.

„Am Beispiel des Fußballspiels lassen sich diese Konzeption und die mit ihr gegebenen analytischen Perspektiven auf Prozesse der Übertragung von Schemata gut veranschaulichen: Das Spielgeschehen wird, sieht man einmal von dessen räumlichen, materiellen und institutionalisierten Trägern und Kontexten ab, von einer wechselseitigen Aufmerksamkeit aller Spielerinnen aufrechterhalten. Im praktischen Vollzug des Spiels beurteilen und behandeln die Spieler die Aktionen ihrer Mit- und Gegenspieler als adäquate Ausführungen der Praktik des Fußballspielens. Hin und wieder gibt es Aktionen, die sich auf

---

[9] So lautete bspw. das Thema des Internationalen Trainer Kongresses 2013 in Bremen „Individualisierung des Trainings – eine Voraussetzung für Höchstleistung im Fußball"

der Grenze bewegen, und andere, die ganz herausfallen.... Zusammengenommen wird durch solche fortlaufenden Abweichungen sowie durch deren praktische Kritik und Korrektur im praktischen Vollzug stets aufs neue ein gemeinsam geteiltes Verständnis über die richtige Ausführung des Fußballspiels erzeugt" (Schmidt, 2012, S.218).

Dass eine Mannschaft mehr ist als die summierte Qualität der einzelnen Spieler, zeigen aktuelle Forschungen (Swaab et al., 2014). Für Teamleistungen ist es nur bis zu einem gewissen Punkt sinnvoll, die „besten" Spieler in einem Team zu versammeln. Weitere Stars führen nicht mehr zu einer Steigerung der kollektiven Leistung. Die Gesamtleistung kann sogar unter der Hinzunahme weiterer, individuell besserer Spieler leiden. Dies bezeichnen die Autoren um Saab als Too-Much-Talent-Effekt. Er gilt allerdings nur für Mannschaftssportarten, in denen kollektive Prozesse erbracht werden müssen und eine wechselseitige Abhängigkeit besteht. Der Schlüssel liegt wohl in der gegenseitigen Unterstützungsleistung (Swaab et al., 2014). Sobald Spieler nicht bereit sind, sich gegenseitig zu unterstützen, schwächt dies die kollektive Leistung. Die logische Schlussfolgerung aus diesen Erkenntnissen muss sein, die sozialen Kompetenzen (Unterstützungsleistungen) in die Bewertungsprozesse von Spielern und deren fußballerische Qualität miteinzubeziehen.

Die Beobachtungen der Gatekeeper deuten darauf hin, dass die notwendige soziale Orientierung und Wahrnehmung durch die gesellschaftlichen Individualisierungsprozesse, die sich auch in der Talentförderung niederschlagen, nicht mehr automatisch von den Spielern mitgebracht wird. Gemeinschaftlichkeit, die sich schließlich in der praktischen gegenseitigen Unterstützung (bei aller Konkurrenz) zeigt, muss erst erlernt und produziert werden, wobei die Trainer, Betreuer und Funktionäre dabei eine zentrale Vorbildfunktion einnehmen.

10.6. Kohärente Entwicklungsprozesse als Leitbild gesunder Talentförderung

Der Schlüssel, der die Entwicklungsvorgänge, die in der Statuspassage stattfinden, in ihrem gesundheitlichen Bezug zugänglich macht, ist die Kohärenz. In der Betrachtung der Kohärenz fügen sich die eigenen Ansprüche und Zielsetzungen des Talents, gegebene Aufgabenstellungen und der Aufbau adäquater Ressourcen ineinander. Das Konzept der Kohärenz ermöglicht dem Wissenschaftler, wie dem Praktiker, die Entwicklung des Talents (und dadurch die sportlichen Karriereverläufe) zu analysieren und die Leistungsorientierung hinsichtlich psychosozialer Aspekte der Gesundheit zu relativieren. Das Leitbild der Talentförderung kann nicht einzig die Orientierung auf den Lizenzspielerstatus und die Bundesliga sein. Denn es würde der Wirklichkeit, in der nur ein Bruchteil der Geförderten diesem Anspruch genügen wird, nicht gerecht. Genauso unsinnig ist es den sportlichen Leistungsbezug aus den Ansprüchen der Talentförderung auszuklammern. Der intersubjektive Vergleich, die natürlichen Grenzen der eigenen (und kollektiven) Leistungsfähigkeit und deren Überschreitung und Verschiebung machen schließlich den Reiz leistungssportlicher Betätigung aus. Wenn jedoch die Kohärenz als Leitbild der Talentförderung dient, muss die dominante Bundesligaorientierung nicht ausgeklammert werden, denn sie ist in den gegebenen Anforderungen und als treibende Kraft der Subjekte, wie ausführlich gezeigt wurde, enthalten.

Kohärent ist die Entwicklung dann, wenn die gegebenen Anforderungen vom Spieler als solche erkannt, verstanden und angenommen werden. Der Spieler selbst muss bereit sein in der Auseinandersetzung mit diesen Anforderungen, die Ausbildung eigener Fähigkeiten als Teil seiner eigenen Stärke zu betreiben. In der Ausbildung der eigenen Stärke zeigt sich für das Subjekt die Sinnhaftigkeit der Bearbeitung der Anforderungen. Der Talentbegriff enthält unter Einbeziehungen der Kohärenz allerdings auch einen verpflichtenden Anteil das eigene Potential zu entfalten. Es gilt entsprechend den gegebenen Anforderungen und den eigenen Möglichkeiten das jeweils Machbare umzusetzen. In dem was machbar ist, vereinigen sich die notwendigen und die anvisierten Aufgabenstellungen. Neben der Verpflichtung das Machbare anzugehen, zeigt sich in dem Vollzug des Machbaren die eigene Stärke und relativiert diese. In dem Vollzug wird deutlich, ob es sich nur um eine vorgestellte oder eine „geliehene Stärke" handelt. Das Machbare anzugehen, duldet keinen langen Aufschub sondern es drängt zur Bearbeitung und kann nicht auf die lange Bank geschoben werden; es ist also nicht dilatorisch zu behandeln.

Abbildung 20 Kohärente Leistungsentwicklung (eigene Darstellung)

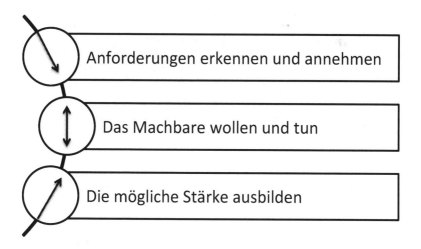

Die Bewältigungsmuster, die in Kapitel 9.3. dargestellt und in Tabelle 11 zusammengefasst sind, liefern einen Ansatz wie die Entwicklungsprozesse der Talente hinsichtlich der enthaltenen Kohärenz geordnet werden können. Der

10. Diskussion

Bewältigungsvorgang selbst ist eine soziale Praktik und ist dementsprechend den Beobachtungen des Fachpersonals zugänglich. Eine wesentliche Aufgabe für die handelnden Akteure in den Vereinen ist es, rechtzeitig zu erkennen, wenn die Entwicklung des Spielers nicht mit den eigenen und äußeren Ansprüchen und den gesetzten Aufgaben schritthalten kann oder umgekehrt. Sofern die Bewältigungsmuster Merkmale der „geliehenen Stärke" oder „dilatorischen Problembehandlung" aufweisen, gilt es ggf. gemeinsam mit dem Spieler den Verlauf der Statuspassage anzupassen, bzw. zumindest Unterstützungsleistungen anzubieten, die zu Bewältigungsvorgängen in Richtung „kohärente Aufwärtsentwicklung" und „souveräne Handlung" führen. Wenn es zu Bewältigungsvorgängen kommt, die in Richtung „schützender Flucht" bzw. „öffnender Kapitulation" tendieren, ist es eher schwierig für die Gatekeeper in den jeweiligen Vereinen, die Spieler weiterhin begleiten zu können, da sie den Zugriff auf die Talente u.U. bereits verloren haben.

Im Wesentlichen haben die vorrangegangenen Forschungen zum Selbstkonzept der Fußballtalente (siehe Kapitel 3.3.1) drei zentrale Vorgänge, über die komplizierten Sozialbeziehungen hinaus, aufgedeckt, die eine kohärente Entwicklung des Talents erschweren und zu Irritation und Verunsicherung führen.

1. Das medial konstruierte Bild des Spielers in der Öffentlichkeit widerspricht dem eigenen Selbstkonzept. Dies bezieht sich sowohl auf die Wahrnehmung und Bewertung der eigenen sportlichen Leistung, als auch auf charakterliche Darstellungen der eigenen Person in den Medien.

2. Die schwankenden Leistungen im Juniorenalter passen nicht zu den eigenen und äußeren Ansprüchen (Bundesligaorientierung). Schwankende Leistungen sind allerdings in jungen Jahren völlig normal und stabilisieren sich sukzessive während der Statuspassage in den Seniorenfußball.

3. Die Ungleichzeitigkeit von fußballerischen Lernprozessen, die im Juniorenalter gemacht werden müssen und deren Nutzen sich erst in der Statuspassage zum Seniorenfußball zeigt, führt im Juniorenalter zur Entfremdung von der sportlichen Handlung.

Zu Punkt 1. und 2.: Im Sinne einer gesunden psychosozialen Entwicklung des Talents ist es Ziel und Bedingung, Kohärenz herzustellen (siehe Kapitel 3.3.2). Dies ist in Anlehnung an die Ausarbeitungen von Keupp, Aufgabe alltäglicher Identitätsarbeit (Keupp, 2008). Unterstützung findet das Talent in den stabilen Beziehungen, in denen es eine gewisse Basissicherheit (siehe Kapitel 10.5) in Bezug auf sein Selbstkonzept erfährt. Diese (Selbst-)Sicherheit hilft die irritierenden (Selbst-)Erfahrungen in einer Metaebene kohärent aufzuarbeiten. Kohärenz ist also mehr ein Prozess der Aufarbeitung widersprüchlicher Erfahrungen, als ein Zustand der Ausgeglichenheit. Die Spieler sehen sich mit der Schwierigkeit konfrontiert, dass zuweilen das mediale Bild ihrer Person ihren eigenen Selbsterfahrungen und auch der Bewertung der eigenen sportlichen Leistung nicht entspricht. Dies kann sowohl in der Überhöhung der eigenen Möglichkeiten als auch in der vernichtenden Kritik geschehen. Wenn die alltäglichen Trainingsleistungen nicht zu dem löblich heroischen Zeitungsbericht des bevorstehenden Spiels passen oder die Note in der Fachpresse nicht den eigenen Einschätzungen der vorangegangen Leistung entspricht, ist es Aufgabe der Identitätsarbeit dies in einer Metaebene wieder zusammenzuführen. Diese Vorgänge geschehen nicht automatisch sondern müssen in alltäglicher Auseinandersetzung erzeugt und erarbeitet werden. Dies geschieht einerseits in einer inneren Dimension der Synthesearbeit in Form von Konstruktion und Aufrechterhaltung der Kohärenz und des Gefühls von Sinnhaftigkeit und Authentizität. Hierin müssen auch die schwankenden Leistungen mit den eigenen und äußeren Erwartungen abgeglichen und eingeordnet werden. Anderseits geschieht dies nach außen in Form von Passungsarbeit, die auf Integration und Anerkennung und auf die Aufrechterhaltung der Handlungsfähigkeit hinausläuft (vgl. Keupp, 2008, S.295). Der innere Bezug kann aber nicht ohne die äußere Dimension gedacht werden (siehe Abb. 21). Unterstützend wirken hier stabile und starke Beziehungen, die Reflexivität aufgrund der geleisteten Basissicherheit ermöglichen, da hier eine gegenseitige Wertschätzung erfahren wird, die über die Anerkennung sportlicher Leistung hinausgeht (siehe Kapitel 10.4).

Abbildung 21 Kohärenzentwicklung des Talents (in Anlehnung an Struck, 2011)

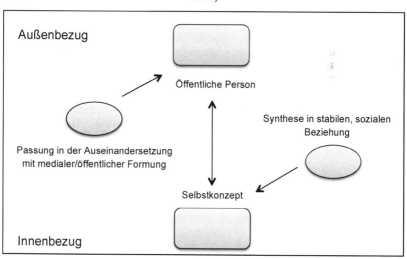

Zu Punkt 3.: Ein Phänomen, das wir in verschiedenen gesundheitlichen und pädagogischen Aufgabenstellungen finden, ist die Ungleichzeitigkeit von aktuell zu absolvierenden Lernprozessen und der sich erst zu einem (viel) späteren Zeitpunkt einstellende Nutzen, der durch die gewonnenen Fähigkeiten

10. Diskussion

entsteht. Häufig ist es für Schüler schwer nachzuvollziehen, warum sie sich in der Schule mit bestimmten mathematischen Fragestellungen beschäftigen müssen, da für sie zu diesem Zeitpunkt die erworbene Kompetenz, über den Zeitpunkt der nächsten Matheklausur hinaus, wenig nützlich erscheint. Ebenso zeigt sich der gesundheitliche Nutzen des sofortigen Verzichts auf das Rauchen u.U. erst in 40 oder 50 Jahren. Zunächst ist der Gewinn durch die Unterlassung des Rauchens nicht unmittelbar für das Subjekt zu erfahren. Die Entzugserscheinungen schwächen kurzfristig eher, als dass sie zum Wohlbefinden beitragen.

Die Lernprozesse fußballerischer Bewegungsmuster unterliegen der gleichen Problematik. Spieler können sich im Jugendalter häufig aufgrund einer überlegenden Schnelligkeit und körperlichen Konstitution gegen gleichaltrige Gegenspieler durchsetzen. Insbesondere, da sie für die Leistungszentren, aufgrund ihrer aktuellen und nicht ihrer zukünftigen Leistungsfähigkeit ausgewählt wurden (siehe Kapitel 3.). Deswegen sind Aktionen und Bewegungsabläufe, die auf individueller physischer Überlegenheit basieren, im Juniorenfußball häufig erfolgreich. Dementsprechend ergeben sie zu diesem Zeitpunkt für das Individuum Sinn. Mit dem Aufstieg in der Leistungshierarchie und spätestens im Übergang in den Seniorenfußball relativiert sich die individuelle Überlegenheit, so dass die erlernten Bewegungsmuster und die entsprechenden Fähigkeiten nicht mehr zwangsweise erfolgreich sind. Daher müssen die Spieler Bewegungsmuster erlernen, die mehr auf Zusammenspiel ausgelegt und auch zu einem späteren Zeitpunkt erfolgsversprechend sind. Sich die entsprechenden Fähigkeiten im Juniorenalter anzueignen, ist für die Spieler jedoch schwierig zu begreifen, da sie in dem Moment den individuellen Bewegungsmustern nicht überlegen sind. Der Nutzen zeigt sich erst zu einem späteren Zeitpunkt. Wenn dieser für den Spieler nicht unmittelbar in der Situation erfahrbar ist, führt dies tendenziell zu Entfremdungsprozessen. Hier liegt die Gefahr, dass das Gefühl der Sinnhaftigkeit der fußballerischen Tätigkeit für den Spieler verloren geht. Es besteht die Gefahr, dass die Spieler den spielerischen Vollzug der Bewegungshandlung nicht als selbstbestimmt erleben, sondern vom Jugendtrainer auferlegt. Es kann davon ausgegangen werden, dass das Problem der Ungleichzeitigkeit und der folgenden Entfremdung zur eigenen Handlung im Sportspiel Fußball, aufgrund der primär erfahrungsbasierten Lernprozesse, kein seltenes Phänomen ist. Dementsprechend ist der Fußballlehrer gefordert, die zukünftige Relevanz von Bewegungsmustern, die auf Zusammenspiel ausgelegt sind, durch vielfältige Visualisierung seinen Schützlingen zu verdeutlichen. Auch der direkte Vergleich mit Spielern, die über eine ähnliche Konstitution verfügen, macht die Sinnhaftigkeit solcher Bewegungsmuster für die eigenen Spieler am eigenen Leibe nachvollziehbar.

11. Kritische Einordnung und Ausblick

Der gewählte Forschungsansatz zur inhaltlichen Systematisierung der Statuspassage vom Juniorenfußball in den Senioren-/Profifußball, die über eine rein deskriptive Analyse von Übergangsverläufen hinausgeht, erwies sich als praktikabel und äußerst effizient. Es ist gelungen, den komplexen Entwicklungsprozessen, die in der Bewältigung der Statuspassage stattfinden, hinreichend gerecht zu werden, indem die Übergangsvorgänge formal gegliedert und sie qualitativ gefüllt wurden. Ein solcher Ansatz ist in der bisherigen nationalen und internationalen Forschungslandschaft zur Talentförderung unikal und insbesondere in seiner praktischen Bedeutung wegweisend. Es zeigt sich deutlich, dass Bewältigungsprozesse und der damit einhergehende Aufbau psychosozialer Ressourcen einer langfristigen Förderung und kontinuierlicher Bearbeitung bedürfen, die über den eigentlichen Übergang hinausgehen. Eine langfristige Dimension in die Ausbildung der Talente einzubauen, erfordert ein Umdenken innerhalb der Branche von einer derzeit (noch immer) vorherrschenden Dominanz der Selektion hin zu einer Kultur der Förderung. Die vorgelegte Arbeit kann als Beitrag zu einer solchen angesehen werden.

Zudem stellt die Befragung der Gatekeeper in ihrer Zuspitzung auf den zentralen Übergang in der Talentförderung eine wesentliche Aufwertung und Ergänzung der bisherigen talentzentrierten Untersuchungsansätze des abgeschlossenen Forschungsprojekts „Bewältigungsressourcen und Leistungsentwicklung" dar. Die zugewonnenen Ergebnisse bilden eine solide Grundlage, die Statuspassage zukünftig näher zu beleuchten. Darauf aufbauend sind Ansätze zu verfolgen, die die Entwicklungsprozesse im Übergang nun wieder vom Subjekt aus fassen bzw. dieses zumindest einbeziehen und die Erkenntnisse zur Statuspassage aus dieser Sichtweise komplementieren. Wenn die Entwicklungsvorgänge aus der Perspektive des Talents betrachtet werden, können die beschriebenen Entwicklungsaufgaben, Ressourcen und Bewältigungsstrategien um die Zielvorstellungen und Bewertungen des Subjekts angereichert werden. Dies scheint insbesondere sinnvoll, um eine präzisere Differenzierung der verschiedenen Entwicklungsaufgaben zu erreichen. So ist die Entwicklung von Selbstständigkeit sowohl eine allgemeine Entwicklungsaufgabe als auch eine fußballerische Anforderung. Doch scheint Selbstständigkeit in Bezug auf alltägliche Handlungen, wie Arzttermine zu organisieren, alleine mit dem Bus zu fahren oder sich selbst zu versorgen, eine andere Form der Selbstständigkeit als diejenige, die auf dem Fußballplatz gefragt ist. Worin unterscheiden sich die Formen der Selbstständigkeit und worin liegen die Gemeinsamkeiten, inwiefern bedingen sie einander, gibt es Übertragungsprozesse, so dass das Talent in beiden Lebensbereichen profitiert? Dies gilt es genauer zu klären.

Weitere Forschungsansätze, die im aufgezeigten Kontext der Karriereübergänge und Talententwicklung interessant werden, sind folgende:

11. Kritische Einordnung und Ausblick

1. Eine prospektive Kohortenstudie ist angezeigt, die die Bedeutung des sozialen Netzwerks in Bezug auf die Bewältigung und die Leistungsentwicklung innerhalb der kritischen Statuspassage beleuchtet und aufnimmt. Der Ansatz eignet sich, die jeweiligen Auseinandersetzungen mit den Anforderungen der Sequenzen genauer zu differenzieren und die tatsächlichen Verläufe mit den jeweiligen Bewältigungsprozessen zu verbinden.

2. Weitere Aufschlüsse über das soziale Netzwerk des Talents können Untersuchungen geben, die die Beziehungen zwischen den jeweiligen Beziehungspartnern fokussieren. Insbesondere die Beziehungen zwischen Beratern und Talenten werden mit Blick auf die frühzeitigen Professionalisierungstendenzen der Talentförderung als lohnender Forschungsgegenstand erachtet, der bis dato wenig Beachtung gefunden hat. Gleiches gilt für die Peerbeziehungen der Spieler, die nur vereinzelt international untersucht wurden (siehe Kapitel 3.4.3) und in Deutschland stiefmütterlich behandelt werden.

3. Weiterhin erscheint es sinnvoll, Gruppeninterviews mit den verschiedenen beteiligten Gatekeepern zu führen, um zu klären, wie die Aushandlungsvorgänge zwischen den verschiedenen Akteuren der Talentförderung und Lizenzmannschaften verlaufen, die zur Existenz des Zwischenstatus führen.

4. Die psychosozialen Lernprozesse, die in der alltäglichen Fußballpraxis stattfinden, bedürfen einer weiteren, in der sportwissenschaftlichen Forschung bisweilen nicht sonderlich etablierten Methodik - der teilnehmenden Beobachtung.

„Praxeologische Ansätze vollziehen demgegenüber einen methodischen Blickwechsel. Sie betrachten die sozialen Praktiken als die entscheidenden Bau- und Schauplätze des Sozialen. Demnach existieren und realisieren sich soziale Strukturen, die Handlungen nicht nur einschränken, sondern zugleich auch ermöglichen, nur in sozialen Praktiken" (Schmidt, 2012, S.217).

Insgesamt sind die Bemühungen der Talentförderung vielversprechend. Die junge Trainergeneration scheint aufgeschlossen und ist so gut ausgebildet wie keine vor ihr. Gesundheitliche und vor allem psychosoziale Aspekte werden sukzessive als bedeutende Stellschrauben der Talentförderung anerkannt. Nun bleibt zu hoffen, dass die sportwissenschaftliche Forschung sich der Komplexität der sozialen Praxis annimmt und sich adäquaten methodischen Ansätzen nicht verschließt. Die derzeitige Offenheit der Praktiker sollte als Chance für die wissenschaftliche Begleitung verstanden und genutzt werden mit dem Ziel, Synergien für eine langfriste und nachhaltige Talentförderung zu erzeugen.

Literaturverzeichnis

Abrahamsen, F. E., Roberts, G. C., Pensgaard, A. M. & Ronglan, L. T. (2008). Perceived ability and social support as mediators of achievement motivation and performance anxiety. *SMS Scandinavian Journal of Medicine & Science in Sports*, 18(6), 810-821.

Alfermann, D., Lee, M. J. & Würth, S. (2005). Perceived leadership behavior and motivational climate as antecedents of adolescent athletes' skill development. *Athletic Insight: The Online Journal of Sport Psychology*, 7(2), 1-22.

Alfermann, D., Würth, S. & Saborowski, C. (2002). Soziale Einflüsse auf die Karriereentwicklung im Jugendleistungssport: Die Bedeutung von Eltern und Trainern. *Psychologie und Sport*, 9(2), 50-61.

Allmer, H. (1985). Entwicklungspsychologie aus handlungstheoretischer Sicht: Implikationen für die Theoriebildung und Forschungskonzeption. *Psychologische Rundschau*, 36(4), 181-190.

Amesberger, G. (2003). *Persönlichkeitsentwicklung durch outdoor-aktivitäten? : Untersuchung zur Persönlichkeitsentwicklung und Realitätsbewältigung bei sozial Benachteiligten*. Butzbach-Griedel: Afra-Verlag.

Antonovsky, A. & Franke, A. (1997). *Salutogenese : Zur Entmystifizierung der Gesundheit*. Tübingen: DGVT-Verlag.

Atkinson, J. W. (1966). *A theory of achievement motivation*. New York u.a.: Wiley.

Avenarius, C. B. (2010). Starke und Schwache Beziehungen. In C. Stegbauer & R. Häußling (hrsg.). *Handbuch Netzwerkforschung* (S.99-111). Berlin [u.a.]: Springer.

Bauman, Z. (2003). *Flüchtige Moderne*. Frankfurt am Main: Suhrkamp.

Baumann, S. (2009). *Psychologie im Sport*. Aachen: Meyer & Meyer Verlag.

Beck, U. (2006). *Risikogesellschaft : Auf dem Weg in eine andere Moderne*. Frankfurt am Main: Suhrkamp.

Biermann, C. & Fuchs, U. (1999). *Der Ball ist rund, damit das spiel die Richtung ändern kann*. Köln: Kiepenheuer & Witsch.

Blümel, S. & Franzkowiak, P. (2011). *Leitbegriffe der Gesundheitsförderung und Prävention : Glossar zu Konzepten, Strategien und Methoden*. Werbach-Gamburg: Verlag für Gesundheitsförderung.

Boardley, I. D. & Jackson, B. (2012). When teammates are viewed as rivals: A cross-national investigation of achievement goals and intrateam moral behavior. *Journal of Sport & Exercise Psychology, 34*(4), 503-524.

Bogner, A. (2009). *Experteninterviews : Theorien, Methoden, Anwendungsfelder.* Wiesbaden: VS Verlag für Sozialwissenschaften.

Bortoli, L., Bertollo, M., Comani, S. & Robazza, C. (2011). Competence, achievement goals, motivational climate, and pleasant psychobiosocial states in youth sport. *Journal of Sports Sciences,* 29(2), 171-180.

Brinkhoff, K. (1998). *Sport und Sozialisation im Jugendalter : Entwicklung, soziale Unterstützung und Gesundheit.* Weinheim [u.a.]: Juventa.

Buchwald, P., Schwarzer, C. & Hobfoll, S. E. (2004). *Stress gemeinsam bewältigen.* Göttingen: Hogrefe, Verlag für Psychologie.

Cachay, K., Borggrefe, C. & Thiel, A. (2007). Ergebnisse eines Forschungsprojektes zur Sozialkompetenz von Trainerinnen und Trainern im Spitzensport. In J. Mester, T. Sommerhäuser & S.-D. Tandi (Red.). *Sport ist Spitze (21. Internationaler Workshop Reader zum Sportgespräch 12. und 13. Juni 2006, Köln)* (S.55-72). Aachen: Meyer & Meyer.

Conroy, D. E., Kaye, M. P., & Coatsworth, J. D. (2006). Coaching climates and the destructive effects of mastery-avoidance achievement goals on situational motivation. *Journal of Sport & Exercise Psychology,* 28 (1), 69-92.

Conzelmann, A. (2001). *Sport und Persönlichkeitsentwicklung : Möglichkeiten und Grenzen von Lebenslaufanalysen.* Schorndorf: Hofmann.

Conzelmann, A. & Müller, M. (2005). Sport und Selbstkonzeptentwicklung. *Zeitschrift für Sportpsychologie, 12*(4), 108-118.

Curran, T., Appleton, P. R., Hill, A. P. & Hall, H. K. (2011). Passion and burnout in elite junior soccer players: The mediating role pf self-determined motivation. *Psychology of Sport an Exercise,* 12(6), 655-661.

Deci, E. L. & Ryan, R. M. (1993). Die Selbstbestimmungstheorie der Motivation und ihre Bedeutung für die Pädagogik. *Zeitschrift Für Pädagogik, 39*(2), 223-238.

Deci, E. L., & Ryan, R. M. (1985). *Intrinsic motivation and self-determination in human behavior.* New York, NY u.a.: Plenum Press.

DeFreese, J. D. & Smith, A. L. (2013). Teammate social support, burnout, and self-determined motivation in collegiate athletes. *Psychology of Sport & Exercise,* 14(2), 258-265.

Detel, W. (2007). *Grundkurs Philosophie. Band 5: Philosophie des Sozialen.* Stuttgart: Reclam.

Deusinger, I. M. (1986). *Die Frankfurter Selbstkonzeptskalen (FSKN): Handanweisung*. Göttingen (u.a.): Hogrefe.

Deutscher Fußball-Bund (DFB) (2014a). DFB-Mitgliederstatistik. Retrieved from http://www.dfb.de/verbandsstruktur/mitglieder/ [24.09.2104].

Deutscher Fußball-Bund (DFB) (2014b). Zuschauerzahlen Bundesliga. Retrieved from http://www.dfb.de/index.php?id=11015 [24.09.2014].

Deutscher Fußball-Bund (DFB) (2014c). Jugendordnung. Retrieved from http://www.dfb.de/fileadmin/_dfbdam/11941-08_Jugendordnung.pdf [03.09.2014].

Deutsche Fußball Liga (DFL) (2014a). *Anhang V zur LO. Stand 25.03.2014.*

Deutsche Fußball Liga (DFL) (2014b). *Lizenzordnung Spieler (LOS).*Stand 25.03.2014.

Ecirli, H. (2012). *Entwicklungsaufgaben im Jugendalter : Analysen ihrer differentiellen Wahrnehmung und Bewältigung bei 13- bis 17-jährigen*. Hamburg: Dr. Kovač.

Ellison, N. B., Steinfield, C. & Lampe, C. (2007). The benefits of facebook "friends:" social capital and college students' use of online social network sites. *Journal of Computer-Mediated Communication,* 12(4), 1143-1168.

Erikson, E. H. (1970). *Identität und Lebenszyklus : Drei Aufsätze*. Frankfurt a. M.: Suhrkamp.

Felden, v. H. (2010). Übergangsforschung in qualitativer Perspektive: Theoretische und methodische Ansätze. In H. von Felden & J. Schiener (Hrsg.). *Transitionen - Übergänge vom Studium in den Beruf . Zur Verbindung von qualitativer und quantitativer Forschung* (S. 21-41). Wiesbaden: VS Verl. für Sozialwissenschaften.

Fend, H. (1990). *Vom Kind zum Jugendlichen: Der Übergang und seine Risiken*. Bern: Huber.

Fend, H. (2000). *Entwicklungspsychologie des Jugendalters : Ein Lehrbuch für pädagogische und psychologische Berufe*. Opladen: Leske + Budrich.

Flick, U., von Kardorff, E. & Keupp, H. (1995). *Handbuch qualitative Sozialforschung: Grundlagen, Konzepte, Methoden und Anwendungen*. Weinheim: Beltz.

Franke, A. (2007). *Modelle von Gesundheit und Krankheit*. Bern: Huber.

Frintrup, A. & Schuler, H. (2007). *Sportbezogener Leistungsmotivationstest : SMT*. Göttingen: Hogrefe.

Fussan, N. (2006). Qualität der Peerbeziehungen von Jugendlichen: Sportvereinsmitglieder und Nichtmitglieder im Vergleich. *Sport und Gesellschaft*, 3(3), 262-282.

Gabler, H. (1981). *Leistungsmotivation im Hochleistungssport.*. Schorndorf: Hofmann.

Gennep, A. v. (2010). Übergangsriten (les rites de passage). In D. Kimmich, S. Schahadat & T. Hauschild (Hrsg.). *Kulturtheorie* (S 29-38). Bielefeld: trascript.

Gerlach, E. (2008). *Sportengagement und Persönlichkeitsentwicklung : Eine längsschnittliche Analyse der Bedeutung sozialer Faktoren für das Selbstkonzept von Heranwachsenden.* Aachen: Meyer & Meyer Verlag.

Gläser, J. & Laudel, G. (2006). *Experteninterviews und qualitative Inhaltsanalyse als Instrumente rekonstruierender Untersuchungen.* Wiesbaden: VS, Verlag für Sozialwissenschaften.

Gläser, J. & Laudel, G. (2009). Wenn sich zwei das Gleiche sagen : Qualitätsunterschiede zwischen Experten. In A. Bogner, B. Littig & W. Menz (Hrsg.). *Experteninterviews* (S.137-158). Heidelberg: Springer.

Glaser, B. G. & Strauss, A. L. (1971). *Status passage.* Chicago: Aldine, Atherton.

Göppel, R. (2005). *Das Jugendalter : Entwicklungsaufgaben, Entwicklungskrisen, Bewältigungsformen.* Stuttgart: Kohlhammer.

Granovetter, M. (1983). The strength of weak ties: A network theory revisited. *Sociological Theory*, 1(1), 201-233.

Gucciardi, D. F. (2010). Mental toughness profiles and their relations with achievement goals and sport motivation in adolescent australian footballers. *Journal of Sports Sciences*, 28(6), 615-625.

Hacker, W. (1973). *Allgemeine Arbeits- und Ingenieurpsychologie : Psychische Struktur und Regulation von Arbeitstätigkeiten.* Berlin: Deutscher Verlag der Wissenschaft.

Harttgen, U. & Milles, D. (2004). Leistungsbereitschaft und bewältigungsressourcen. überlegungen zur talentförderung im Fußball. *Leistungssport*, (4), 5-13.

Harttgen, U. (2010). *Psychologische Aspekte der Entwicklung jugendlicher Leistungsfußballer. Bremerhaven:* Wirtschaftsverlag NW.

Harttgen, U., Milles, D. & Struck, H. (2010). *"... Und dann werde ich doch Profi..." : Empirische Grundlagen zur komplexen Talentförderung im Fußball.* Bremerhaven: Wirtschaftsverlag NW.

Havighurst, R. J. (1979). *Developmental tasks and education.* New York [u.a.]: Longman.

Heckhausen, H. (1974). *Leistung und Chancengleichheit:* Göttingen: Hogrefe Verlag für Psychologie.

Heckhausen, H. (1989). *Motivation und Handeln: 52 Tabellen* (2. ed.). Berlin [u.a.]: Springer.

Heckhausen, H. & Gollwitzer, P. M. (1987). *Jenseits des Rubikon: Der Wille in den Humanwissenschaften.* Berlin [u.a.]: Springer.

Heesen, C., Berger, B., Hamann, J. & Kasper, J. (2006). Empowerment, Adhärenz, evidenzbasierte Patienteninformation und partizipative Entscheidungsfindung bei MS-Schlagworte oder Wegweiser? *Neurologie Und Rehabilitation, 12*(4), 232-238.

Heinz, W. R., Huinink, J. & Weymann, A. (2009). *The life course reader: Individuals and societies across time.* Frankfurt/Main [u.a.]: Campus-Verlag.

Hodge, K., Allen, J. B. & Smellie, L. (2008). Motivation in masters sport: Achievement and social goals. *Psychology of Sport and Exercise, 9*(2), 157-176.

Hoffmann, A. (2008). Die Bedeutung von Trainern und anderen Sozialisationsagenten für jugendliche Sportler. *Sport und Gesellschaft, 5*(1), 3-26.

Hohmann, A. (2009). *Entwicklung sportlicher Talente an sportbetonten Schulen : Schwimmen, Leichtathletik, Handball.* Petersberg: Imhof.

Hollstein, B. (2007). Sozialkapital und Statuspassagen : Die Rolle von institutionellen Gatekeepern bei der Aktivierung von Netzwerkressourcen. In J. Lüdicke & M. Diewald (Hrsg.). *Soziale Netzwerke und soziale Ungleichheit (S.*53-83). Berlin [u.a.]: Springer.

Holt, N., Mitchell, T. & Button, C. (2006). Talent development in english professional soccer. *International Journal of Sport Psychology, 37*(2/3), 77-98.

Holt ,N. L. & Dunn, J.G. (2004). Toward a grounded theory of the psychosocial competencies and environmental conditions associated with soccer success. Journal of Applied Sport Psychology, 16(3), 199-219.

Höner, O. & Feichtinger, P. (2011). *Übergangsproblematik im deutschen Fußball. Endbericht zur Pilotstudie: Deskriptive Analyse des Übergangs vom Junioren- in den Senioren- bzw. Profibereich.* Unveröffentlichter Projektbericht, Deutscher Fußball-Bund (DFB).

Höner, O. (2005). *Entscheidungshandeln im Sportspiel Fußball : Eine Analyse im Lichte der Rubikontheorie.* Schorndorf: Hofmann.

Hopf, C., Rieker, P., Sanden-Marcus, M. & Schmidt, C. (1995). Familie und Rechtsextremismus : Familiale Sozialisation und rechtsextreme Orientierung junger Männer. Weinheim & München: Juventa.

Hopf, C. (1993). Rechtsextremismus und Beziehungserfahrungen. *Zeitschrift Für Soziologie, 22*(6), 449-463.

Hopf, C. & Schmidt, C. (Hrsg.) (1993): Zum Verhältnis von innerfamilialen sozialen Erfahrungen, Persönlichkeitsentwicklung und politischen Orientierungen. Dokumentation und Erörterung des methodischen Vorgehens in einer Studie zu diesem Thema. Institut für Sozialwissenschaften der Universität Hildesheim. Retrieved from http://w2.wa.uni-hannover.de/mes/berichte/rex93.htm [24.09.2014].

Hopf, C. & Weingarten, E. (Hrsg.) (1993). *Qualitative Sozialforschung.* Stuttgart: Klett-Cotta.

Hurrelmann, K. (2007). *Lebensphase Jugend : Eine Einführung in die sozialwissenschaftliche Jugendforschung.* Weinheim (u.a.): Juventa-Verl.

Joas, H. & Knöbl, W. (2011). *Sozialtheorie: Zwanzig einführende Vorlesungen.* Frankfurt am Main: Suhrkamp.

Kämpfe, A. (2009). *Homo sportivus oeconomicus: Intrinsische und extrinsische Motivation im Verlauf von Spitzensportkarrieren.* Köln: Sportverlag Strauß.

Kardorff, E. (2006). Virtuelle Netzwerke—eine neue Form der Vergesellschaftung? In B. Hollstein & F. Straus (Hrsg.). *Qualitative Netzwerkanalyse - Konzepte, Methoden, Anwendungen* (S. 63-97). Wiesbaden: VS, Verl. für Sozialwissenschaften.

Kaufmann, J. C. (2005). *Die Erfindung des Ich: Eine Theorie der Identität.* Konstanz: UVK.

Keupp, H. (1987). *Soziale Netzwerke.* Frankfurt/Main (u.a.): Campus-Verlag.

Keupp, H. (2008). Identitätskonstruktionen in der spätmodernen Gesellschaft: Riskante Chancen bei prekären Ressourcen. *Zeitschrift für Psychodrama und Soziometrie, 7*(2), 291-309.

Kibele, A. (Hrsg.) (2006). *Nicht-bewusste Handlungssteuerung im Sport.* Schorndorf: Hofmann.

Kleine, T., Brandl-Bredenbeck, H. P. & Brettschneider, W. (2002). *Jugendarbeit in Sportvereinen : Anspruch und Wirklichkeit ; eine Evaluationsstudie.* Schorndorf: Hofmann.

Kneidinger, B. & Richter, R. (2010). *Facebook und co. : Eine soziologische Analyse von Interaktionsformen in Online Social Networks.* Wiesbaden: VS, Verlag für Sozialwiss.

Kolip, P. (1993). *Freundschaften im Jugendalter : Der Beitrag sozialer Netzwerke zur Problembewältigung.* Weinheim (u.a.):Juventa.

Krause, K. (2013). Entwicklung einer Talent Balanced Scorecard im professionellen Nachwuchsfußball: Eine triangulative Analyse zur Optimierung der Nachwuchsförderung am Fallbeispiel des VfB Stuttgart e.V. Dissertation.

Laireiter, A. R. (2009). Soziales Netzwerk. In K. Lenz & F. Nestemann (Hrsg.). *Handbuch Persönliche Beziehungen* (S.75-101). Weinheim (u.a.): Juventa.

Lavallee, D. & P. Wylleman (2000). *Career transitions in sport : International perspectives.* Morgantown: WV: Fitness Information Technology.

Lazarus, R. S. (1991). Emotion and Adaptation. London: Oxford University Press.

Lemmermöhle, D. (2006). *Passagen und Passantinnen : Biographisches Lernen junger Frauen ; eine Längsschnittstudie.* Münster (u.a.): Waxmann.

Mayring, P. (2001). Kombination und Integration qualitativer und quantitativer Analyse. *Forum Qualitative Sozialforschung / Forum Qualitative Social Research*, 2(1), Art. 6.

Menz, S. (2009). *Familie als Ressource: Individuelle und familiale Bewältigungspraktiken junger Erwachsener im Übergang in Arbeit.* Weinheim (u.a.): Juventa.

Meuser, M. & Nagel, U. (2009). Experteninterview und der Wandel der Wissensproduktion. In A. Bogner, B. Littig & W. Menz (Hrsg.). *Experteninterviews* (S. 35-60). Heidelberg: Springer.

Meyer-Abich, K. M. (2010). *Was es bedeutet, gesund zu sein: Philosophie der Medizin.* München: Hanser.

Milles, D., Harttgen, U. & Struck, H. (2011). Bewältigungsressourcen und Leistungsentwicklung - Empirische Grundlagen zur komplexen Talent- und Gesundheitsförderung. *Leistungssport, 41*(3), 41-48.

Mozygemba, K. (2011). *Die Schwangerschaft als Statuspassage : Das Einverleiben einer sozialen Rolle im Kontext einer nutzerinnenorientierten Versorgung.* Bern: Huber.

Müller, M., Schmidt, M., Zibung, M. & Conzelmann, A. (2013). Muster, Entwicklungstypen und Persönlichkeit. *Zeitschrift für Sportpsychologie, 20*(4), 150-162.

Murray, H. A. (1938). *Explorations in personality: A clinical and experimental study of fifty men of college age by the workers at the harvard psychological clinic.* New York, NY: Oxford Univ. Press.

Nave-Herz, R. (2009). Geschwisterbeziehungen. In K. Lenz & F. Nestemann (Hrsg.). *Handbuch Persönliche Beziehungen* (S.337-351). Weinheim (u.a.): Juventa.

Neckel, S. (2010). *Sternstunden der Soziologie : Wegweisende Theoriemodelle des soziologischen Denkens*. Frankfurt am Main [u.a.]: Campus-Verl.

Neuenschwander, M. P. & Frank, N. (2011). Entwicklung von Lebenszielen in der Familie. *Zeitschrift für Entwicklungspsychologie und pädagogische Psychologie, 43*(2), 68-77.

Nicholls, J. G. (1984). *The development of achievement motivation*. Greenwich, Conn. u.a.: JAI Press.

Nitsch, J. R. (2004). Die handlungstheoretische Perspektive: Ein Rahmenkonzept für die sportpsychologische Forschung und Intervention. *Zeitschrift Für Sportpsychologie, 11*(1), 10-23.

Nordmann, L. (2007). Bestandsaufnahme, Perspektiven und Erfordernisse der Trainerausbildung in Deutschland. In *Leistungssport*, 37(3), 17-21.

Ntoumanis, N., Taylor, I. M. & Thøgersen-Ntoumani, C. (2012). A longitudinal examination of coach and peer motivational climates in youth sport: Implications for moral attitudes, well-being, and behavioral investment. *Developmental Psychology; Developmental Psychology, 48*(1), 213.

Oerter, R. (1980). *Moderne Entwicklungspsychologie* (18 ed.). Donauwörth: Auer.

Ommundsen, Y., Roberts, G. C., Lemyre, P. N. & Miller, B. W. (2005). Peer relationships in adolescent competitive soccer: Associations to perceived motivational climate, achievement goals and perfectionism. *Journal of Sports Sciences, 23*(9), 977-989.

Parsons, T. (2005). *Sozialstruktur und Persönlichkeit*. Eschborn bei Frankfurt am Main: Klotz.

Pfeffer, I., Würth, S. & Alfermann, D. (2004). Die subjektive Wahrnehmung der Trainer-Athlet-Interaktion in Individualsportarten und Mannschaftsspielen. *Zeitschrift für Sportpsychologie, 11*(1), 24-32.

Prohl, R. & Emrich, E. (2009). Eliteschulen des Sports als Bildungsorganisationen einer Zivilgesellschaft. *Sportwissenschaften*, 39(3),197-209.

Radtke, T. (2001). *Talentsuche-Talentförderung: Evaluation des hessischen Landesprogrammes mit Hilfe eines trainingswissenschaftlichen Experiments*. Hamburg: Kovač.

Remplein, H. (1962). *Die seelische Entwicklung des Menschen im Kindes- und Jugendalter: Grundlagen, Erkenntnisse und pädagogische Folgerungen der Kindes- und Jugendpsychologie*. München: E. Reinhardt-Verlag.

Literaturverzeichnis

Richartz, A. (2000). *Lebenswege von Leistungssportlern: Anforderungen und Bewältigungsprozesse der Adoleszenz; Eine qualitative Längsschnittstudie*. Aachen: Meyer & Meyer.

Richartz, A. & Brettschneider, W. (1996). *Weltmeister werden und die Schule schaffen : Zur Doppelbelastung von Schule und Leistungstraining*. Schorndorf: Hofmann.

Rosenthal, O. (2013). *Die Wirkungsweise des Talentförderprogramms des DFB und die Auswirkungen auf den deutschen Profifußball: Eine Untersuchung der Zeiträume vor und nach Einführung der DFB-Talentförderung zur Überprüfung der Wirksamkeit*. Berlin: Logos.

Ryan, R. M. & Deci, E. L. (2000). Self-determination theory and the facilitation of intrinsic motivation, social development, and well-being. *American Psychologist, 55*(1), 68-78.

Sack, H. (1975). *Sportliche Betätigung und Persönlichkeit*. Hamburg: Czwalina.

Sackmann, R. & Wingens, M. (2001). *Strukturen des Lebenslaufs: Übergang, Sequenz, Verlauf*. Weinheim (u.a.): Juventa.

Schmidt, R. (2012). *Soziologie der Praktiken : Konzeptionelle Studien und empirische Analysen*. Berlin: Suhrkamp.

Schnabel, P. E. (2007). *Gesundheit fördern und Krankheit prävenieren: Besonderheiten, Leistungen und Potentiale aktueller Konzepte vorbeugenden Versorgungshandelns*. Weinheim (u.a.): Juventa.

Schneider, W., Lindenberger, U., Oerter, R. & Montada, L. (2012). *Entwicklungspsychologie*. Weinheim [u.a.]: Juventa.

Schott, U. (2010). *Auswertung der Talentförderung – Eine Bilanz mit Blick auf die WM 2010*. Münster: Philippka-Sportverlag.

Schröder, H. (1995). *Jugend und Modernisierung : Strukturwandel der Jugendphase und Statuspassagen auf dem Weg zum Erwachsensein*. Weinheim: Juventa.

Schuler, H. (1998). Berufsbezogene Leistungsmotivation. Überlegungen zum Konstrukt und erste Ergebnisse einer Testentwicklung. In L. von Rosenstiel & H. Schuler (Hrsg.). *Person - Arbeit - Gesellschaft. Festschrift für Hermann Brandstätter* (S. 23-45). Augsburg: Wißner.

Schuler, H. & Prochaska, M. (2001). *Leistungsmotivationsinventar (LMI)*. Göttingen (u.a.): Hogrefe.

Schulz, K. H., Meyer, A. & Langguth, N. (2012). Körperliche Aktivität und psychische Gesundheit. *Bundesgesundheitsblatt-Gesundheitsforschung-Gesundheitsschutz, 55*(1), 55-65.

Schuster, B. H. & Uhlendorff, H. (2009). Eltern-Kind-Beziehung im Kindes-und Jugendalter. In K. Lenz & F. Nestemann (Hrsg.). *Handbuch Persönliche Beziehungen* (S. 279-296). Weinheim (u.a.): Juventa.

Schwarzer, D. (2007). Entwicklungsverläufe und Karrieremuster im internationalen Spitzentennis. Zum Problem des Übergangs vom Junioren- in den Profibereich. Diss. Heidelberg.

Seiffge-Krenke, I. (1995). *Stress, coping, and relationships in adolescence.* Mahwah, NJ u.a.: Erlbaum.

Silbereisen, R. K. (1986). *Entwicklung als Handlung im Kontext: Entwicklungsprobleme und Problemverhalten im Jugendalter.* Technische Universität, Institut für Psychologie.

Simon, B. & Mummendey, A. (1997). Selbst, Identität und Gruppe: Eine sozialpsychologische Analyse des Verhältnisses von Individuum und Gruppe. In A. Mummendey (Hrsg.). *Identität und Verschiedenheit. Zur Sozialpsychologie der Identität in komplexen Gesellschaften* (S. 11-38). Bern: Huber.

Sinclair, D. A. & Orlick, T. (1994). The effects of transition on high performance sport. In D. Hackfort (Hrsg.). *Psycho-social issues and interventions in elite sports* (S. 29–55). Frankfurt am Main: Lang.

Smith, A. L., Balaguer, I. & Duda, J. L. (2006). Goal orientation profile differences on perceived motivational climate, perceived peer relationships, and motivation-related responses of youth athletes. *Journal of Sports Sciences, 24*(12), 1315-1327.

Soon, C. S., Brass, M., Heinze, H. J. & Haynes, J. D. (2008). Unconscious determinants of free decisions in the human brain. *Nature Neuroscience, 11*(5), 543-545.

Stauber, B., Pohl, A. & Walther, A. (2007). *Subjektorientierte Übergangsforschung: Rekonstruktion und Unterstützung biografischer Übergänge junger Erwachsener.* Weinheim (u.a.): Juventa.

Steinke, I. (2009). Gütekriterien qualitativer Forschung. In U. Flick, E. von Kardorff & I. Steinke (Hrsg.). *Qualitative Forschung. Ein Handbuch* (S. 319-331). Reinbek bei Hamburg: Rowohlt Taschenbuch Verlag.

Stoll, O., Pfeffer, I. & Alfermann, D. (2010). *Lehrbuch Sportpsychologie.* Göttingen (u.a.): Huber.

Strauss, A. L. (1991). *Grundlagen qualitativer Sozialforschung : Datenanalyse und Theoriebildung in der empirischen soziologischen Forschung.* München: Fink.

Struck, H. (2009). *Bewältigungsressourcen und Leistungsförderung im Nachwuchsleistungsfußball*. Universität Bremen: Bachelor-Thesis.

Struck, H. (2011). *Zur Kohärenz der Gesundheits- und Leistungsentwicklung – eine qualitative Untersuchung von Fußballjuniorennationalspielern*. Universität Bremen: Master-Thesis.

Struck, H., Milles, D., & Harttgen, U. (2012). Kohärente Gesundheits- und Leistungsentwicklung - eine qualitative Untersuchung von Juniorennationalspielern. In C. T. Jansen, C. Baumgart, M. W. Hoppe & J. Freiwald (Hrsg.). *Trainingswissenschaftliche, geschlechtsspezifische und medizinische Aspekte des Hochleistungsfußballs – Ableitungen für die Praxis* (S.100-108). Hamburg: Czwalina.

Struck O. (2000). Gatekeeping zwischen Individuum, Organisation und Institution. Zur Bedeutung und Analyse von Gatekeeping am Beispiel von Übergängen im Lebensverlauf. In L. Leisering, R. Müller, & K.F. Schumann, K.F. (Hrsg.). *Institution und Lebensläufe im Wandel* (S.29-54). Weinheim (u.a.): Juventa.

Swaab, R. I., Schaerer, M., Anicich, E. M., Ronay, R. & Galinsky, A. D. (2014). The too-much-talent effect: Team interdependence determines when more talent is too much or not enough. *Psychological Science, 25(8),1581-1591*.

Theweleit, K. & Biermann, C. (2006). *Tor zur Welt : Fußball als Realitätsmodell*. Köln: Kiepenheuer & Witsch.

Thiele, I. (2011). *Sozialpsychologische Aspekte der Nachwuchsleistungsförderung im Fußball*. Hamburg: Dr. Kovač.

Thomas, A. (1995). *Einführung in die Sportpsychologie*. Göttingen (u.a.): Hogrefe.

Uhlendorff, U., Spanu, S. & Spenner, C. (2009). Persönliche Beziehungen im Jugendalter. In K. Lenz & F. Nestemann (Hrsg.). *Handbuch Persönliche Beziehungen* (S. 513-527). Weinheim (u.a.): Juventa.

Ulitsch, A., Feichtinger, P. & Höner, O. (2010). Entwicklung und testtheoretische Überprüfung einer psychologischen Testbatterie zur Diagnostik von Talentmerkmalen im DFB-Talentförderprogramm. In O. Höner, R. Schreiner & F. Schultz (Hrsg.). *Schriften der deutschen Vereinigung für Sportwissenschaft. Aus- und Fortbildungskonzepte im Fußball* (S.152-158). Hamburg: Feldhaus.

Volkmann, U. (2007). Das schwierige Leben in der zweiten Moderne : Ulrich Becks "Risikogesellschaft". In U. Schimank & U. Volkmann (Hrsg.). *Soziologische Gegenwartsdiagnosen I. Eine Bestandsaufnahme* (S. 23-40). Opladen: Leske & Budrich..

Weigand, D., Carr, S., Petherick, C. & Taylor, A. (2001). Motivational climate in sport and physical education: The role of significant others. *European Journal of Sport Science, 1*(4), 1-13.

Weinhold, K. & Nestmann, F. (2012). Soziale Netzwerke und soziale Unterstützung in Übergängen. In S.B. Gahleitner & G. Hahn (Hrsg.). Übergänge gestalten, Lebenskrisen begleiten (S. 52-67). Bonn: Psychiatrie Verlag.

Weiss, M. R. & Smith, A. L. (2002). Friendship quality in youth sport: Relationship to age, gender and motivation variables. *Journal of Sport & Exercise Psychology, 24*(4), 420-437.

Weiss, M. & Smith, A. (1999). Quality of youth sport friendships: Measurement development and validation. *Journal of Sport & Exercise Psychology, 21*(2), 145-166.

Willimczik, K. & Kronsbein, A. (2005). Leistungsmotivation im Verlauf von Spitzensportkarrieren. *Leistungssport, 35*(5), 4-12.

World Health Organization (WHO) (1986). Ottawa-Charta zur Gesundheitsförderung. Retrieved from http://www.euro.who.int/__data/assets/pdf_file/0006/129534/Ottawa_Charter_G.pdf [24.09.2014].

World Health Organization (WHO) (1948). Präambel zur Satzung. *Genf: WHO*.

Wörz, T. & Schröder-Klementa, T. (2005). *Nachwuchsleistungssport als Chance zur Persönlichkeitsentwicklung.* Lengerich: Pabst Science Publishers.

Wylleman, P., Alfermann, D. & Lavallee, D. (2004). Career transitions in sport: European perspectives. *Psychology of Sport and Exercise, 5*(1), 7-20.

Wylleman, P. & Lavallee, D. (2004). A developmental perspective on transitions faced by athletes. In M. Weiss (Hrsg.). *Developmental Sport and Exercise Psychology: A Lifespan Perspective (S.507-527).* Morgantown: FIT

Wylleman, P., Alfermann, D. & Lavallee, D. (2004). Career transitions in sport: European perspectives. *Psychology of Sport and Exercise, 5*(1), 7-20.

Zhang, T., Solmon, M. A. & Gu, X. (2012). The role of teachers' support in predicting students' motivation and achievement outcomes in physical education. *Journal of Teaching in Physical Education, 31(4)*, 329-343.

Anhang

Anhang

Interviewleitfaden

Warming up.

Instruktion, Informationen über das Forschungsprojekt. Ziel der Studie etc. (Motivation)

Hinführung: Anforderungen und Analyse, Konzepte des Übergangs

1. Wie beurteilen Sie die Entwicklungen der Talentförderung der letzten Jahre? Was hat sich verändert im Vergleich zu der Zeit als die Talentförderung noch in den Kinderschuhen steckte (vor 2000)?
2. Wie beurteilen Sie die Durchlässigkeit vom Juniorenbereich in den Profibereich?
    a. in der Bundesliga gesamt
    b. im eigenen Verein
3. Welche Konzepte und Strategien verfolgt Ihr Verein um junge Spieler an den Profibereich heranzuführen? (Ausleihe, 2. Mannschaft etc.).
    a. Welche Erfahrungen haben Sie damit gemacht?
    b. Haben Sie die Konzepte im Laufe der Zeit verändert?

Hauptteil: Anforderung, Entwicklung, soziale Beziehungen in spezifischen Verläufen

4. Können Sie bitte mal erläutern, worauf Sie achten, wenn Sie neue Spieler verpflichten (die sich gerade am Anfang des Übergangs befinden? (Frühe Verpflichtung anders?)
    a. Woran können Sie erkennen, ob der Spieler diese Fähigkeiten, Eigenschaften oder Merkmale hat?
    b. Sind dies Eigenschaften/Merkmale, die sich verändern und entwickeln können?
        i. Wie können Sie darauf Einfluss nehmen?
        ii. Wer oder Was hat außer ihnen noch Einfluss auf diese Entwicklung?
    c. Woran zeigt sich, dass Spieler selbst diese Fähigkeiten aktiv weiterentwickeln bzw. aufbauen?
    d. Wann wird es richtig deutlich? (Erfolg/Krisen oder eher in alltäglichem Training etc.
    e. Können Sie mal von solchen Krisen in den jeweiligen Fällen berichten?
5. Trainer und LZ-Leiter sollen Übergangsverläufe, wie sie in ihrem Zuständigkeitsbereich vorkommen, anhand graphischer Darstellung beschreiben. Die Experten sollen nun zu jedem dargestellten Verlauf die Besonderheiten beschreiben, ihre Einschätzung zur Häufigkeit dieses

Verlaufs abgeben und im Vergleich zu den anderen, die jeweiligen Problematiken und Anforderungen benennen.
  a. Was zeichnet die Verläufe aus?
  b. Fehlt ein typischer Verlauf?
  c. Wo sind Schwierigkeiten und Hürden zu erwarten und worin liegen die Unterschiede zu anderen Übergängen?
  d. Können Sie mal beschreiben, wonach sie konkrete Zielperspektiven für einen Spieler auswählen und in welchen Zeiteinheiten sie sinnvoll planen? Wann schaffen die Spieler diese zu erfüllen, wann scheitern die Pläne?
  e. Was muss für die weitere Zukunftsplanung beachtet werden?
6. Wer ist für die Spieler in den jeweiligen Verläufen der Hauptansprechpartner?
  a. Welche Rolle spielen die Berater in den jeweiligen Übergängen.
    i. Wann sind diese mehr als Vermittler, die hauptsächlich Kontakte herstellen und Verträge aushandeln?
    ii. Wann können Sie den Spieler tatsächlich unterstützen?
    iii. Wann sind Sie eher hinderlich in der allgemeinen und fußballerischen Entwicklung?
7. Welche Aufgaben kommen dem Trainer im Übergangsbereich zu? Gibt es Unterschiede zwischen Profitrainern und Übergangstrainern (U23) in ihrem Umgang mit den Spielern?
    i. Was ist in der Trainer–Athlet Beziehung in der Phase des Übergangs besonders wichtig? Was zeichnet die Beziehung aus?
      1. Sicherheit?
      2. Orientierung?
      3. Antrieb?
8. Wir haben festgestellt, dass die Familien auch bei sportlichen Problemen, gerade wenn es in Richtung Übergangsbereich geht, eine zunehmende Bedeutung für die Spieler haben. Wie erklären Sie sich das?
  a. Wie würden sie die Ablösungsprozesse vom Elternhaus bei den jungen Fußballern einschätzen? Kommt es vor, dass Talente dies nicht schaffen? Wie kann man Spieler dabei ggf. unterstützen?
9. Wir haben in unseren Untersuchungen festgestellt, dass die eigenen und herangetragenen Erwartungen und Ansprüche oft auseinanderlaufen. Woran merken Sie, wenn bei Spielern Ansprüche und Wirklichkeit nicht mehr übereinstimmen?

a. Wann sind die Vorstellungen der Spieler stimmig oder passend mit ihrer tatsächlichen eigenen Entwicklung. Was sind Anzeichen dafür? Wann nicht?
b. Wie versuchen Sie einem Auseinanderdriften entgegen zu wirken?
c. Bei welchen Übergangsverläufen ist dies aus ihrer Erfahrung insbesondere problematisch?

10. Wie verändern sich die Beziehungen zu den Mitspielern im Übergang?
    i. Welche Vorteile und Nachteile hat eine ausgeprägte Konkurrenz in der Mannschaft.
    ii. Wie sind Ihre Erfahrungen mit Grüppchenbildung innerhalb der Mannschaft?
    iii. Wann wird Konkurrenz problematisch?

11. Welchen Einfluss haben Beziehungen zu Freunden in dieser Übergangsphase?
    i. Stützen der Neuorientierung?
    ii. Verleiten, ablenken?

12. Otto Rehagel hatte früher den Spielern immer geraten sich frühzeitig fest zu binden/ zu heiraten? Würden Sie diesen Rat heute auch noch ihren Spielern erteilen?

13. Können sie sagen wann und warum eine schulische Qualifikation bzw. eine berufliche Ausbildung bei Spielern sinnvoll ist? Wann profitieren Spieler davon? Wann wird eine schulische Qualifikation (Doppelbelastung) problematisch?

Abschluss:

14. Gibt es besondere Qualitäten, die die Talente haben, die sich im Profifußball durchsetzen im Vergleich zu denjenigen, die es trotz guter Talentprognose nicht schaffen?
    a. Anforderungen des aktuellen Profifußballs? Worauf kommt es an?
       i. Sportlich
       ii. Psychosozial
       iii. Äußere Einflüsse ...Öffentlichkeit etc.
       iv. Kombination?

15. Wenn Sie die Spieler beschreiben müssen, die langfristig von der Förderung profitieren, wie würden Sie diese charakterisieren?
    - Sind dieses nur diejenigen, die Profi werden?

Anhang

Fällt Ihnen noch irgendetwas ein, dass für die verschiedenen Verläufe oder den Übergangsbereich an sich wichtig ist und wir noch nicht besprochen haben?

Anhang

Interviewprotokoll

Interviewpartner:

Datum:

Zeit:

Ort:

Verlauf:

Störungen:

Nutzen:

Besonderheiten:

Anhang

Transkriptionsregeln

1. Es wird wörtlich transkribiert, also nicht lautsprachlich oder zusammenfassend. Vorhandene Dialekte werden möglichst wortgenau ins Hochdeutsche übersetzt.

2. Wortverschleifungen werden nicht transkribiert, sondern an das Schriftdeutsch an genähert. Beispielsweise wird aus „Er hatte noch so'n Buch genannt" wird zu „Er hatte noch so ein Buch genannt" und „hamma" wird zu „haben wir". Die Satzform wird beibehalten, auch wenn sie syntaktische Fehler beinhaltet, beispielsweise: „bin ich nach Kaufhaus gegangen."

3. Wort- und Satzabbrüche sowie Stottern werden geglättet bzw. ausgelassen, Wortdoppelungen nur erfasst, wenn sie als Stilmittel zur Betonung genutzt werden: „Das ist mir sehr, sehr wichtig.". „Ganze" Halbsätze, denen nur die Vollendung fehlt, werden jedoch erfasst und mit dem Abbruchzeichen / gekennzeichnet.

4. Interpunktion wird zu Gunsten der Lesbarkeit geglättet, das heißt bei kurzem Senken der Stimme oder uneindeutiger Betonung, wird eher ein Punkt als ein Komma gesetzt. Dabei sollen Sinneinheiten beibehalten werden.

5. Pausen werden durch drei Auslassungspunkte in Klammern (...) markiert.

6. Verständnissignale des gerade nicht Sprechenden wie „mhm, aha, ja, genau, ähm" etc. werden nicht transkribiert. AUSNAHME: Eine Antwort besteht NUR aus „mhm" ohne jegliche weitere Ausführung. Dies wird als „mhm (bejahend)", oder „mhm (verneinend)" erfasst, je nach Interpretation.

7. Besonders betonte Wörter oder Äußerungen werden durch GROSSSCHREIBUNG gekennzeichnet.

8. Jeder Sprecherbeitrag erhält eigene Absätze. Zwischen den Sprechern gibt es eine freie, leere Zeile. Auch kurze Einwürfe werden in einem separaten Absatz transkribiert. Mindestens am Ende eines Absatzes werden Zeitmarken eingefügt.

9. Emotionale nonverbale Äußerungen der befragten Person und des Interviewers, die die Aussage unterstützen oder verdeutlichen (etwa wie lachen oder seufzen), werden beim Einsatz in Klammern notiert.

10. Unverständliche Wörter werden mit (unv.) gekennzeichnet. Längere unverständliche Passagen sollen möglichst mit der Ursache versehen werden (unv., Handystörgeräusch) oder (unv., Mikrofon rauscht). Vermutet man einen Wortlaut, ist sich aber nicht sicher, wird das Wort bzw. der Satzteil mit einem Fragezeichen in Klammern gesetzt. Generell werden alle unverständlichen

Stellen mit einer Zeitmarke versehen, wenn innerhalb von einer Minute keine Zeitmarke gesetzt ist.

11. Die interviewende Person wird durch ein „I:", die befragte Person durch ein „B:" gekennzeichnet.

12. Das Transkription wird als Rich Text Format (.rtf Datei) gespeichert. Benennung der Datei entsprechend des Audiodateinamens (ohne Endung wav, mp3). Beispielsweise: TrainerA.rtf

Anonymisierung

Alle Personennamen, Orte, Vereine etc. werden durch eine Buchstabenkombination ersetzt. Beispielsweise wird aus dem Spieler Mario Götze der „Spieler TRE". Dieses Kürzel soll in einer Legende notiert werden und im Transkript wird der Spieler Mario Götze durchgängig das Kürzel „Spieler TRE" erhalten. Mit Orten und Vereinen wird gleichsam verfahren.

Danksagung

Dank gebührt: Prof. Dr. Dietrich Milles, Prof. Dr. Hans-Jürgen Schulke, Prof Dr. Henning Schmidt-Semisch, Dr. Ulrich Meseck; Klaus-Dieter Fischer, Thomas Wolter und Florian Kohfeldt (Werder Bremen); den Experten/Gatekeepern; Günter Struck, Niklas Schmedt, Anne Dehlfing, Lüder Kathmann, Robert Meyer-Heye, Dr. Maximilian Beyer, Patrick Ungruhe, Frederich Niederberghaus und Sara Struck

Aus unserem Verlagsprogramm:

Katrin Blatz
Mentales Training im Sportunterricht
Empirische Analyse der Wirksamkeit verschiedener Formen des Mentalen Trainings zum Neulernen einer geschlossenen Fertigkeit
Hamburg 2015 / 180 Seiten / ISBN 978-3-8300-8345-0

Christian T. Jansen
Der Einsatz komplexer leistungsdiagnostischer Testverfahren im modernen Spitzenfußball
Begründung, Durchführung und Konsequenzen unter besonderer Berücksichtigung geschlechtsspezifischer Unterschiede
Hamburg 2015 / 242 Seiten / ISBN 978-3-8300-8332-0

Reint Janssen
Zum Einfluss verschiedener Dehnmethoden auf die Kraftausdauerleistung
Hamburg 2014 / 240 Seiten / ISBN 978-3-8300-7909-5

Fabian Pels
Sportpartizipation und Einsamkeit – Die Bedeutung der Gruppenidentifikation und des sozialen Wohlbefindens im Sport
Hamburg 2014 / 220 Seiten / ISBN 978-3-8300-7838-8

Marc-Oliver Löw
Behavioral Scouting: Überprüfung der Testgütekriterien eines (Talent-)Beobachtungsinstruments zur Erfassung des Verhaltens sowie volitionaler Komponenten im Fußball und Eishockey
Hamburg 2014 / 218 Seiten / ISBN 978-3-8300-7761-9

Florian Schultz
Antizipation von Fußballtorhütern
Untersuchung zur Konzeption einer kognitiven Leistungsdiagnostik im Kontext der sportwissenschaftlichen Talentforschung
Hamburg 2014 / 374 Seiten / ISBN 978-3-8300-7639-1

Martin Boss
Soziale Ansteckung und interpersonelle Dysbalance im Sport
Eine experimentelle Untersuchung
Hamburg 2013 / 142 Seiten / ISBN 978-3-8300-6828-0

Simone Moczall
„Choking under Pressure" im Leistungssport
Theorie, Empirie, Intervention
Hamburg 2013 / 242 Seiten / ISBN 978-3-8300-6662-0